ULATI

D1696517

ON DE

WERK OP PAPIER ARBEIT AUF PAPIER

ATH

"Ik teken mijn hele leven na." Frank van Hemert, tijdens een atelierbezoek in 2006

In het Noordhollandse polderlandschap, in de rust en ruimte, liggen zijn woning en atelier. Elk bezoek aan het atelier heeft iets overweldigends, het licht is er buitengewoon, de omgeving inspirerend. In de grote open ruimte voltrekt zich een boeiend proces, overal zijn werken te zien, nog in wording of al af. Deze grootse ruimte vertelt een spannend en persoonlijk beeldverhaal.

„Ich zeichne mein ganzes Leben nach." Frank van Hemert, 2006, während eines Atelierbesuchs

In der Polderlandschaft von Noord-Holland liegen, umgeben von Ruhe und Weite, seine Wohnung und sein Atelier. Jeder Atelierbesuch hat etwas Überwältigendes - die dort herrschenden Lichtverhältnisse sind außergewöhnlich, die Umgebung ist inspirierend. In dem großen offenen Raum vollzieht sich ein fesselnder Prozess; überall sind Arbeiten - entweder noch in der Entstehungsphase oder bereits fertig - zu sehen. Dieser großartige Raum erzählt eine spannende, persönliche Bildergeschichte.

Dit boek en deze tentoonstelling, Birth Copulation Death, draag ik op aan Ineke, mijn vrouw, mijn leven. Frank van Hemert

Dieses Buch und diese Ausstellung, Birth Copulation Death, widme ich Ineke, meine Frau, mein Leben. Frank van Hemert

Museum van Bommel van Dam volgt beeldend kunstenaar Frank van Hemert en zijn oeuvre al geruime tijd. In 1993 kocht de toenmalige museumdirectie een eerste schilderij, getiteld *Initiatie* van hem aan. Achtereenvolgens werden in 1998 een zesluik, getiteld *You/Me*, monumentale werken op papier, in 2003 opnieuw een olieverfschilderij met als titel *Und die Frauen warten...* en onlangs een collage uit de serie *Flowers of Romance* aan de museale collectie toegevoegd.

Frank van Hemert beschrijft de onvermijdelijkheid van menselijk gedrag en het menselijk bestaan. Zijn beeldend oeuvre is wars van schoonheidsidealen, esthetiek of decoratieve bedoelingen. Diepste menselijke emoties en beleving liggen eraan ten grondslag. De kunstenaar schuwt het niet op gedreven en passionele wijze gevoelige thema's aan te snijden en weet de beschouwer diep persoonlijk te raken. De veelzijdigheid van zijn oeuvre, zowel op doek als op papier, spreekt uit veelomvattende series van werken over grote vraagstukken van het leven, de dood, kwelling en afzondering, erotische beleving en het hoe en waarom van de eigen identiteit.

In 2006 is het idee opgevat een publicatie te wijden aan de ontwikkeling in het werk op papier van Van Hemert van 1981-2007. Onder de titel *Birth Copulation Death* begeleidt deze publicatie een grensoverschrijdend tentoonstellingsproject. Aan de reeks van eerdere publicaties wordt hiermee een uitgave toegevoegd die zich specifiek richt op het medium waarmee Van Hemert zo wonderbaarlijk goed en veelzijdig uit de voeten kan.

Das Museum van Bommel van Dam verfolgt den bildenden Künstler Frank van Hemert und sein Werk bereits seit Längerem. Im Jahre 1993 erwarb die damalige Leitung des Museums das erste Bild von ihm mit dem Titel *Initiation*. Anschließend erfolgten weitere Ankäufe - 1998 eine Serie aus sechs großformatigen Arbeiten auf Papier mit dem Titel *You/Me*, 2003 ein Ölbild (*Und die Frauen warten...*) und vor kurzem eine Collage aus der Serie *Flowers of Romance*.

Frank van Hemert beschreibt die Unvermeidlichkeit menschlichen Verhaltens und der menschlichen Existenz. Sein bildhaftes Werk verschließt sich allen Schönheitsidealen, jeder Ästhetik oder jeglichen dekorativen Intentionen. Seine Grundlage bilden tiefste menschliche Gefühlsregungen und Erlebnisse. Der Künstler scheut sich nicht, sensible Themen engagiert und leidenschaftlich zu behandeln, und versteht es den Betrachter tief persönlich zu berühren. Die Vielseitigkeit seines Schaffens, sowohl auf der Leinwand als auch auf Papier, spricht aus vielumfassenden Serien über die großen Themen des Lebens wie Tod, Leiden und Isolation, erotisches Erleben und die Frage nach dem Wie und Warum der eigenen Identität.

Im Jahre 2006 entstand die Idee, eine Monographie zur Entwicklung der Arbeiten Frank van Hemerts auf Papier in den Jahren 1981-2007 zu veröffentlichen. Unter dem Titel *Birth Copulation Death* begleitet diese Monographie ein grenzüberschreitendes Ausstellungsprojekt. Die Reihe früherer Veröffentlichungen wird hiermit um eine Ausgabe erweitert, die sich insbesondere auf das Medium konzentriert, in dem van Hemerts vielseitiges Talent so erstaunlich gut zum Ausdruck kommt.

In de coïtus de dood vinden.
"De liefdesdaad is een volstrekt zinledige aangelegenheid, want we kunnen haar oneindig vaak herhalen." Alfred Jarry, Superman, Amsterdam 1970, p. 9 (1)

Museum van Bommel van Dam maakt in nauwe samenwerking met de van oorsprong Limburgse kunstenaar Frank van Hemert, wiens karakteristieke collages, schilderijen en tekeningen een krachtig, expressief cluster vormen in de collectie, in 2007 een groot overzicht van series werken op papier, die zijn ontstaan tussen 1981 en 2007.

Im Koitus den Tod finden.
„Der Liebesakt ist Akt ohne Bedeutung, da man ihn unendlich wiederholen kann." Alfred Jarry, Der Supermann, Berlin 1969 (1)

Das Museum van Bommel van Dam organisiert in enger Zusammenarbeit mit dem in der Provinz Limburg geborenen Künstler Frank van Hemert, dessen charakteristische Collagen, Bilder und Zeichnungen in unserer Sammlung ein kraftvolles, expressives Cluster darstellen, im Jahre 2007 eine große Ausstellung von Serien seiner zwischen 1981 und 2007 entstandenen Arbeiten auf Papier.

De belangstelling voor papier, althans werk, waarbij papier uitgangspunt is, is groot. Arno Kramer spreekt, in de publicatie bij de reizende tentoonstelling Into Drawing - Hedendaagse Nederlandse Tekeningen, over 'onttovering': "De tekening is het medium dat de kunst als het ware het meest onttovert. Die onttovering betekent vooral zichtbaar maken dat er niet achter alles een mysterie schuilt, een mysterie als een godheid, de raadselachtigheid van de natuur, het magisch denken of een nog nooit gedefinieerd complot van de dingen. Alles vloeit voort uit de gedragingen van de mens." En in Museumtijdschrift (Jaargang 20, nr. 5, 2007) over 'Drawing Typologies - Voorstel tot gemeentelijke Kunstaankopen', (SMA) spreekt Frits de Coninck over de tekening als een niets verhullend medium, direct en in materiële zin, het meest eenvoudig, de zuiverste artistieke uiting, niet manipulatief en genadeloos. "Met een tekening bewijs je elke dag dat je bestaat zonder dat meteen alles gezegd wordt. Dat maakt ook dat een tekening, meer dan een schilderij, installatie of beeld, iets tijdelijks heeft en onaf is."

Het ontstaansproces is bij werk op papier duidelijker te herkennen dan bij schilderkunst. Hoewel Frank van Hemert schilder is, is papier zoals gezegd bij uitstek het medium waarin zijn expressiviteit het meest direct tot uitdrukking komt. Gebruikmakend van uiteenlopende materialen als potlood, verf, hout, textiel, ijzerdraad, veren en keramiek brengt hij de tekening tot leven. In het werk op papier, dat nauw aansluit bij de schilderijen, legt hij als het ware de dwarsverbanden door zijn gehele oeuvre vast.

Vanaf deze plek dank ik Ineke Brinkmann en Frank van Hemert voor hun gastvrijheid tijdens mijn bezoeken, de openhartigheid in onze gesprekken en hun behulpzaamheid in alle fasen van de voorbereiding. Marc Koppen voor zijn adviezen en bijzondere inzet ten behoeve van deze publicatie. Ik dank Robbert Roos en Hans Locher voor hun tekstbijdragen. De museale partners dank ik voor hun enthousiaste deelname. Een speciaal woord van dank gaat uit naar alle sponsoren en bruikleengevers die de publicatie en het tentoonstellingstraject ondersteunen en mede mogelijk maakten.

Drs. Ingrid Kentgens
conservator/projectleider Museum van Bommel van Dam

In tekenconstellaties zoals *Hand, Laatste Slaapkamer, Afscheidsbrief, Initiatie, Wond, Secret Survivors, You/Me, Flowers of Romance* en *Und die Frauen warten...* worden sterk opponerende krachten als Eros en Thanatos telkens weer onlosmakelijk met elkaar verbonden. Van Hemerts narratieve sequenties, die soms een epische cinematografische lading hebben, zijn veelal ambigu. Met grote regelmaat zien we op de bladen elementen verschijnen die (aan)drift, geilheid, lust, passie, vervoering of overgave weergeven. Tegelijkertijd ontdekken we, nu en dan zelfs binnen één kader, contraire aspecten als afscheid, afsterving, afstoting, agressie en angst. Op bijzondere wijze verweeft Van Hemert iedere keer weer pluri-interpretabele dramatische verhaallijnen.

Das Interesse an Papier - soll heißen, an Arbeiten mit Papier als Ausgangspunkt - ist groß. Im Begleitband zur Wanderausstellung Into Drawing - Zeitgenössische niederländische Zeichnungen spricht Arno Kramer von „Entzauberung": „Die Zeichnung ist das Medium, das die Kunst gleichsam am stärksten entzaubert. Diese Entzauberung bedeutet in erster Linie die Enthüllung der Tatsache, dass sich nicht hinter allem ein Mysterium verbirgt, ein Mysterium wie eine Gottheit, die Rätselhaftigkeit der Natur, das magische Denken oder eine noch nie definierte Verschwörung der Dinge. Alles ergibt sich aus den Verhaltensweisen des Menschen." Und in Museumtijdschrift (Jahrgang 20, Nr. 5/2007) über Drawing Typologies - Vorschlag für kommunalen Kunsterwerb (Stedelijk Museum Amsterdam) bezeichnet Frits de Coninck die Zeichnung als ein nichts verhüllendes Medium, direkt und in materieller Hinsicht, als die einfachste, reinste Äußerungsform der Kunst, nicht manipulativ und zugleich gnadenlos. „Mit einer Zeichnung beweist man jeden Tag, dass es einen gibt, ohne dass gleich alles gesagt wird. Das heißt aber auch, dass eine Zeichnung in höherem Maße als ein Bild, eine Installation oder eine Skulptur etwas Befristetes hat und unfertig ist."

Der Entstehungsprozess lässt sich bei Arbeiten auf Papier besser erkennen als bei der Malerei. Obwohl Frank van Hemert Maler ist, stellt Papier, wie bereits erwähnt, das Medium schlechthin dar, in dem seine Expressivität am direktesten zum Ausdruck kommt. Mit dem Einsatz sehr unterschiedlicher Materialien wie Bleistift, Farbe, Holz, Textilien, Eisendraht, Federn und Keramik erweckt er die Zeichnungen zum Leben. In seinen Arbeiten auf Papier, die in engem Zusammenhang mit seinen Bildern stehen, legt er gleichsam die Querverbindungen in seinem Gesamtwerk fest.

An dieser Stelle möchte ich Ineke Brinkmann und Frank van Hemert für ihre Gastfreundschaft während meiner Besuche, die Offenheit in unseren Gesprächen und ihre Hilfsbereitschaft in allen Phasen der Vorbereitung danken. Mein Dank gilt auch Marc Koppen für seine Tipps und sein Engagement, um diesen Band zu ermöglichen. Robbert Roos und Hans Locher danke ich für ihre Textbeiträge. Den musealen Partnern danke ich für ihre begeisterte Beteiligung. Mein spezieller Dank gilt allen Sponsoren und Leihgebern, die die Monographie und das Ausstellungsprojekt mit ihrer Unterstützung mit ermöglicht haben.

Drs. Ingrid Kentgens
Konservatorin/Projektleiterin des
Museums van Bommel van Dam

In Konstellationen von Zeichnungen wie *Hand, Letztes Schlafzimmer, Abschiedsbrief, Initiation, Wunde, Secret Survivors, You/Me, Flowers of Romance* und *Und die Frauen warten...* werden stark opponierende Kräfte wie Eros und Thanatos immer wieder unlöslich miteinander verknüpft.
Van Hemerts narrative Sequenzen, die bisweilen einen epischen kinematographischen Gehalt aufweisen, sind größtenteils mehrdeutig. Mit hoher Regelmäßigkeit tauchen auf den Blättern Elemente auf, die Trieb, Geilheit, Lust, Leidenschaft, Verzückung oder Hingabe ausdrücken. Zugleich entdecken wir, manchmal sogar innerhalb ein und desselben Rahmens, gegensätzliche Aspekte wie Abschied, Absterben, Abstoßung, Aggression und Angst. Auf ungewöhnliche Weise verknüpft van Hemert immer wieder unterschiedlich interpretierbare dramatische Erzähllinien.

Sinds 1984 verzamelt Teylers Museum weer eigentijdse kunst op papier. Hiermee herleeft een traditie uit de begintijd van het Museum. Vanaf 1995 worden in Teylers Museum ook monografische tentoonstellingen georganiseerd met tekeningen, soms aangevuld met schilderijen, van moderne of eigentijdse kunstenaars. Hoogtepunten daarbij waren de presentaties van het werk van Giorgio Morandi, Max Beckmann, Armando, Co Westerik en Marcel van Eeden

Seit 1984 sammelt Teylers Museum wieder zeitgenössische Kunst auf Papier. Damit wurde eine Tradition aus den Anfangsjahren des Museums wieder aufgegriffen. Seit 1995 werden in Teylers Museum außerdem monografische Ausstellungen mit Zeichnungen moderner bzw. zeitgenössischer Künstler organisiert, die bisweilen um Bilder ergänzt werden. Höhepunkte waren in diesem Bereich Präsentationen der Arbeiten von Giorgio Morandi, Max Beckmann, Armando, Co Westerik und Marcel van Eeden.

Argeloos staan we bij groepen werken als *Hand* en *Afscheidsbrief* oog in oog met gevoelvolle odes aan de tastzin. Een hand die zomaar is; een hand die streelt; een hand die schrijft; een hand die keelt; een hand die bloedt; een hand die lijdt; een hand die sterft. We realiseren ons bij het zien van al deze variaties dat een lichaamsdeel waarvan we 'genieten' letterlijk en figuurlijk in een handomdraai in een (zelf)mutilerend wapen kan transformeren. Een gezegde als 'De hand aan jezelf slaan' krijgt, gelet op de talloze littekens en wonden in het cluster *Initiatie*, een onverwacht sterke lading.

Mede geïnspireerd door mystiek te noemen scènes in de films Solaris, De Spiegel, Stalker en Nostalghia van de visionaire Russische cineast Andrei Tarkovsky (2), plaatst Van Hemert op series als *You/Me* en *Flowers of Romance* levensgrote, 'gewichtsloze' koppels in scherpe contourlijnen. De vrijende paren 'zweven', alsof ze zich hebben losgemaakt van het aardse, rond in weloverwogen gecomponeerde ruimten. De proportioneel, onnatuurlijk grote, halfverdorde paardenbloemen verwijzen in symbolische zin tezelfdertijd naar het cyclische proces van 'komen en gaan'. Copulation birth, copulation death.
Met opzet laat de kunstenaar ons in openbare ruimten als musea en galeries naar monumentale, meerdelige 'bioscoopschermen' vol intiem verstrengelde 'lovers' gluren. Op vernuftige wijze maakt Frank van Hemert van ons - of we willen of niet - *Peeping Toms* die publiekelijk beseffen dat wij in de coïtus de dood reeds kunnen vinden: leven en dood zijn daadwerkelijk eenparig.

Drs. Rick Vercauteren
directeur Museum van Bommel van Dam

1 Oorspronkelijk: Alfred Jarry, Le Surmâle, Roman Moderne, Parijs 1902 (Nederlandse vertaling 1970 Gerrit Komrij)
2 Zie voor achtergrondinformatie Andrei Tarkovsky, De verzegelde tijd, Groningen 1991, p. 217 t/m 224

Nichts Böses ahnend, werden wir bei Werkgruppen wie *Hand* oder *Abschiedsbrief* mit gefühlvollen Oden an den Tastsinn konfrontiert. Eine Hand, die einfach nur da ist; eine Hand, die streichelt; eine Hand, die schreibt; eine Hand, die meuchelt; eine Hand, die blutet; eine Hand, die leidet; eine Hand, die stirbt. Wir werden uns beim Anblick dieser Variationen bewusst, dass ein Körperteil, das uns „Genuss" bereitet, in wörtlicher und übertragener Bedeutung im Handumdrehen zu einer (selbst-)mutilierenden Waffe transformieren kann. Eine Redensart wie „Hand an sich legen" gewinnt, zieht man die unzähligen Narben und Wunden in der Werkgruppe *Initiation* in Betracht, eine unerwartet starke Bedeutungstiefe.

Unter anderem inspiriert von als mystisch zu bezeichnenden Szenen in den Filmen Solaris, Der Spiegel, Stalker und Nostalghia des visionären russischen Cineasten Andrei Tarkovsky ordnet van Hemert in Serien wie *You/Me* und *Flowers of Romance* lebensgroße „schwerelose" Paare in scharfen Konturen an. Die kopulierenden Paare „schweben", als hätten sie sich von allem Irdischen gelöst, durch wohlüberlegt komponierte Räume. Der proportional unnatürlich große und halb verdorrte Löwenzahn spielt symbolisch zur gleichen Zeit auf den zyklischen Prozess des Kommens und Gehens an. Copulation birth, copulation death.
Absichtlich lässt der Künstler uns in öffentlichen Räumen wie Museen und Galerien verstohlene Blicke auf riesige, mehrteilige „Kinoleinwände" voller intim ineinander verschlungener „Liebespaare" werfen. Geschickt macht Frank van Hemert aus uns - ob wir das wollen oder nicht - *Peeping Toms*, denen öffentlich bewusst wird, dass wir im Koitus bereits den Tod finden können: Leben und Tod sind tatsächlich die beiden Seiten einer Medaille.

Drs. Rick Vercauteren
Direktor des Museums van Bommel van Dam

1 Originalfassung: Alfred Jarry, Le Surmâle, Roman Moderne, Paris 1902
2 Zu Hintergrundinformationen siehe Andrei Tarkovsky, Die versiegelte Zeit, Ullstein Verlag, Berlin 1985.

Het museum voelt zich tegenover haar gerenommeerde tekeningencollectie met o.a. werken van Rafael, Michelangelo, Goltzius, Rembrandt, Jacob de Wit en Andreas Schelfhout verplicht om ook bij deze 'nieuwkomers' voor hoge kwaliteit te gaan. Een andere 'voorwaarde' die het Museum stelt is dat de desbetreffende kunstenaar al geruime tijd de interesse heeft van de conservatoren van het Museum. Aan al deze eisen voldoen Frank van Hemert en zijn werk ruimschoots. In 1989 werden de eerste twee tekeningen van hem aangekocht. In de loop van de jaren heeft het Museum zeven werken van zijn hand verworven. De groep zal dit jaar weer worden uitgebreid.

Das Museum fühlt sich gegenüber seiner renommierten Sammlung von Zeichnungen - die u.a. Arbeiten von Rafael, Michelangelo, Goltzius, Rembrandt, Jacob de Wit und Andreas Schelfhout umfasst - in der Pflicht, auch bei diesen „Newcomern" auf hohe Qualität zu achten. Eine andere „Bedingung" des Museums lautet, dass der in Frage kommende Künstler bereits seit Längerem von den Konservatoren des Museums interessiert beobachtet werden muss. All diese Bedingungen erfüllt Frank van Hemert mit seinen Werken mehr als ausreichend. Im Jahre 1989 erwarb unser Haus die beiden ersten Zeichnungen des Künstlers. Im Laufe der Jahre folgten fünf weitere Werke. Diese Zahl wird sich im laufenden Jahr noch erhöhen.

Frank van Hemert is een van de "meest innovatieve en ongemeen vitale schilders, en ook een van de bekendste van Nederland" - aldus de tekst op de uitnodiging voor de tentoonstelling 'Und die Frauen warten…', die in februari 2006 in Galerie S in Siegen - Weidenau werd geopend. Zijn werken fascineerden en de uitnodiging voor een expositie in het tentoonstellingsforum van het Siegerland Museum Haus Oranienstraße was dan ook niet meer dan een logisch gevolg.

Frank van Hemert ist einer der „innovativsten und originelllebendigsten Maler und bekanntesten der Niederlande" - so lautete der Text zur Einladung der Ausstellung „Und die Frauen warten…", die im Februar 2006 in der Galerie S in Siegen - Weidenau eröffnet wurde. Seine Arbeiten faszinierten, und die Einladung zu einer Ausstellung im Ausstellungsforum des Siegerlandmuseums Haus Oranienstraße war nichts als logische Konsequenz.

Wat Frank van Hemert in mijn ogen zo geschikt maakt voor een tentoonstelling in het prentenkabinet van Teylers Museum, is zijn liefde voor de tekenkunst. Tekenen vervult een belangrijke rol binnen zijn werk. Het doet voor hem niet onder voor schilderen. Hij beschouwt beide activiteiten als even belangrijk. Schilderen is meer naar buiten gericht, naar een gehoor, terwijl tekenen voor hem iets is dat heel dichtbij hem zelf staat, een privé aangelegenheid. Frappant is dat hij in 1989 schreef: "met tekenen vraag je de aandacht terug, en het is tevens een mogelijkheid om aan het denken voorbij te gaan."* Met andere woorden: Van Hemert herneemt bepaalde gedachten via zijn tekeningen, terwijl hij ook al tekenend zichzelf geheel kan verliezen.

De reeks van *Secret Survivors* uit het midden van de jaren negentig, die prominent aanwezig zal zijn in de tentoonstelling in Teylers Museum, illustreert Van Hemerts uitlating goed. De dwingende, pregnante herhaling van bepaalde elementen binnen de serie maakt duidelijk hoezeer bepaalde gedachten in het hoofd van de kunstenaar keer op keer terugkomen. Aan de andere kant hebben de tekeningen iets rauws en iets bijzonder pijnlijks dat amper past bij een gewoon denkpatroon en dat eerder lijkt voort te komen uit het onderbewuste. Het is alsof je een privé terrein betreedt waar je eigenlijk niet mag komen.

Binnen de reeks van vier tentoonstellingen zal Teylers Museum zich concentreren op de intiemere, relatief kleine tekeningen. Dat is ook het terrein waar het Museum opereert bij het aankopen van contemporaine tekeningen. Het prentenkabinet is nauwelijks geschikt voor de meters hoge werken op papier, die soms wel gemaakt worden. Daarnaast kunnen tekeningen op klein formaat nog gemakkelijk 'op de hand' bekeken worden. Ook dat sluit aan bij de traditres van Teylers Museum, waar het directe contact met de kunstwerken hoog in het vaandel staat.

Drs. Marjan Scharloo
directeur Teylers Museum

* 16/2/1989; zie Jaarlijke uitgaven 'De Rijksakademie'. Thema 'tekenen', 1989.

Was Frank van Hemert in meinen Augen für eine Ausstellung im Kupferstichkabinett von Teylers Museum geradezu prädestiniert, ist seine Liebe für die Zeichenkunst. In seinem Oeuvre spielt Zeichnen eine wichtige Rolle. Zeichnen hat für ihn die gleiche Bedeutung wie Malen. Beide Tätigkeiten hält er für gleichrangig. Malen ist eher eine nach außen, auf ein Publikum gerichtete Tätigkeit, während Zeichnen in seinen Augen etwas ganz Intimes, eine Privatangelegenheit ist. Frappierend ist, dass er 1989 schrieb: „Mit Zeichnen fordert man die Aufmerksamkeit zurück; außerdem ist es eine Möglichkeit, das Denken zu übergehen."* Mit anderen Worten: Van Hemert greift bestimmte Gedanken mit seinen Zeichnungen wieder auf, während er beim Zeichnen auch alles um sich herum vergessen kann.

Die Serie *Secret Survivors* aus der Mitte der 1990er Jahre, die einen herausragenden Platz in der Ausstellung in Teylers Museum einnimmt, illustriert van Hemerts Worte aufs Trefflichste. Die unübersehbare, prägnante Wiederholung bestimmter Elemente innerhalb dieser Serie verdeutlicht, in welchem Maße bestimmte Gedanken den Künstler immer wieder bewegen. Anderseits haben die Zeichnungen etwas Grobes und besonders Schmerzhaftes, das kaum zu einem normalen Denkschema passen will und wohl eher auf das Unterbewusstsein zurückgeht. Es ist, als würde man ein Privatgelände betreten, zu dem man eigentlich keinen Zugang hat.

Im Rahmen der Reihe mit vier Ausstellungen konzentriert sich Teylers Museum auf die intimeren, relativ kleinen Zeichnungen, da das Museum speziell in diesem Bereich seine Ankäufe zeitgenössischer Zeichnungen tätigt. Das Kupferstichkabinett eignet sich kaum für die meterhohen Arbeiten auf Papier, die bisweilen angefertigt werden. Außerdem lassen sich kleinformatige Zeichnungen noch leicht „aus der Hand" betrachten. Auch das ist eine Traditionslinie von Teylers Museum - unser Haus hat sich nämlich den direkten Kontakt mit den Kunstwerken auf die Fahnen geschrieben.

Drs. Marjan Scharloo
Direktorin von Teylers Museum

* 16.02.1989; siehe Jaarlijke uitgaven (Alljährliche Ausgaben) „De Rijksakademie". Thema „Zeichnen", 1989.

Frank van Hemert gaat bij het schilderen uit van zijn eigen leven. En dit leven wordt ervaren met alle zinnen en krachten van de mens. In zijn sterk aan het existentiële gebonden schilderijen komt geen element voor, dat zou toelaten zijn schilderijen als illustraties van iets te interpreteren. Voor Van Hemert zijn schilderij en tekening niet bedoeld om de schijnbare werkelijkheid na te bootsen, maar ze zijn veeleer een onafhankelijke en artistieke daad, waarvan de motor wordt gevormd door de innerlijke behoeften van het individu. Daarom worden schilderij en tekening gedomineerd door de kracht van de uitdrukking. De kunstenaar maakt daarbij gebruik van zowel de abstracte alsook de figuratieve richting. In sommige schilderijen worden de figuratieve verwijzingen zo sterk, dat de balans tussen figuur en motief verstoord dreigt te raken. Schilderen wordt een gevecht. De figuur kan niet zomaar in het schilderij geplaatst worden, ze moet ontstaan vanuit de kleur. Het motief dat hij voor ogen heeft, dwingt hem tot het overschilderen van de kleur, die aan eigen wetten gehoorzaamt. Uitgelokt door een zinnelijke prikkel wint het beeldende proces door penseel, handen en kleur een eigenwaarde, die op haar beurt in staat is een sterke zinnelijke prikkel uit te stralen. Schilderen wordt daarbij al tijdens het scheppingsproces een dubbelzinnige, op waarneming gebaseerde gebeurtenis. Er wordt een spanning opgebouwd, die zich kan ontladen. De Duitse schilder en objectkunstenaar Hödicke heeft het als volgt geformuleerd: "Afgrijzen baart beelden, ignorantie schildert maar wat."

Frank van Hemert malt ausgehend vom eigenen Leben. Und dieses Leben wird mit allen Sinnen und Kräften des Menschen erfahren. In seinen stark an das Existentielle gebundenen Bildern gibt es kein Element, das es erlauben würde, seine Bilder als Illustrationen von etwas zu interpretieren. Für van Hemert dienen Malerei und Zeichnung nicht dem Zweck, die scheinbare Wirklichkeit nachzuahmen, sie sind vielmehr ein unabhängiger und künstlicher Akt, dessen Motor die inneren Bedürfnisse des Individuums sind. Dominiert wird die Malerei wie die Zeichnung deshalb von der Kraft des Ausdrucks. Der Künstler profitiert dabei von der gegenstandslosen wie der figurativen Richtung. In manchen Bildern werden die figurativen Anklänge so stark, dass die Balance zwischen Figur und Grund aufzubrechen droht. Malerei wird zum Kampf. Die Figur kann nicht einfach ins Bild gesetzt sein, sie muss aus der Farbe heraus entstehen. Das Motiv vor Augen zwingt ihn die Eigengesetzlichkeit der Farbe zu übermalen. Durch einen sinnlichen Reiz ausgelöst, gewinnt der bildnerische Prozess im Agieren mit Pinsel, Händen und Farbe eine Eigenwertigkeit, die wiederum in der Lage ist, einen starken sinnlichen Reiz auszustrahlen. Malerei wird dabei bereits im Akt der Entstehung zu einem mehrdeutigen, durch Wahrnehmung begründeten Ereignis. Spannung baut sich auf, die sich entladen kann. Der deutsche Maler und Objektmacher Hödicke hat es wie folgt formuliert: „Der Horror gebiert die Bilder, die Ignoranz malt sich was."

De eerste keer dat de schrijfster van deze bijdrage zich intensief met het werk van Frank van Hemert heeft beziggehouden, was in de winter van 2006-2007, toen in het Gustav-Lübcke-Museum de expositie Himmelschöre und Höllenkrach - Musizierende Engel und Dämonen (Hemelse koren en een hels lawaai - musicerende engelen en demonen) werd gepresenteerd.

Mit den Arbeiten von Frank van Hemert hat sich die Autorin dieses Artikels zum ersten Mal näher beschäftigt, als im Winter 2006-2007 im Gustav-Lübcke-Museum die Ausstellung Himmelschöre und Höllenkrach - Musizierende Engel und Dämonen präsentiert wurde.

Van Hemerts schilderijen zijn geen illustraties, de schilder werkt in series om nader tot zijn thema te komen. Daarmee verdwijnt de voorstelling van een definitieve beeldende oplossing naar de achtergrond. De schilder wordt beschouwer van zijn eigen schilderijen. Hij trekt ons bestaan in twijfel, wil uitlaatkleppen voor het gevoel openen en daardoor de kijker met meer gevoel naar het leven terugsturen. In zijn schilderijen herinnert hij eraan dat de kunst het elementaire vermogen heeft om afgronden van het bestaan zichtbaar en ervaarbaar te maken. Door het zich meester maken van de uitstraling van zijn figuren zoekt hij naar een lichamelijk voelbare kracht, die hij met picturale middelen probeert te omschrijven. Francis Bacon heeft daarover gezegd: "Ik geloof dat kunst een voortdurend zich bezig houden met het leven is, en aangezien wij menselijke wezens zijn, betreft onze belangrijkste hartstocht onszelf." Of "de grootste kunst leidt ons steeds weer terug naar de kwetsbaarheid van het menselijk bestaan."

De werken van Van Hemert zijn erop gericht de realiteit, de intensiteit van de werkelijkheid en de kwetsbaarheid van het menselijk bestaan, waar ook Francis Bacon het over heeft, terug te vinden. In dit streven naar de boven de pure weergave van de realiteit uitstijgende herschepping van de werkelijkheid, blijken zijn schilderijen die van een wel degelijk realistische kunstenaar te zijn. Hij vertegenwoordigt het bewustzijn van de moderne mens en maakt bewust, welk mengsel van geweld, angst, verlangen, vertwijfeling, vervreemding, behoefte aan liefde, dierlijke verdorvenheid en verlangen naar een metafysische dimensie in ons steekt, maar ook, wat de schoonheid uit deze stof heeft gemaakt.

Prof. Dr. Ursula Blanchebarbe
directeur Siegerland Museum

Van Hemerts Bilder illustrieren nicht, der Maler arbeitet in Serien, um sich einem Thema zu nähern. Damit tritt die Vorstellung einer letztgültigen bildnerischen Lösung in den Hintergrund. Der Maler wird zum Betrachter seiner eigenen Bilder. Er stellt unsere Existenz in Frage, will Ventile des Gefühls öffnen und dadurch den Betrachter mit gesteigertem Gefühl ins Leben zurückschicken. Er gemahnt in seinen Bildern an, dass Kunst die elementare Fähigkeit hat, Abgründe der Existenz sichtbar und erlebbar zu machen. Über das Erfassen der Ausstrahlung seiner Figuren sucht er nach einer körperlich spürbaren Kraft, die er mit malerischen Mitteln zu umschreiben versucht. Francis Bacon hat dazu gesagt: „Ich glaube, Kunst ist eine unablässige Beschäftigung mit dem Leben, und da wir schließlich menschliche Wesen sind, gilt unsere Hauptleidenschaft uns selbst". Oder „die größte Kunst führt einen immer wieder zurück an die Verletzlichkeit menschlicher Existenz."

Ziel der Arbeiten von Hemerts ist es die Realität, die Intensität der Wirklichkeit und die Verletzlichkeit der menschlichen Existenz, von der auch Francis Bacon spricht, wieder zu finden. In diesem Bestreben nach der über die bloße Wiedergabe von Realität hinausgehenden Wiedererschaffung von Wirklichkeit, erweisen sich seine Bilder als die eines durchaus realistischen Künstlers. Er vertritt das Bewusstsein des modernen Menschen und macht bewusst, welche Mischung aus Gewalt, Angst, Sehnsucht, Verzweiflung, Entfremdung, Liebesbedürfnis, animalischer Verkommenheit und Sucht nach einer metaphysischen Dimension in uns steckt, aber auch, was Schönheit aus diesem Stoff gemacht hat.

Prof. Dr. Ursula Blanchebarbe
Direktorin des Siegerland Museums

In deze expositie met schilderijen, grafische werken en beelden uit de 14de tot de 19de eeuw, waaronder werken van Pieter Bruegel de Oude en andere vooraanstaande 17de-eeuwse Hollandse meesters, werden voor het eerst de hemelse muziek en musicerende engelenkoren in de beeldende kunst voorgesteld. Deze presentatie werd aangevuld met voorstellingen van engelen van hedendaagse kunstenaars. Naast werk van Keith Haring, Friedrich Press en Johan Taron werden ook enkele werken van Frank van Hemert getoond. Het ging daarbij om een reeks engelfiguren - monumentale werken in gemengde techniek, voor een deel in collagetechniek op papier - die in 1999 was ontstaan. Deze serie maakte grote indruk op de talrijke bezoekers, niet alleen door de voor dit thema ongewone voorstellingswijze, maar ook vanwege de expressieve vormgeving van de rondvliegende engelfiguren. Opvallend aan deze beeldcomposities is het gematigde kleurgebruik in tegenstelling tot de vaak zeer expressieve kleuren van de overige werken van de kunstenaar. De kleuren blijven beperkt tot enkele tinten zwart,

In dieser Ausstellung mit Gemälden, Grafiken und Skulpturen vom 14. bis zum 19. Jahrhundert, darunter Werke von Pieter Bruegel d. Ä. und anderer hochrangiger niederländischer Meister des 17. Jahrhunderts, wurden erstmals die himmlische Musik und die musizierenden Engelschöre in der bildenden Kunst vorgestellt. Diese Präsentation wurde durch Engeldarstellungen zeitgenössischer Künstler ergänzt. Neben Werken von Keith Haring, Friedrich Press und Johan Taron wurden auch mehrere Arbeiten von Frank van Hemert gezeigt. Es handelte sich um eine Bildserie von Engeldarstellungen, großformatige Arbeiten in Mischtechnik, teilweise in Collagetechnik auf Papier, die 1999 entstand. Diese Bildserie beeindruckte die zahlreichen Besucher sehr, nicht nur auf Grund ihrer für dieses Thema ungewöhnlichen Darstellungsweise, sondern auch wegen der ausdrucksstarken Gestaltung der im Fluge sich bewegenden Engelfiguren. Auffallend an diesen Bildkompositionen ist die zurückhaltende Verwendung von Farbe im Gegensatz zu den oft in sehr expressiven Farben gehaltenen übrigen Werken

grijs en wit tot aan het kostbare bladgoud, dat aangebracht is, een toespeling op de goddelijke sfeer waarin de engelfiguren zich bewegen, op het immateriële hemellicht. Deze hemelse atmosfeer, de hemel, wordt nog meer geaccentueerd door de ovale cirkelende vormen, die als nimbussen door de compositie zweven. Deze serie geeft ondanks de gereduceerde kleur- en vormentaal het karakteristieke handschrift van de schilder Frank van Hemert weer: de picturale middelen zijn zo ingezet dat ze sfeerbepalend zijn, van grijs naar licht en donker gemodelleerd of van donkere rood-, geel- of blauwtinten tot lichte in elkaar overlopende kleurschakeringen in zijn kleurige schilderijen. In deze kleurwereld zijn de figuren van Van Hemert eerder getekend dan geschilderd. Ze verschijnen als transparante lineaire structuren, niet vormgegeven als complete lichamen, maar gereduceerd tot lineaire contouren. In deze composities worden flarden van woorden of afkortingen ingevoegd, zoals 'me' of 'you'. Schilderkunst en geschreven tekst staan in een levendige relatie tot elkaar, het zijn subtiele toespelingen op de betrekkingen tussen de seksen, op individuele gevoelens en gebaren, die echter tot een universele voorstelling worden verheven. De bewegingen van de handen van Frank van Hemerts figuren, vaak zeer dynamisch uithalend of aan de figuur gebonden, soms in elkaar grijpend, zijn een belangrijk vormgevend element. Als een waaier ontvouwen ze individuele gebaren, zonder echter aan algemene expressie en betekenis in te boeten. Deze vormentaal komen we ook tegen in andere werken van de kunstenaar met een religieuze thematiek, zoals in de serie *Mind of Tibet* uit 2002. Ze vormen een uiteenzetting met religies en tradities uit het verre Oosten. Ook deze composities bewegen zich tussen figuratief en abstract. Ze worden gekenmerkt door krachtige, kleurige bewegingsprocessen. Lichte en donkere kleurvlakken wisselen elkaar af, doorstroomd door lineaire kleurbundels en -toetsen. Ook deze composities zijn gelardeerd met afkortingen, schrijfsels, die ontcijferd moeten worden.

De schilderijen van Frank van Hemert kunnen gezien worden als een poging existentiële vragen van het menselijk bestaan te doorgronden, vanuit de individuele ervaring algemeen geldende fenomenen toegankelijk en zichtbaar te maken en ook onszelf en ons eigen handelen te begrijpen.

Dr. Ellen Schwinzer
directeur Gustav-Lübcke-Museum

des Künstlers. Die Farben beschränken sich auf wenige Töne von Schwarz, Grau und Weiß bis hin zu aufgetragenem kostbaren Blattgold, eine Anspielung auf die göttliche Sphäre, in der sich diese Engelsgestalten bewegen, auf das immaterielle Himmelslicht. Diese himmlische Atmosphäre, der Himmelsraum wird noch durch die ovalen kreisenden Formen hervorgehoben, die wie Nimben die Komposition durchschweben. Diese Bildserie gibt trotz ihrer reduzierten Farb- und Formensprache die charakteristische Handschrift des Malers Frank van Hemert wieder: Die malerischen Mittel sind so eingesetzt, dass sie die Atmosphäre bestimmen, von Grau nach Hell und Dunkel modelliert oder von dunklen Rot-, Gelb- oder Blautönen bis zu hellen ineinanderfließenden Farbschattierungen in seinen farbigen Bildern. In diese Farbwelt sind van Hemerts Figuren in einem eher zeichnerischen als malerischen Gestus entwickelt. Seine Figuren erscheinen als transparente lineare Gebilde, sie sind nicht aus dem Körpervolumen gestaltet, sondern auf die lineare Kontur reduziert. In diese Kompositionen werden Wortfetzen oder -kürzel eingefügt, z.B. „me" oder „you". Malerei und Schrift stehen in einer lebendigen Wechselbeziehung miteinander, sie sind feinsinnige Anspielungen auf die Geschlechterbeziehungen, auf individuelle Empfindungen und Gesten, die jedoch in eine allgemein gültige Darstellung erhoben werden. Die Bewegungen der Hände in den Figuren von Frank van Hemert, oft sehr dynamisch ausgreifend oder an die Figur gebunden, zuweilen ineinandergreifend, sind ein wichtiges Gestaltungselement. Sie breiten wie ein Fächer individuelle Gesten aus, ohne aber die generelle Aussage und Bedeutung zu verlieren. Diese Formensprache begegnet auch in weiteren Arbeiten des Künstlers mit religiöser Thematik, etwa in der Bildserie *Mind of Tibet*, 2002 entstanden. Sie sind eine Auseinandersetzung mit fernöstlicher Religion und Tradition. Auch diese Kompositionen bewegen sich zwischen Gegenständlichkeit und Abstraktion. Die Kompositionen breiten sich in kräftigen farbigen Bewegungsabläufen aus. Helle und dunkle Farbbereiche wechseln miteinander, durchströmt von linearen Farbbündeln und -strichen. Auch in diese Kompositionen sind Wortkürzel eingestreut, Skripturen, die es zu entziffern gilt.

Die Bilder von Frank van Hemert sind als ein Versuch anzusehen, existenzielle Fragen des menschlichen Daseins zu ergründen, von der individuellen Erfahrung her allgemein gültige Phänomene zu erschließen und sichtbar zu machen sowie sich selbst und sein Handeln zu verstehen.

Dr. Ellen Schwinzer
Direktorin des Gustav-Lübcke-Museums

Frank van hemert - de mythologie van de menselijke drift

Bij het betreden van het atelier van Frank van Hemert valt meteen op dat hij een intuïtief werker is. Op de grond stapels met tekeningen(tjes). Sommigen probeersels, gestolde getekende gedachten, anderen op weg naar een plek aan de muur. Daar hangen manshoge collages met tekenvellen van uiteenlopend formaat waarop sporen van zonnebloemen, mensfiguren (al dan niet in erotische houdingen), lichaamsdelen, schedels en alledaagse beeldvormen staan.

Frank van hemert - die Mythologie des menschlichen Triebes

Gleich wenn man Frank van Hemerts Atelier betritt, fällt einem seine intuitive Arbeitsweise auf. Auf dem Boden liegen stapelweise kleinere und größere Zeichnungen. Manche sind Versuche, geronnene gezeichnete Gedanken, andere sind unterwegs zu einem Platz an der Wand. Dort hängen mannshohe Collagen aus Zeichenpapier unterschiedlichen Formats, auf denen sich Spuren von Sonnenblumen, menschliche Figuren (zum Teil in erotischen Stellungen), Körperteile, Schädel und alltägliche Bildformen befinden.

Wat Van Hemert tot nu toe puur schilderkunstig of tekenachtig oploste - het combineren van meerdere beeldcomponenten in een 'eigen' ruimte binnen het beeldvlak - doet hij nu 'fysiek'. Collageren, associëren, combineren. Het is een gevoelsmatig proces van zoeken dat zich op een geheel eigen niveau afspeelt. Binnen het afgebakende schildersdoek of de grenzen van het tekenpapier kadreert de compositie zich vanzelf; al dan niet programmatisch of met een vooropgezet plan. De beeldcomponenten bevechten elkaar binnen deze vlakken om de ruimte, met Van Hemert als regisseur. Bij de collages op de wand werkt dat anders. De ruimte is in flux, ze is niet wezenlijk afgebakend en dat vereist de discipline van een beheerste, ordenende hand. Een collage - zeker zo vrij aan de muur - bestaat bij de gratie van de kunstenaar die haar grenzen haast onzichtbaar bepaalt, maar toch niet al te scherp definieert. Dit geeft speelruimte, maar herbergt ook het risico van richtingloosheid. Een goede intuïtie is dan noodzakelijk om te komen tot een punt van rust en evenwicht tussen beeld en veroverde ruimte. Dit maakt de collages anders dan de werken die Frank van Hemert daarvoor maakte. Of het nu echter gaat om gestructureerde composities op doek of papier of om 'intuïtieve' collages, Van Hemert probeert altijd parallelle gedachtegangen in één beeld te vangen.

De opbouw en het maakproces mag dan bij de recente collages anders zijn dan bij het werk daarvoor, het onderwerp is dat niet. Dat past naadloos in de thema's die Van Hemert al eerder verkende. Hij gaat grote motieven niet uit de weg: leven, dood, erotiek, melancholie, pijn, eenzaamheid. Het zijn onderwerpen die sinds de Romantiek tot het vanzelfsprekende repertoire van de zelfstandig denkende én voelende mens (kunstenaar) zijn gaan behoren. De individuele expressie kreeg in de negentiende eeuw (Van Gogh!) en zeker de twintigste eeuw (expressionisme!) een steeds lyrischer aspect. Van Hemert valt naadloos in deze 'dyonisische' traditie van de kunst. Zijn figuratie ligt - zeker in de schilderijen - opgesloten in verflagen die pasteus en doorwrocht zijn. De heftigheid van de kwaststreek zorgt voor een dynamisch verfoppervlak, in felle kleuren, waarin de motieven als sporen in een geploegd landschap zijn aangebracht. In alles toont zich de schilder die met passie en intense bewegingen zijn doeken maakt.

De werken op papier hebben eenzelfde intensiteit, al is de 'wilde Malerei' ogenschijnlijk beheerster dan in de schilderijen. In de werken op papier staan de motieven veel meer op zichzelf. Ontdaan van de al te geprononceerde, heftig gesticulerende streek, draait het veel meer om hun op zichzelf staande betekenis. Steeds is er de combinatie van motieven, die zowel voor spanning als voor gelaagdheid in de composities zorgt. Een andere constante zijn 'afgekapte' vormen. Het gaat vrijwel continu om delen van iets: een lijf, een lichaamsdeel, een object dat half buiten beeld valt. Iets is er, maar ook niet helemaal. Die 'rest' zit in de imaginaire ruimte van de verbeelding, ingevuld ('compleet gemaakt') met de blik van de kijker.

Was van Hemert bislang ausschließlich beim Malen oder Zeichnen gelöst hat - die Kombination mehrerer Bildkomponenten in einem „eigenen" Raum innerhalb des Bildfeldes -, macht er nun „physisch": collagieren, assoziieren, kombinieren. Es ist ein instinktiver Prozess des Suchens, der sich auf einer völlig eigenen Ebene vollzieht.
Innerhalb der vorgegebenen Maße der Leinwand oder der Grenzen des Zeichenpapiers schafft sich die Komposition ihre eigene Einfassung, entweder programmatisch oder nach einem vorab entwickelten Plan. Innerhalb dieser Flächen machen sich die Bildkomponenten gegenseitig den Platz streitig, wobei van Hemert Regie führt. Bei den Collagen an der Wand sieht die Sache anders aus. Der Raum ist im Fluss - da er nicht wirklich abgegrenzt ist, verlangt er die Disziplin einer beherrschten, ordnenden Hand. Eine Collage verdankt - vor allem, wenn sie frei aufgehängt ist - ihre Existenz einzig und allein dem Künstler, der ihre Grenzen beinahe unsichtbar bestimmt, diese zugleich aber auch nicht allzu präzise definiert. Dadurch entsteht ein gewisser Spielraum, aber auch wenn das Risiko einer gewissen Richtungslosigkeit. Um Ruhe und ein Gleichgewicht zwischen Bild und erobertem Raum zu erreichen, ist eine gute Intuition unabdingbar. Das unterscheidet die Collagen von den Arbeiten, die Frank van Hemert vorher angefertigt hat. Ob es sich nun um strukturierte Kompositionen auf Leinwand oder Papier oder um „intuitive" Collagen handelt, van Hemert versucht immer, parallele Gedankengänge in einem einzigen Bild zu vereinen.

Auch wenn sich Aufbau und Herstellungsprozess der jüngsten Collagen von denen der Arbeiten davor unterscheiden - die Thematik ist die gleiche. Sie schließt sich nahtlos den Themen an, die van Hemert schon früher ausgelotet hat. Großen Motiven geht er nicht aus dem Weg: Leben, Tod, Erotik, Melancholie, Leiden, Einsamkeit. Diese Themen gehören seit der Romantik zum selbstverständlichen Repertoire des selbstständig denkenden und fühlenden Menschen (Künstlers). Die individuelle Expressivität wurde im 19. (van Gogh!) und namentlich im 20. Jahrhundert (Expressionismus!) von einem stets lyrischeren Aspekt geprägt. Van Hemert setzt diese „dionysische" Traditionslinie der Kunst nahtlos fort. Seine Figürlichkeit kommt - insbesondere in den Bildern - in pastosen und durchgearbeiteten Farbschichten zum Ausdruck. Die Heftigkeit des Pinselstrichs resultiert in einer dynamischen Farboberfläche und in kräftigen Farben, in denen die Motive gleichsam wie Spuren in einer umgepflügten Landschaft eingebettet sind. In allem zeigt sich der Maler, der seine Bilder voller Leidenschaft und mit intensiven Bewegungen entwirft.

Seine Arbeiten auf Papier zeichnen sich durch die gleiche Intensität aus, auch wenn die „wilde Malerei" beherrschter wirkt als in den Bildern. In den Arbeiten auf Papier geht es mehr um die Motive an sich. Durch den Verzicht auf den allzu prononcierten, heftig gestikulierenden Pinselstrich steht ihre eigenständige Bedeutung viel mehr im Mittelpunkt. Die Motive treten immer in Kombinationen auf, was in den Kompositionen sowohl für Spannung als auch für Mehrschichtigkeit sorgt. Eine andere Konstante sind „abgebrochene" Formen, bei denen es sich fast immer um Teile von Irgendetwas handelt: ein Körper oder Körperteil, ein Objekt, das über den Bildrahmen hinausragt. Etwas ist zu sehen, aber nicht ganz. Der „Rest" befindet sich im imaginären Raum der Einbildungskraft und wird vom Blick des Betrachters ergänzt („komplettiert").

Een typische beeldopbouw in de tekeningen van Van Hemert is het verdelen van het beeldvlak in banen die min of meer diagonaal - maar elkaar ook 'snijdend' - in het vlak staan. Iedere baan is een eigen wereld met een eigen motief. In de associatieve combinatie vormt zich het verhaal.

In zijn catalogustekst voor de expositie van Frank van Hemert in het Gemeentemuseum Den Haag in 1996 legde auteur Franz W. Kaiser een direct verband tussen het werk van Bruce Nauman en Frank van Hemert. Hoewel bepaalde motieven overlappen - een stoel, een op zijn kop hangend hoofd, dwingende, vragende en/of bevelende teksten - ligt de link vooral in hun attitude ten opzichte van het kunst maken: als proces. Nauman maakte 'het proces' vroeg in zijn oeuvre heel letterlijk manifest in video's waarin hij - in de omslotenheid van zijn atelier - de 'handeling' van het maken in metaforische, soms absurdistische acties verbeeldde. Zo liet hij twee rubber ballen hard tegen de vloer stuiteren, waarbij hij een vast ritme probeerde aan te houden, wat niet lukte door het eigenzinnige stuitgedrag van de ballen. Frank van Hemert heeft een vergelijkbare ervaring bij het schilderen. De fysieke activiteit - de lichamelijke verhouding van kunstenaar tot doek - zorgt voor een intensiteit, die niet in een eenduidig ritme is vol te houden. In de interactie tussen de handeling en dat wat op het doek gebeurt, ontstaat steeds meer wrijving. Dat wat 'terugstuitert' in het gezicht van de kunstenaar zorgt automatisch voor aanpassingen in de aanpak. De kunstenaar en het 'object' dat hij creëert zijn altijd in dialoog met elkaar, zeker bij een kunstenaar als Van Hemert die vanuit een primair 'instinct' werkt. In die zin is de werkwijze van Van Hemert ook verwant aan die van Willem De Kooning. Beiden proberen hun intensiteit op een zo direct mogelijke manier naar het doek te vertalen. Eenzelfde verwantschap is er met de Duitse schilders van het neo-expressionisme als Baselitz en Kiefer. Hun 'beladen' beeldtaal is weliswaar veel historischer georiënteerd, maar de behandeling van het motief is wel gerelateerd. Al is Van Hemert cryptischer in het gebruik van zijn beeldelementen en gebruikt hij veel meer ongelijksoortige motieven binnen één werk in een dynamische compositie. Series hebben dan weer heel directe en dan weer meer metaforische titels als *31 is zelfs minder dan 33, Zeven, Stabat Mater, Initiatie, Secret Survivors, Mind of Tibet, Und die Frauen warten..., La Petite Mort, You/me* en *Flowers of Romance*. Er kan een heel persoonlijk verhaal achter schuilen, maar de titels zijn vooral indicaties, vehikels om tot de lezing van een werk te komen, geen dwingende legenda.

De neiging tot expressief schilderen, die in de jaren zeventig en tachtig zo actueel was (de Italiaan Enzo Cucchi wist er bijvoorbeeld ook goed weg mee), is op dit moment vrijwel geheel verdwenen uit de actuele kunst. De expressieve figuratie heeft even geen plaats in het eigentijdse discours. Het 'romantische', anekdotische beeld is de afgelopen jaren veel meer 'en vogue' (met kunstenaars als Luc Tuymans, Marlene Dumas, Peter Doig, Wilhelm Sasnal). Dit maakt het recente werk van Frank van Hemert absoluut niet 'ouderwets'. In de ruim vijfentwintig jaar dat hij als kunstenaar actief is, heeft Van Hemert zijn 'stijl' zo verdiept en uitgediept, dat het een zelfstandige status heeft gekregen. 'Expressie' is als begrip vluchtig, maar in essentie nog steeds een cruciaal element binnen de beeldende taal. Het is de vrijheid die Van Hemert zich daarbinnen toe-eigent, die zijn werk zo vitaal houdt. Zeker in combinatie met de thema's die hij hanteert.

Ein typischer Bildaufbau in van Hemerts Zeichnungen besteht aus der Aufteilung des Bildfeldes in Bahnen, die mehr oder weniger diagonal angeordnet sind, einander zum Teil aber auch „schneiden". Jede Bahn ist ein eigener Kosmos mit einem jeweils eigenen Motiv. In der assoziativen Kombination entsteht die Aussage.

In seinem Essay für den Begleitband zu Frank van Hemerts Ausstellung im Jahre 1996 im Städtischen Museum von Den Haag stellt Franz W. Kaiser einen direkten Zusammenhang zwischen den Arbeiten von Bruce Nauman und denen des niederländischen Künstlers her. Obwohl sich bestimmte Motive - ein Stuhl, ein verkehrt herum aufgehängter Kopf, Texte mit Aufforderungs-, Frage- und/oder Befehlscharakter - überlappen, besteht dieser Zusammenhang aber vor allem aus ihrer Einstellung zur Entstehung von Kunst, die sie als einen Prozess verstehen. Nauman legte „den Prozess" bereits früh in seinem Schaffen ganz wörtlich und eindeutig fest, indem er in der Geschlossenheit seines Ateliers mittels Videoaufnahmen die Handlung des künstlerischen Gestaltens in metaphorischen, bisweilen absurden Aktionen darstellte. Beispielsweise ließ er immer wieder zwei Gummibälle kraftvoll auf dem Fußboden aufspringen, wobei er versuchte, einen festen Rhythmus einzuhalten, was wegen des eigensinnigen Sprungverhaltens der Bälle zum Scheitern verurteilt war. Frank van Hemert hat eine ähnliche Erfahrung beim Malen gemacht. Durch die physische Tätigkeit - das körperliche Verhältnis des Künstlers zur Leinwand - entsteht eine Intensität, die sich nicht in einem eindeutigen Rhythmus festhalten lässt. In der Interaktion zwischen der Tätigkeit und dem, was auf der Leinwand geschieht, kommt es zu einer immer größeren Reibung. Das, was ins Gesicht des Künstlers „zurückspringt", führt automatisch zu Anpassungen der körperlichen Tätigkeit. Der Künstler und das von ihm geschaffene „Objekt" stehen in einem ständigen Dialog - dies gilt gerade für einen Künstler wie van Hemert, der gleichsam aus einem Urinstinkt heraus arbeitet. Diesbezüglich ist van Hemerts Vorgehensweise auch der Willem De Koonings verwandt. Beide versuchen, ihre Intensität möglichst direkt auf die Leinwand zu übertragen. Ein ähnliches Verwandtschaftsverhältnis besteht auch zu den deutschen Malern des Neoexpressionismus wie Baselitz und Kiefer. Ihre „beladene" Bildersprache ist zwar viel historischer orientiert, die Behandlung des Motivs aber ist durchaus die gleiche, auch wenn van Hemert im Einsatz seiner Bildelemente viel kryptischer ist und viel mehr verschiedenartige Motive innerhalb ein und derselben Arbeit in einer dynamischen Komposition verwendet.

Van Hemerts Serien haben mal ganz direkte und dann wieder eher metaphorische Titel wie *31 ist sogar weniger als 33, Sieben, Stabat Mater, Initiation, Secret Survivors, Mind of Tibet, Und die Frauen warten..., La Petite Mort, You/Me* oder *Flowers of Romance*. Dahinter kann ein ganz persönliches Erlebnis stecken, obgleich die Titel vor allem Anhaltspunkte sind, Fingerzeige zur Werkinterpretation und keine zwingend vorgeschriebene Legende.

Die Neigung zum expressiven Malen, die in den 1970er und 1980er Jahren ganz aktuell war (der Italiener Enzo Cucchi beispielsweise war darin ein wahrer Meister), ist zum gegenwärtigen Zeitpunkt in der aktuellen Kunst praktisch überhaupt nicht mehr vorhanden. Die expressive Figuration findet im zeitgenössischen Diskurs gerade nicht statt. Das „romantische", anekdotische Bild ist in den vergangenen Jahren viel mehr en vogue (vertreten von Künstlern wie Luc Tuymans, Marlene Dumas, Peter Doig oder Wilhelm Sasnal). Das heißt allerdings nicht, dass die jüngsten Arbeiten Frank van Hemerts „altmodisch" wären. In den gut fünfundzwanzig Jahren seines aktiven Künstlerdaseins hat van Hemert seinen „Stil" dermaßen vertieft und ausgetieft, dass er einen selbstständigen Status erworben hat. „Expressivität" ist als Begriff flüchtig, aber im Kern noch immer ein entscheidendes Element der Bildersprache. Dank der Freiheit, die sich van Hemert darin aneignet, bleibt sein Werk so vital, wie es ist, auf jeden Fall in Kombination mit den Themen, die er anschneidet.

Doorheen het oeuvre van Frank van Hemert speelt erotiek een belangrijke rol. In de recente series is het explicieter dan ooit. Schaamte is een emotie die in de beeldende kunst nauwelijks tot niet is verbeeld. Je hebt wel de preutse dames in de neoclassicistische, achttiende-eeuwse schilderkunst, maar dan is eerder sprake van quasi-schaamte, gezien de vaak evidente erotische ondertonen in de voorstellingen. Schaamte is als emotie haast ongrijpbaar. Het is efemeer, er hoort geen concrete gezichts- of lichaamsuitdrukking bij, los van de obligate, zoals blozende wangen of de handen beschaamd met samengeknepen dijen voor het kruis, het hoofd iets geloken.

Schaamte zit zeker niet concreet in het werk van Frank van Hemert, maar het speelt wél een belangrijke rol en dan in overdrachtelijke zin. Het gaat dan over de schaamte van de kijker, onlosmakelijk verbonden aan de voyeuristische blik. En over de directe, onontkoombare 'schaamteloosheid' waarmee Van Hemert die voyeuristische blik weet te confronteren. Hij heeft daarin illustere voorgangers. Wijdbeens ligt bijvoorbeeld een bleek vrouwenlijf tussen de takken in een geschilderd landschap in het werk *Etants Données* van Marcel Duchamp. De blik op haar kruis is even frontaal als bij Courbet, die in zijn *Origin du Monde* onverbloemd zicht geeft op de behaarde vulva van het model Joanna Hiffernan. Frank van Hemert doet in zijn meest recente serie tekeningen en aquarellen precies hetzelfde. Sterker nog, sommige poses zijn echo's van die fameuze kunsthistorische voorbeelden, bewust of onbewust (hoeveel poses kun je tenslotte aannemen in zo'n situatie?).

De serie heet *La Petite Mort* (De kleine dood), wat een metaforische uitdrukking voor het orgasme is. De lust die gesublimeerd wordt in een moment van totale inertie, waarin de ervaring van het orgasme zich manifesteert in een vorm van niet-zijn. Dat staat haaks op de levenslust die óók uit de seksuele daad spreekt, de begeerte als aanjager van een geïntensiveerde vorm van leven. Dat soort contrasten boeien de kunstenaar buitengewoon.

Contrasten - of polariteiten - spelen een voorname rol in het werk van Frank van Hemert. In gecondenseerde vorm laat hij dat bijvoorbeeld terugkeren in een klein tekeningetje van een gestileerde, gekruisigde Jezus. Boven de linkerhand staat 'I', boven de rechterhand 'you' en boven het hoofd 'am'. Het laat zich lezen als 'I am you', maar het kunnen ook twee polen zijn, die verenigd worden door het 'zijn'. Zo gaat het werk van Van Hemert ook over de verhouding van hemzelf tot 'de ander' en welke staat van 'zijn' daar een rol bij speelt, gemarkeerd door de condities van zowel de één als de ander.

De intensiteit - en gelaagdheid - van Van Hemerts werk toont zich heel expliciet in zijn tekeningen. De schilderkunst delft in 'directheid' altijd het onderspit ten opzichte van de tekenkunst. Bij de schilderkunst is en blijft er die kwast die voor afstand zorgt tussen hand en doek. Een schilderij vergt in de regel ook een planmatiger aanpak. Het is grootster en 'definitiever'. En dan is Van Hemert nog een schilder die ook op het doek in feite tekenaar blijft. Net als kunstenaars als Karel Appel en Armando beroert hij geregeld met de hand het canvas, één op één de vormen modulerend. Toch geeft de tekenkunst hem meer mogelijkheden. Het geeft hem de ruimte om alle aspecten van de schilder- en tekenkunst te verenigen: de met de hand gemodelleerde verf, de tekenachtige beweging die varieert van precies naar schetsmatig en de kwast die met brede gebaren een motief weer kan geven.

Im Frank van Hemerts ganzem bisherigen Oeuvre spielt Erotik eine wichtige Rolle. In den jüngsten Serien ist sie expliziter als jemals zuvor. Scham ist eine Gefühlsregung, die in der bildenden Kunst kaum oder gar nicht dargestellt wurde. Zwar gibt es in der neoklassizistischen Malerei des 18. Jahrhunderts Darstellungen prüder Damen, doch handelt es sich dabei, zieht man die oft evidenten erotischen Untertöne in Betracht, eher um eine gewisse Pseudoscham. Als Gefühlsregung ist Scham kaum greifbar. Sie ist ephemer und spiegelt sich auch nicht in einem konkreten Gesichtsausdruck oder einer bestimmten Körperhaltung wider, ausgenommen vielleicht die obligatorischen wie rosige Wangen oder die Hände im Schritt, die Oberschenkel zusammengepresst, der Kopf leicht gesenkt.

Scham stellt keinen konkreten Bestandteil in Frank van Hemerts Werk dar, spielt aber eine wichtige Rolle, und zwar in übertragenem Sinne. Es geht nämlich um die Scham des Betrachters, die untrennbar mit dem voyeuristischen Blick verbunden ist. Und um die direkte, unentrinnbare „Schamlosigkeit", mit der van Hemert diesen voyeuristischen Blick zu konfrontieren versteht. Er kann diesbezüglich auf illustre Vorläufer zurückblicken. In einer gemalten Landschaft in dem Gemälde *Etants Données* von Marcel Duchamp liegt beispielsweise ein blasser Frauenkörper mit gespreizten Beinen zwischen Ästen. Der Blick auf ihre Schamgegend ist ebenso frontal wie bei Courbet, der in seinem *Origin du Monde* die behaarte Vulva des Modells Joanna Hiffernan unverhüllt den Blicken preisgibt. Frank van Hemert tut in seiner allerjüngsten Serie von Zeichnungen und Aquarellen genau das gleiche. Auf den Punkt gebracht, könnte man sagen, dass manche Posen bewusste oder unbewusste Echos dieser berühmten kunsthistorischen Beispiele sind (denn wie viele unterschiedliche Posen kann man in dieser Situation schon einnehmen?).

Die Serie heißt *La Petite Mort* (Der kleine Tod), eine metaphorische Umschreibung für einen Orgasmus. Die Lust, die in einem Moment der totalen Inertie sublimiert wird, in dem sich das Erlebnis des Orgasmus in einer Form des Nichtseins manifestiert. Das steht in krassem Gegensatz zu der Lebenslust, die ebenfalls aus dem Geschlechtsakt spricht, die Begierde als Treibsatz einer intensivierten Form des Lebens. Derartige Gegensätzlichkeiten fesseln den Künstler über die Maßen.

Gegensätzlichkeiten - oder Polaritäten - spielen in Frank van Hemerts Schaffen eine herausragende Rolle. In kondensierter Form findet sich dies bei ihm in Gestalt einer kleinen Zeichnung eines stilisierten gekreuzigten Jesu wieder. Über der linken Hand steht „I", über der rechten „you" und über dem Kopf „am". Dies lässt sich lesen als „I am you", aber es können auch zwei Pole sein, die durch das „sein" vereinigt werden. So dreht sich van Hemerts Oeuvre auch um sein Verhältnis zu „dem anderen" und darum, welche Art von „sein" dabei eine Rolle spielt, markiert durch die Verfassung sowohl des einen als auch des anderen.

Die Intensität - und Mehrschichtigkeit - seines Werkes tritt ganz explizit in seinen Zeichnungen zutage. Die Malerei zieht in puncto „Direktheit" gegenüber der Zeichenkunst immer den Kürzeren. In der Malerei gibt es jetzt und in der Zukunft den Pinsel, der für Distanz zwischen Hand und Leinwand sorgt. Ein Gemälde verlangt in der Regel auch eine methodischere Herangehensweise. Es ist größer und „definitiver". Außerdem ist van Hemert ein Maler, der auch auf der Leinwand im Grunde ein Zeichner bleibt. Wie andere Künstler auch (Karel Appel oder Armando) berührt er die Leinwand regelmäßig mit der Hand und moduliert die Formen im direkten Kontakt. Dennoch bietet ihm die Zeichenkunst mehr Möglichkeiten. Sie lässt ihm die Freiheit, alle Aspekte der Malerei und der Zeichenkunst zu vereinen: die mit der Hand modellierte Farbe, die zeichnerische Bewegung, die zwischen genau und skizzenhaft variiert, und den Pinsel, der mit breiter Gebärde ein Motiv wiedergeben kann.

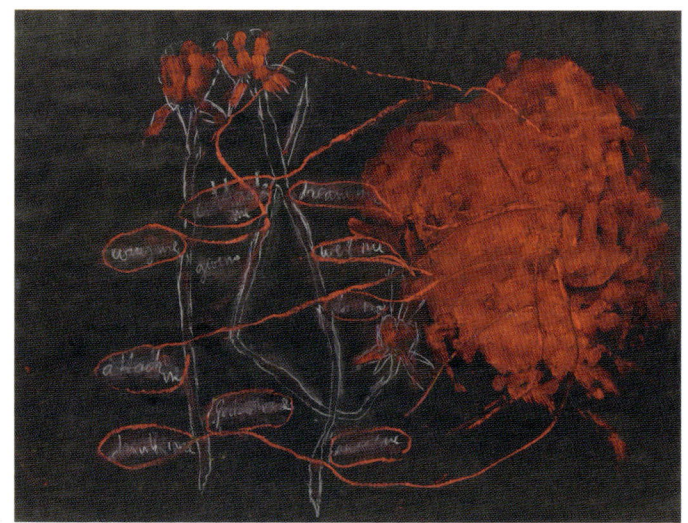

Vijf voorbeelden illustreren deze mix van uiteenlopende technieken:

1 Een tekening uit de serie *Birth Copulation Death* (1994) - **Een geabstraheerd onderlichaam, vanaf het middel geschilderd, niet meer dan een grove zwarte schim, neergezet in brede stroken en op zijn kop op het witte papiervlak geplaatst. Er omheen zwarte vegen - met de hand aangebracht - die als 'regendruppels' naar beneden komen vallen. In drie van die 'druppels' is een woord gekrast: birth, copulation, death. Drie cruciale fases in het leven. Geboren worden, reproduceren, sterven. Een schijnbaar mechanisch proces, als een gestage duistere regenbui die op het lichaam neerdaalt.**

2 Een tekening uit *Secret Survivors* (1995) - **Een amorfe bloedrode vorm met de suggestie van een bloem waaraan een aantal 'meeldraden' hangt. Deze draden omvatten woorden en korte bevelen: 'wrong me', 'attack me', 'wet me', 'dream me'. Een aantal woorden is lichtjes uitgeveegd. Op de ondergrond drie bloemen-met-steel, weergegeven met witte contouren. De bloemen zelf opnieuw bloedrood, met de vingers gemodelleerd, net als de grote 'bloem'. Het werk is vrij letterlijk complex: met woord en beeld in een paringsdans vol onderhuidse suggestie. Een heel particulier, obsessief werk, dat toch universeel invulbaar is.**

3 Een tekening in de serie *Engel* (1999-2007) - **Centraal staat een mansfiguur, de armen gestrekt omhoog naar achteren, alsof hij op het punt staat te gaan springen. Hij is getekend in contour, die deels met blauw is ingevuld. Hij 'staat' op een simpele stoel, al ontbreken zijn onderbenen en voeten. De figuur bevindt zich in een witte ruimte die scherp is afgebakend ten opzichte van twee uiteinden van vleugels die aan weerszijde van de 'witte ruimte' met een expressieve hand zijn getekend (het vel met het mansmotief ligt als een collage op de schildering van de vleugels, waardoor het contrast in de ruimtelijke beleving ontstaat). De kop van de man botst rechts tegen de harde grens tussen witte ruimte en vleugel aan. Het is een klassiek 'icarus'-motief. De droom te vliegen, de suggestie van vlucht, maar uiteindelijk bevroren zijn in het droommoment. Icarus kwam te dicht bij de zon, Van Hemerts figuur moet nog trachten weg te komen van de keukenstoel.**

Fünf Beispiele illustrieren diese Mischung unterschiedlicher Techniken:

1 eine Zeichnung aus der Serie *Birth Copulation Death* (1994) - Ein abstrahierter Unterkörper, von der Taille aus gemalt, nur ein grober, schwarzer Schemen, mit breiten Strichen ausgeführt und um 180 Grad gedreht auf der weißen Papierfläche angebracht. Um ihn herum schwarze, mit der Hand angebrachte Streifen, die wie „Regentropfen" herunterfallen. In drei dieser „Tropfen" steht je ein eingekratztes Wort: birth, copulation, death. Drei entscheidende Phasen im Leben. Zur Welt kommen, reproduzieren, sterben. Ein scheinbar mechanischer Prozess, wie ein unaufhörlicher düsterer Regenschauer, der auf dem Körper niedergeht.

2 eine Zeichnung aus *Secret Survivors* (1995) - Eine amorphe blutrote Form, die eine Blume andeutet, an der einige „Staubfäden" hängen. Diese Fäden umschließen Wörter und kurze Befehle: „wrong me", „attack me", „wet me", „dream me". Einige Wörter sind leicht verwischt. Im Hintergrund drei Blumen mit Stiel, in weißen Umrissen angedeutet. Die Blumen selbst sind erneut blutrot, mit den Fingern modelliert wie im Falle der großen „Blume". Die Arbeit ist ziemlich wörtlich komplex: mit Wort und Bild in einem Paarungstanz voller Andeutungen. Eine ganz persönliche, obsessive Arbeit, die dennoch allgemein verständlich ist.

3 eine Zeichnung aus der Serie *Engel* (1999-2007) - Im Mittelpunkt steht eine männliche Figur mit nach hinten gestreckten erhobenen Armen, die wirkt, als würde sie im nächsten Moment springen. Der Mann ist mit Umrissen angedeutet, die teilweise mit blauer Farbe aufgefüllt sind. Er „steht" auf einem einfachen Stuhl, auch wenn er weder Unterschenkel noch Füße hat. Die Figur befindet sich in einem weißen Raum, der sich scharf von zwei Flügelenden abhebt, welche mit expressiver Hand auf beiden Seiten des „weißen Raums" gezeichnet wurden (das Blatt mit dem Mannmotiv liegt wie bei einer Collage auf den gemalten Flügeln, was einen Gegensatz in der räumlichen Wahrnehmung zur Folge hat). Rechts stößt der Mann mit dem Kopf an die harte Grenze zwischen weißem Raum und Flügel. Es handelt sich um ein klassisches „Ikarus"-Motiv. Der Traum vom Fliegen, die Andeutung eines Fluges, letzten Endes aber im Traummoment eingefroren. Ikarus kam der Sonne zu nahe, van Hemerts Figur muss sich erst noch vom Küchenstuhl lösen.

4   *Flowers of Romance* (2002) - **Een tekening in twee delen. Onderin, liggend, op een strookachtig stuk papier, een paardebloem - rood - met een gele, draadvormige steel tegen een donkergrijze achtergrond. Erboven een groot vel met een graffiti-achtig, abstract lijnenspel - blauwgrijs - tegen een gespetterde achtergrond die doet denken aan een sterrenhemel bij diepe nacht. Bij nadere beschouwing blijken de blauwgrijze banen een gezicht en 'ledematen' te vormen, een abstractie van copulerende lichamen. De opzet - het grote vel boven, het langwerpige vel onder - oogt als een echo van het altaarstuk van Hans Holbein in Bazel, met in het onderste paneel de verstijfde dode Jezus in zijn graf. De bloem onderin het werk van Van Hemert heeft eenzelfde sterfelijkheid. Dit soort subtiele verwijzingen naar religieus getinte motieven zijn er wel vaker in het werk van Van Hemert. Religie heeft tenslotte ook alles met passie, overgave en de essentie van het leven te maken. Al blijft de kunstenaar verre van enige evangelistische inhoud.**

5   Een collage uit de *La Petite Mort*-reeks (2006) - **Vier tekeningen vormen de achtergrond, netjes in kwarten verdeeld, voor een opliggende schildering van een been, van lies tot enkel weergegeven. De tekeningen op de achtergrond zijn half concreet, half suggestief. Zonnebloemen zijn duidelijk herkenbaar, rechtsboven een vrouwenfiguur die iets door de knieën is gezakt met de handen op de bovenbenen. De andere tekeningen zijn veel onbestemder, maar hebben nog wel de suggestie van (vrouwen)lijven. In de linker boventekening zwermt een wit vlindertje. Rechtsonder ligt een bloem op een onderlijf. Linksonder zien we de schim van een lichaam op de knieën, gezien van achteren, het roze van de vagina net zichtbaar. De collage - in louter zwart en geel met toefjes rood en roze - ademt een onbestemde broeierigheid. Met lichamen in verstarring.**

Uiteindelijk draait alles bij Van Hemert om het 'subjectieve'. Of het nu gaat om introspectie, intuïtie, emotie of spontaniteit, in de verbeelding ligt bij hem steeds een element van 'niet weten' opgesloten. Je zou dat het geheim van de menselijke natuur kunnen noemen, met al zijn obsessies, trauma's, gelukzalige momenten, onderhuidse gevoelens en oerdriften.

4   *Flowers of Romance* (2002) - **Eine Zeichnung in zwei Teilen. Im unteren Teil liegt auf einem länglichen Papierfetzen ein Löwenzahn, rot, mit einem gelben, fadenförmigen Stiel vor einem dunkelgrauen Hintergrund. Darüber angebracht ist ein großer Papierbogen mit einem an Graffiti erinnernden abstrakten Linienspiel, graublau, vor einem gespritzten Hintergrund, der einem Sternenhimmel in tiefer Nacht ähnelt. Bei genauerer Betrachtung bilden die graublauen Bahnen ein Gesicht und „Gliedmaßen", eine Abstraktion kopulierender Körper. Die Anordnung - der große Bogen oben, das längliche Blatt unten - wirkt wie ein Echo des Altarbildes von Hans Holbein in Basel, in dessen unterer Tafel der im Tod erstarrte Jesus in seinem Grab abgebildet ist. Die Blume im unteren Teil von van Hemerts Arbeit ist von der gleichen Sterblichkeit. Derartige subtile Anspielungen auf Motive mit religiösem Inhalt finden sich häufiger in van Hemerts Oeuvre. Religion hat schließlich auch ausnehmend viel mit Leidenschaft, Hingabe und der Essenz des Lebens zu tun, auch wenn der Künstler von evangelistischen Inhalten weit entfernt bleibt.**

5   eine Collage aus der Reihe *La Petite Mort* (2006) - **Vier Zeichnungen bilden den Hintergrund, ordentlich in Viertel aufgeteilt, für eine darüberliegende Darstellung eines Beins von der Leiste bis zum Knöchel. Die Zeichnungen im Hintergrund sind zum Teil konkret, zum Teil aber auch suggestiv. Deutlich zu erkennen sind Sonnenblumen, im rechten oberen Bereich eine weibliche Figur, die, die Hände auf den Oberschenkeln, leicht gebeugt dasteht. Die anderen Zeichnungen sind viel vager, deuten aber zumindest (weibliche) Körper an. In der Zeichnung links oben flattert ein kleiner weißer Schmetterling umher. Rechts unten liegt eine Blume auf einem Unterkörper. Links unten sehen wir einen schemenhaften knienden Körper von hinten, wobei das Rosa der Vagina gerade noch zu erkennen ist. Die Collage - bis auf einige Tupfen Rot und Rosa ausschließlich in Schwarz und Gelb gehalten - atmet eine unbestimmte Sinnlichkeit. Mit Körpern im Zustand der Erstarrung.**

Letzten Endes dreht sich bei Frank van Hemert alles um das „Subjektive". Ob es nun um Selbstbetrachtung, Intuition, Emotion oder Spontaneität geht - seine Einbildungskraft umfasst stets ein Element des „Nichtwissens". Dies könnte man das Geheimnis der menschlichen Natur nennen, mit all seinen Obsessionen, Traumata, Augenblicken der Glückseligkeit, unterschwelligen Gefühlen und Urtrieben.

De kunstenaar toont zich daarin een romanticus. Niet de zoetige romanticus van de negentiende eeuw, die aan de werkelijkheid ontsnapte met een dik aangezette overdrijving, maar de achttiende-eeuwse - Duitse - romanticus, die op zoek ging naar het wezen van 'de natuur' middels een sublimatie van het landschap. Van Hemert zoekt de sublimatie niet in het landschap - al zijn sommige van zijn schilderijen wel als een soort 'landschap' op te vatten -, maar in de menselijke natuur en vertaalt dat in emotieve schilderijen en werken op papier.

De 'romantiek' stelt voelen boven denken en het subjectieve boven het objectieve. Het zoekt naar een dubbelzinnige verbeelding, is geïnteresseerd in expressie en interpretatie in plaats van nabootsing. En daar hoort onmiskenbaar ook een spirituele component bij.

Al die vertrekpunten zijn toepasbaar op het oeuvre van Frank van Hemert. Hij is als kunstenaar zowel een alchemist als een chemicus. Hij probeert uit het 'niets' (lood) een betekenis (goud) te genereren, maar hij is er ook goed in om elementen bij elkaar te brengen en te onderzoeken welke ('chemische') reactie dat geeft.

Hij zit zijn motieven daarvoor dicht op de huid en probeert de vitaliteit daarvan te laten spreken. Zo daagt hij je als kijker uit om je tot zijn subjectieve beeldcombinaties en - associaties te verhouden. Het is empirische kunst, die zijn vervolmaking vindt in de gedachten van de kijker, maar zijn oorsprong heeft in de geest van Van Hemert zelf. De 'vervoering' die de kunstenaar tot de werken bracht, zal nooit één op één 'teruggelezen' kunnen worden, daarvoor is ze te particulier, maar de kunstenaar heeft in al die jaren wel het vermogen ontwikkeld om een universele component toe te voegen die het referentiekader van de kijker activeert. En tenslotte zijn seks, dood, passie, verlangen en melancholie thema's waarin iedereen een ankerpunt kan vinden om te graven in de eigen ervaringen, obsessies en verlangens.

Robbert Roos, juli 2007
criticus

Der Künstler erweist sich diesbezüglich als Romantiker - zwar nicht als ein süßlicher Romantiker des 19. Jahrhunderts, der sich mit starken Übertreibungen der Wirklichkeit entzog, sondern als ein - deutscher - Romantiker des 18. Jahrhunderts, der sich auf die Suche nach dem Wesen „der Natur" machte, indem er die Landschaft sublimierte. Van Hemert sucht die Sublimierung nicht in der Landschaft - auch wenn das eine oder andere seiner Bilder durchaus als „Landschaft" aufzufassen ist -, sondern in der menschlichen Natur und überträgt diese Suche in feinfühlige Bilder und Arbeiten auf Papier.

Die „Romantik" ordnet Fühlen höher ein als Denken und das Subjektive höher als das Objektive. Sie sucht eine doppeldeutige Einbildungskraft, ist interessiert in Expressivität und Interpretation an Stelle von Nachahmung. Und dazu gehört unverkennbar auch eine spirituelle Komponente.

All diese Ausgangspunkte lassen sich auf Frank van Hemerts Werk übertragen. Als Künstler ist er in gleichem Maße Alchimist und Chemiker. Er versucht, aus dem „Nichts" (Blei) eine Bedeutung (Gold) zu generieren, aber er versteht es auch, mehrere Elemente zusammenzubringen und zu untersuchen, welche („chemische") Reaktion dies zur Folge hat.

Er sitzt seinen Motiven dicht auf der Pelle und versucht, deren Vitalität Ausdruck zu verleihen. Er fordert den Betrachter heraus, einen Standpunkt zu seinen subjektiven Bildkombinationen und -assoziationen einzunehmen. Es ist empirische Kunst, die ihre Vollendung in der Gedankenwelt des Betrachters findet, ihren Ursprung aber im Geist des Künstlers selbst hat. Die „Verzückung", die den Auslöser für van Hemerts Arbeiten darstellt, lässt sich wohl nicht 1:1 nachvollziehen, dafür ist sie zu privat; allerdings hat es der Künstler in all den Jahren durchaus verstanden, eine universale Komponente hinzuzufügen, die den Bezugsrahmen des Betrachters aktiviert. Schließlich sind Sex, Tod, Leidenschaft, Verlangen und Melancholie Themen, in denen jeder einen Anhaltspunkt finden kann, um in den eigenen Erfahrungen, Obsessionen und Verlangen zu wühlen.

Robbert Roos, im Juli 2007
Kritiker

HAND

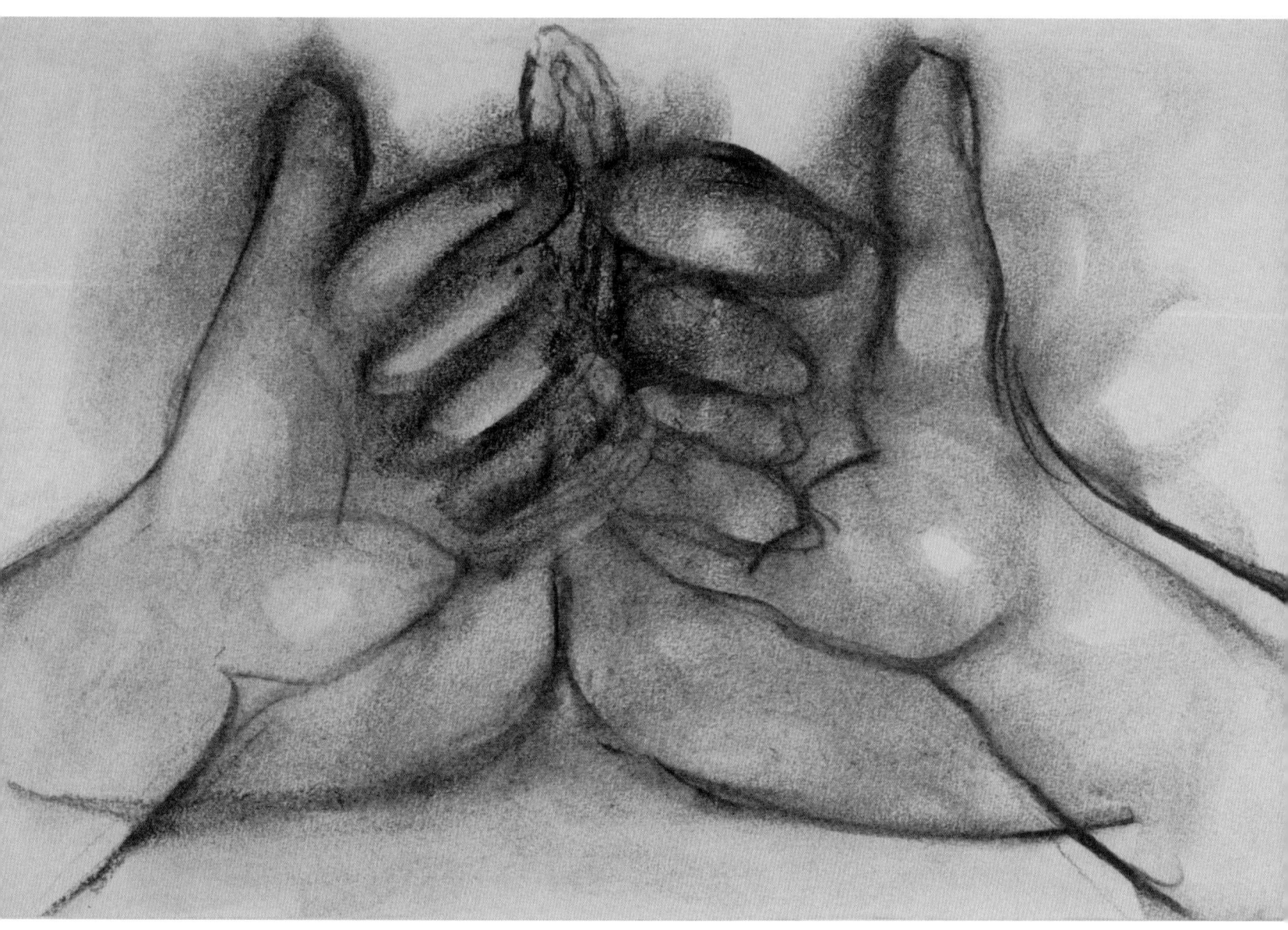

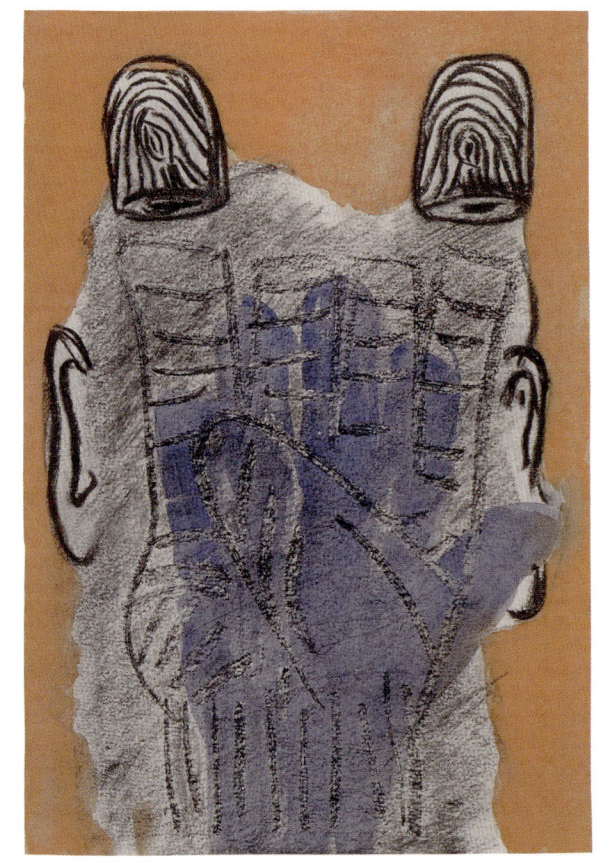

3
4

AFSCHEIDSBRIEF

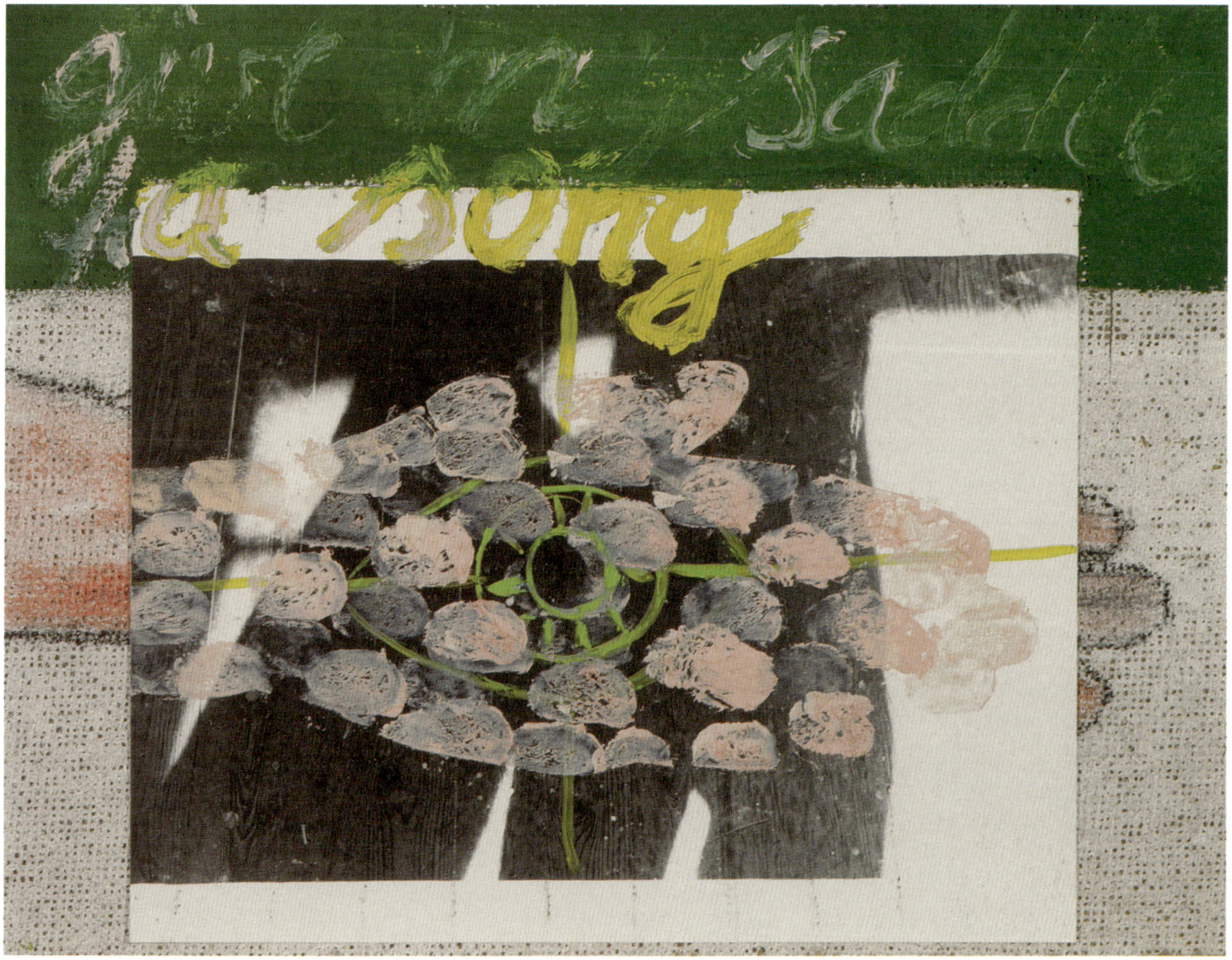
a song

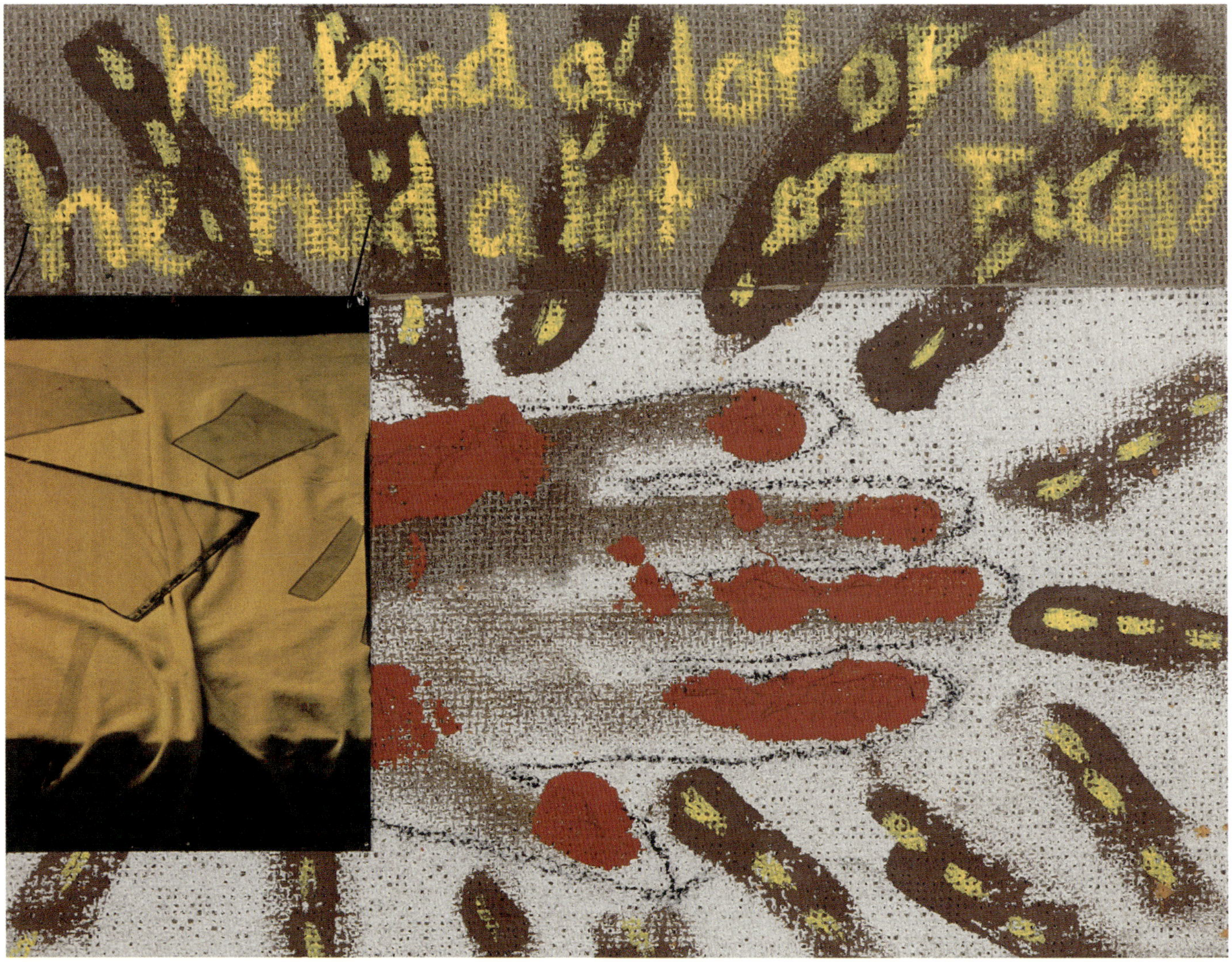
he had a lot of mo
he had a lot of Fa

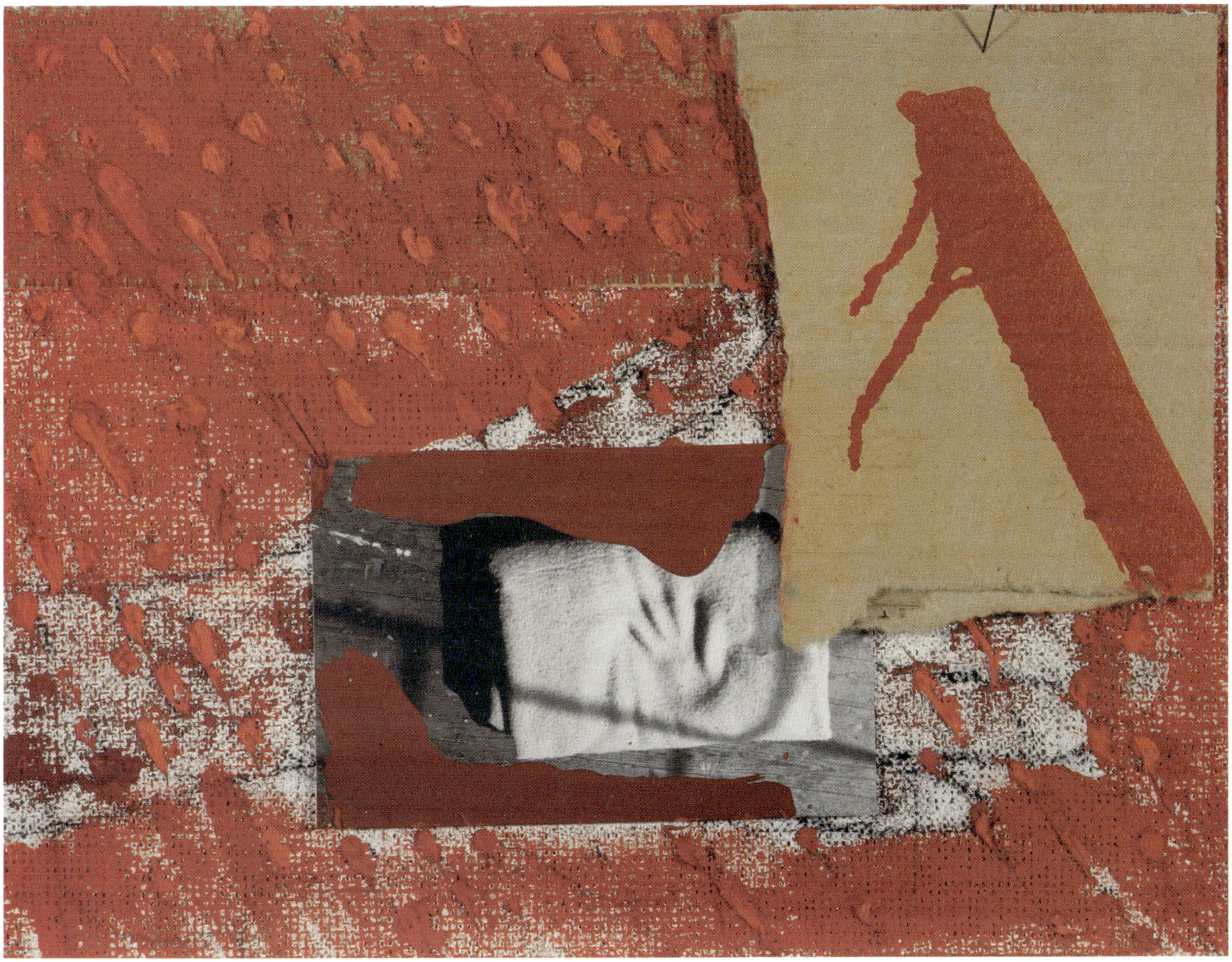

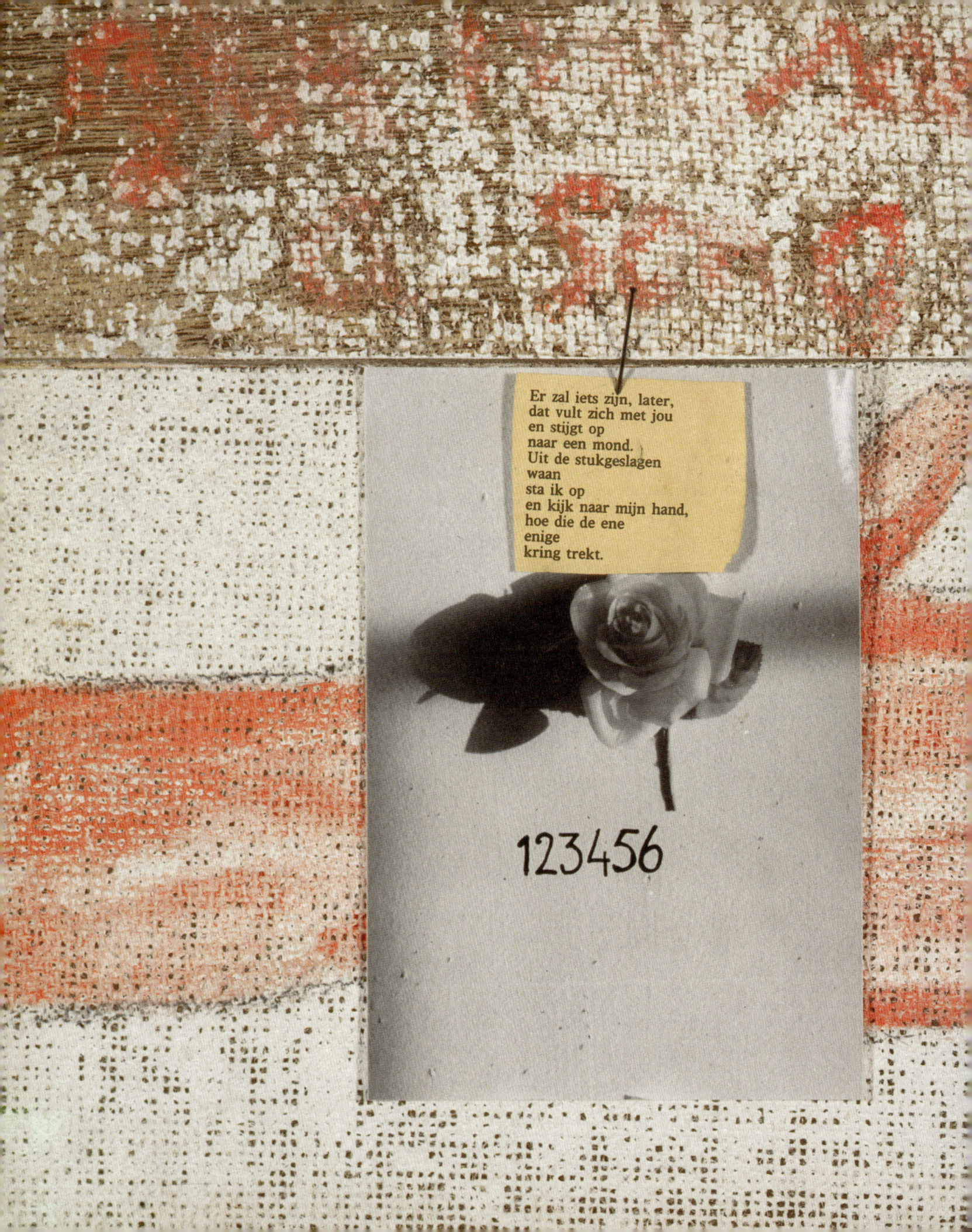

Er zal iets zijn, later,
dat vult zich met jou
en stijgt op
naar een mond.
Uit de stukgeslagen
waan
sta ik op
en kijk naar mijn hand,
hoe die de ene
enige
kring trekt.

123456

10

INITIATIE

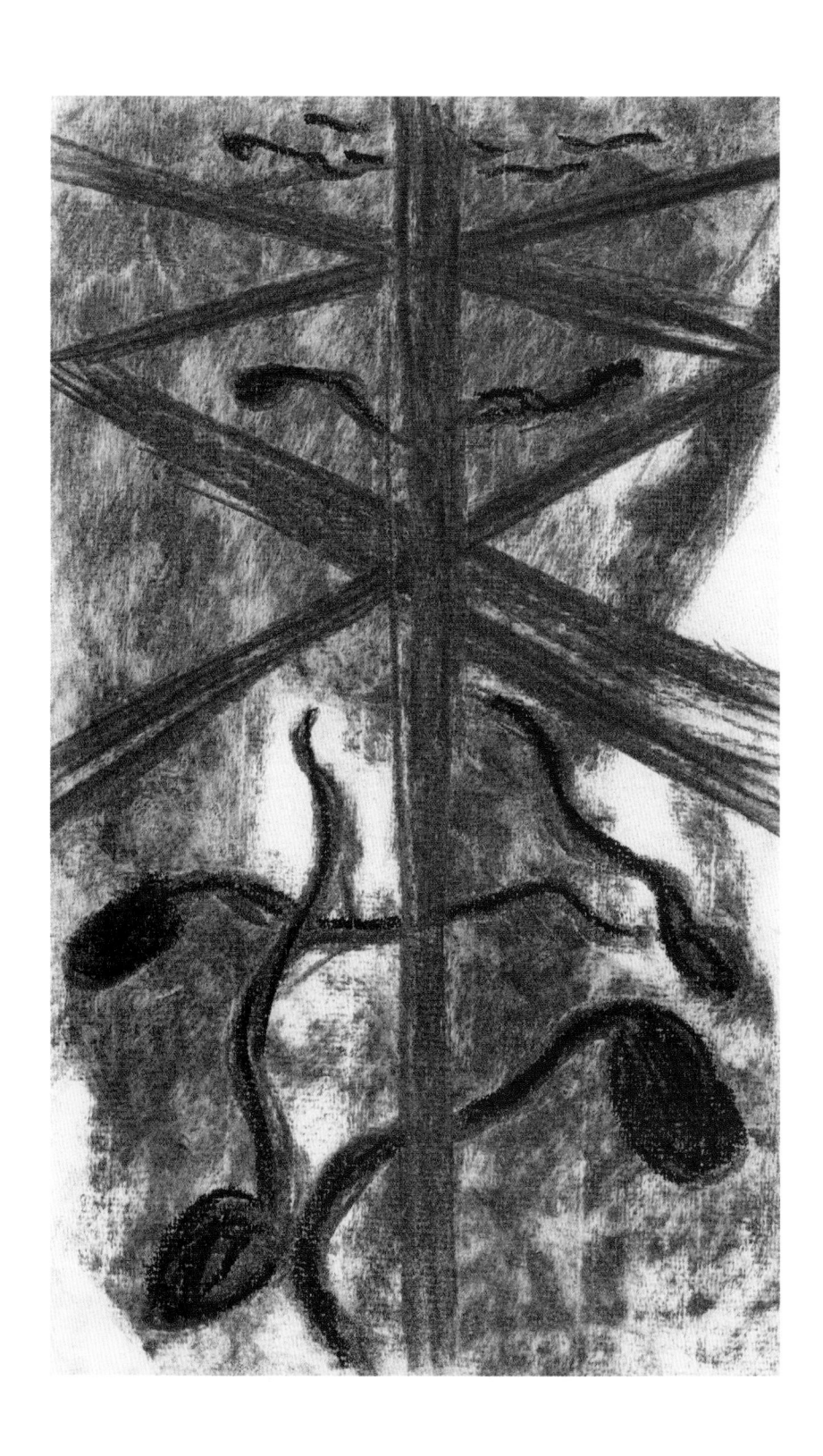

12 13 14

15
16
17

WOND

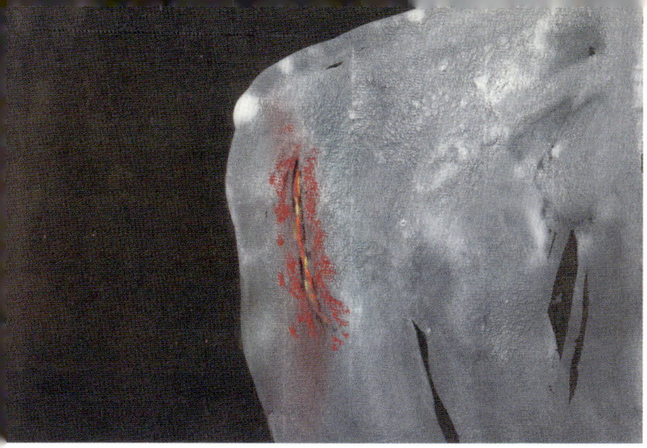
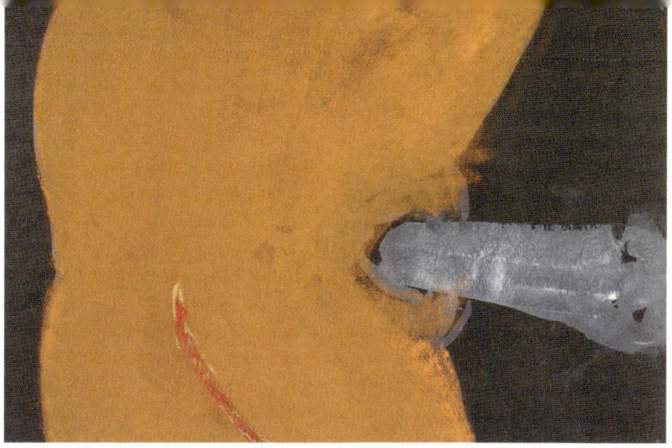
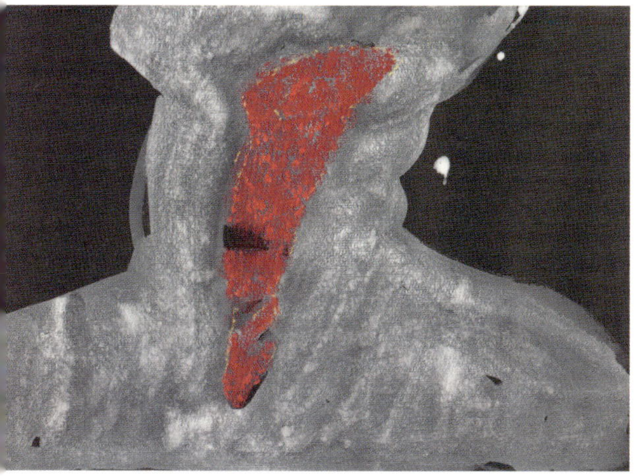
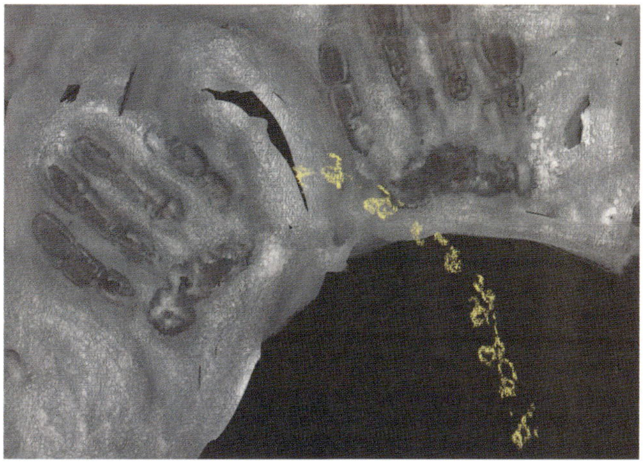
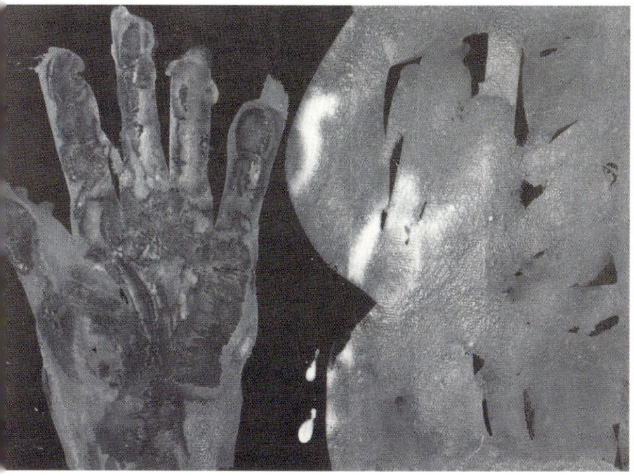
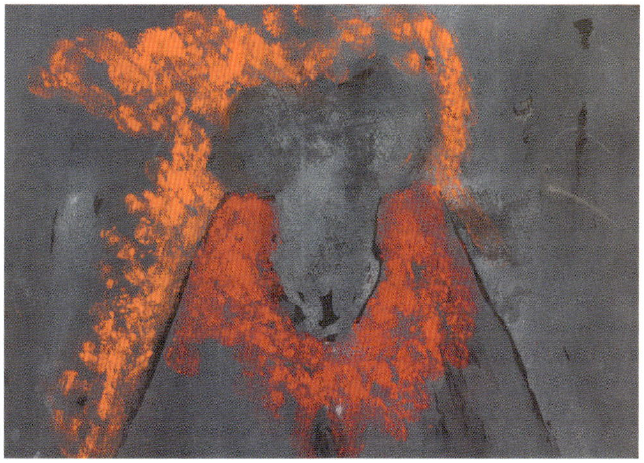
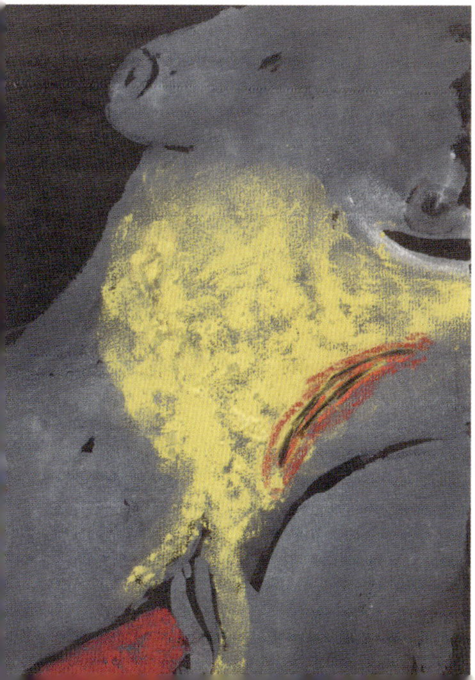

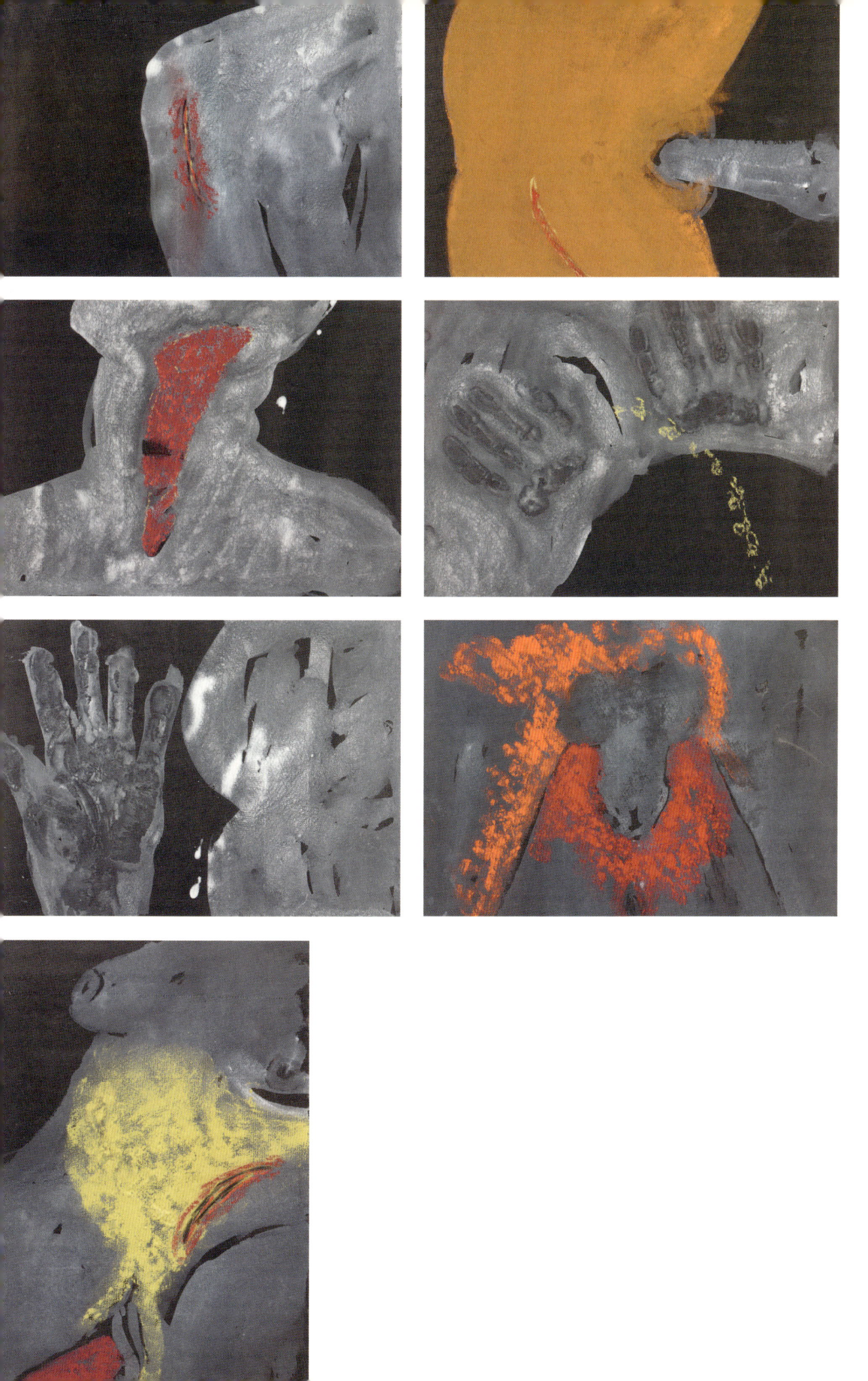

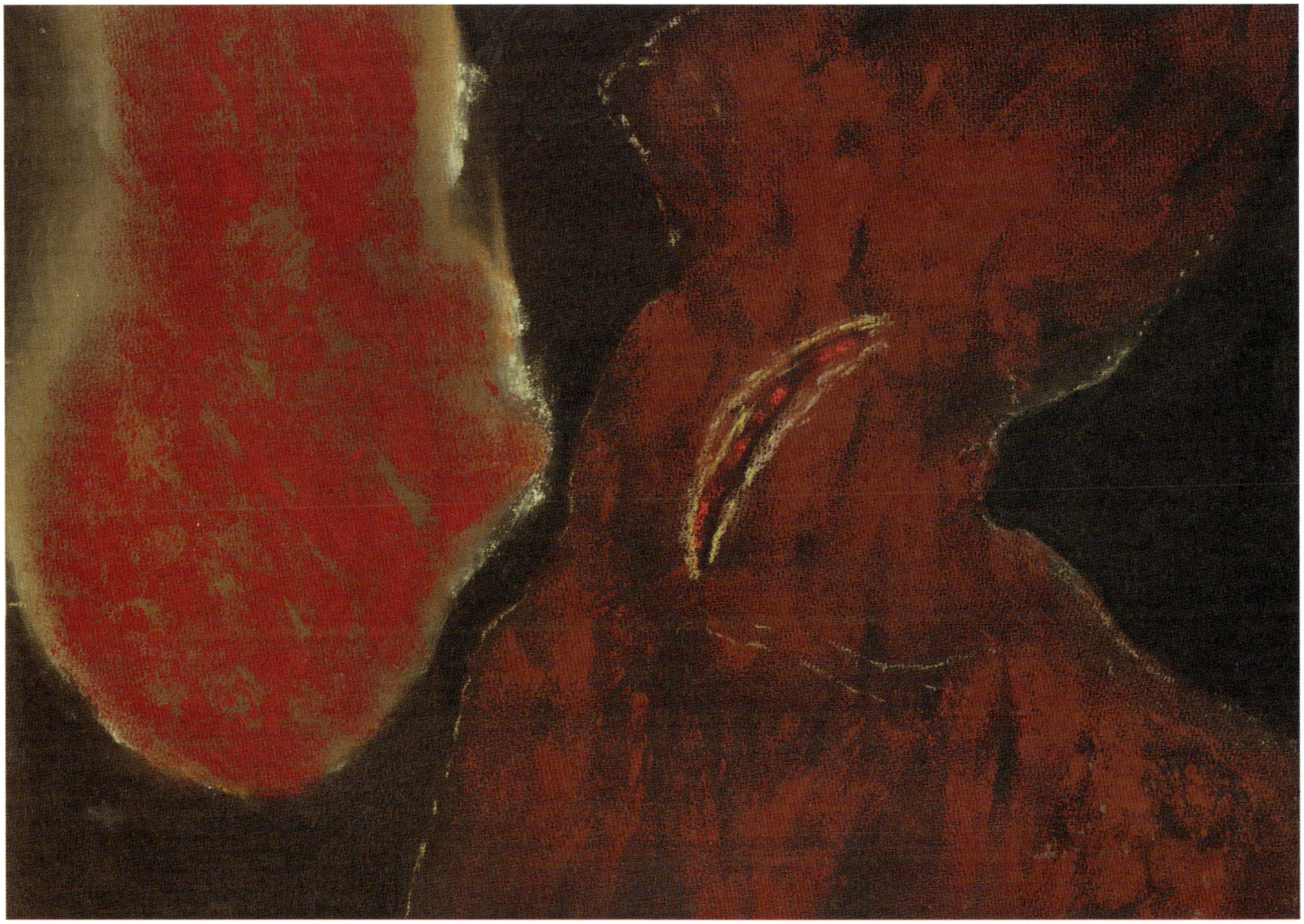

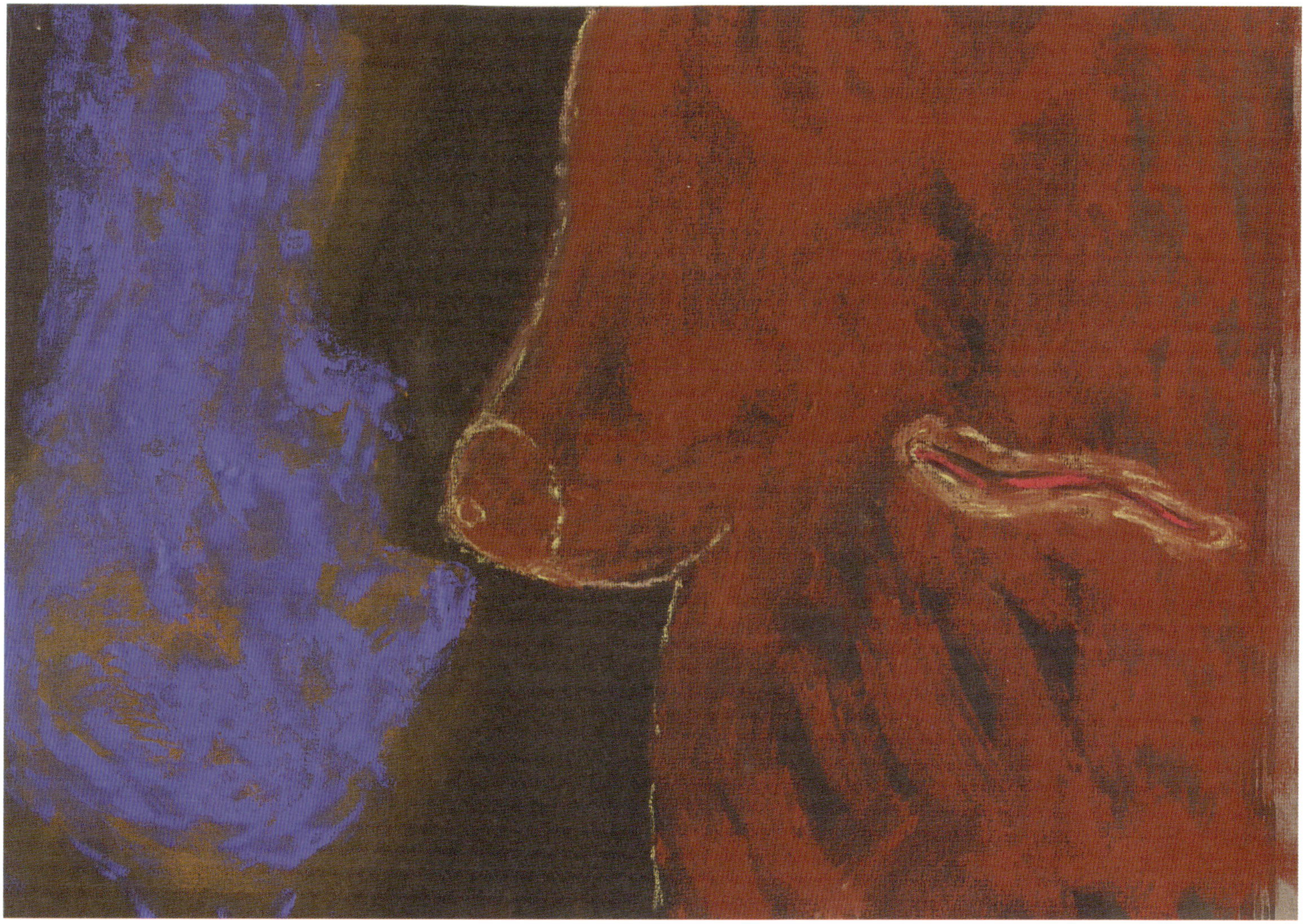

22   23

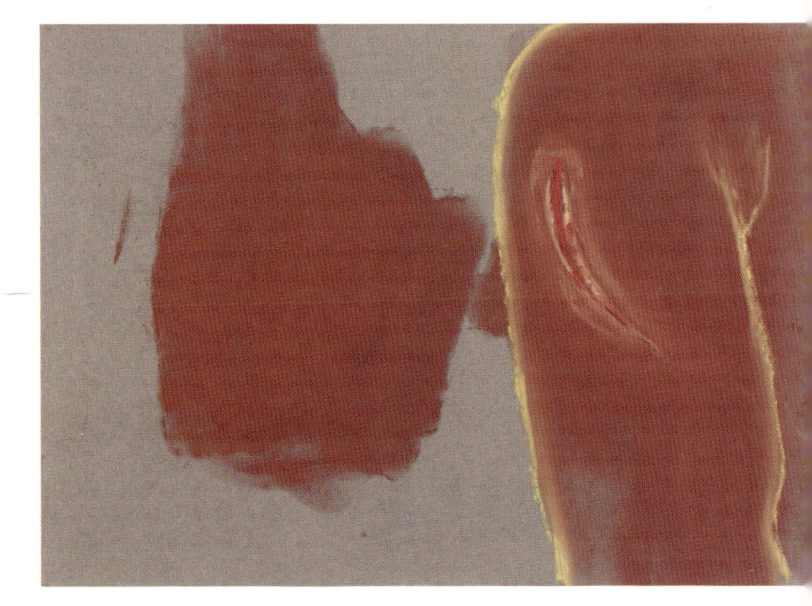

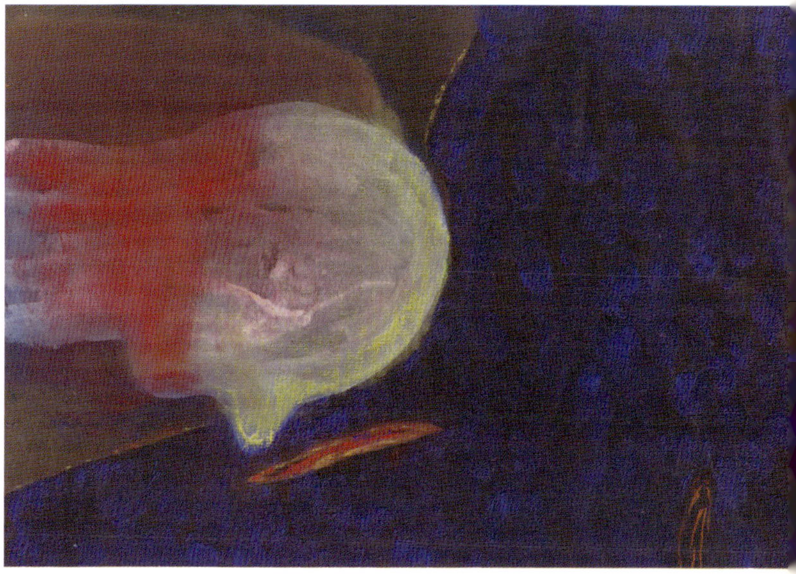

BIRTH
COPULATION
DEATH

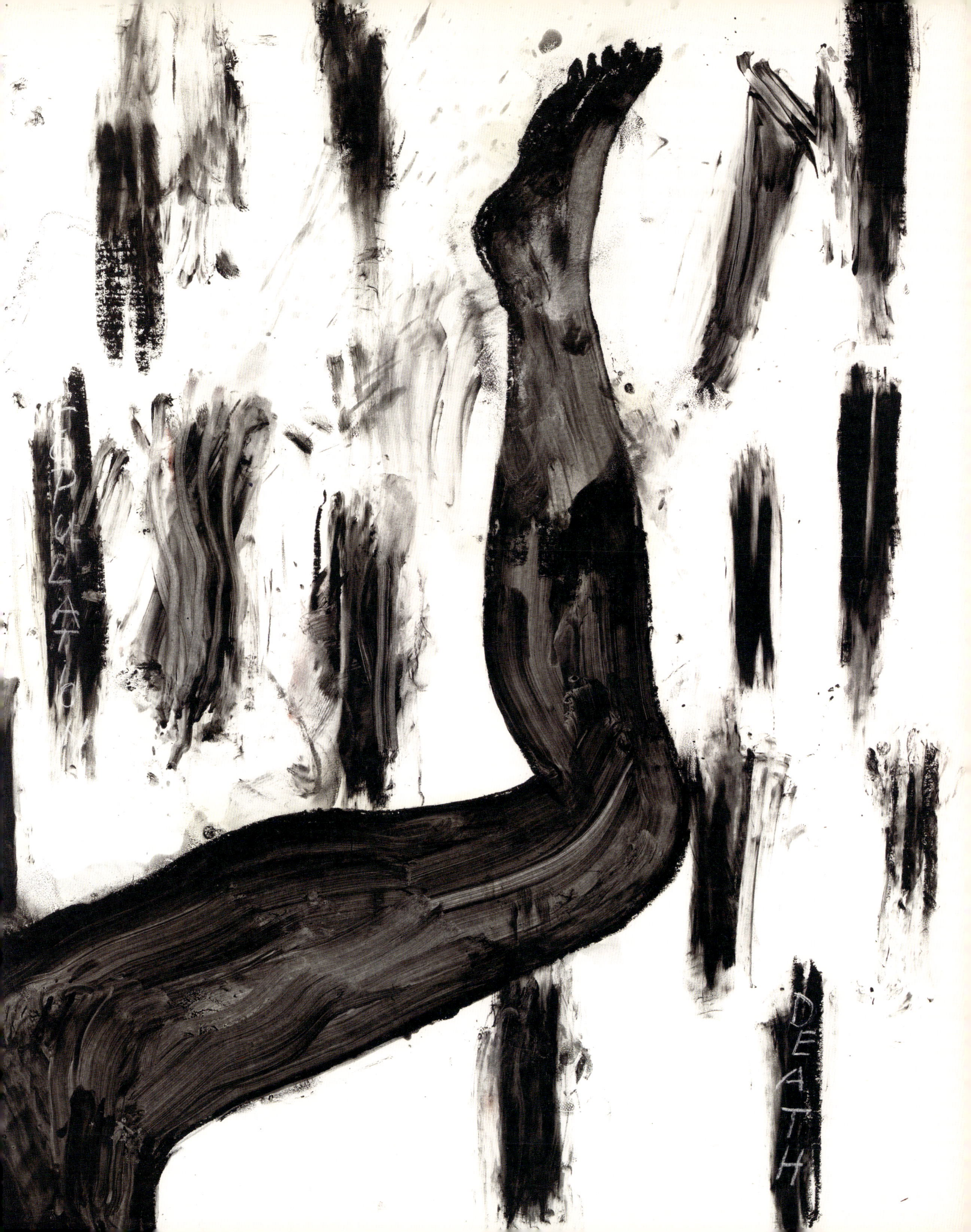
POPULATION
DEATH

SECRET SURVIVORS

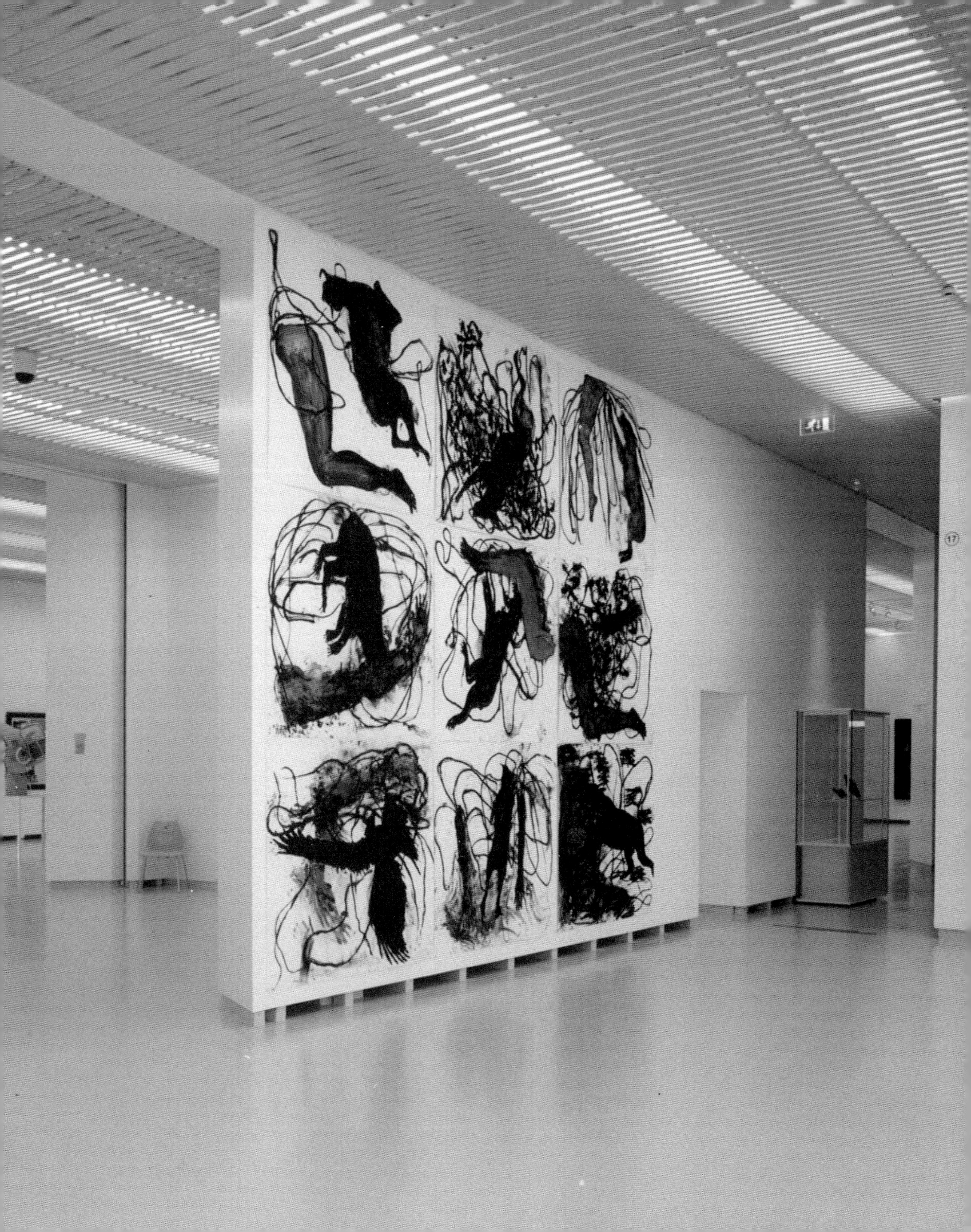
17

27.

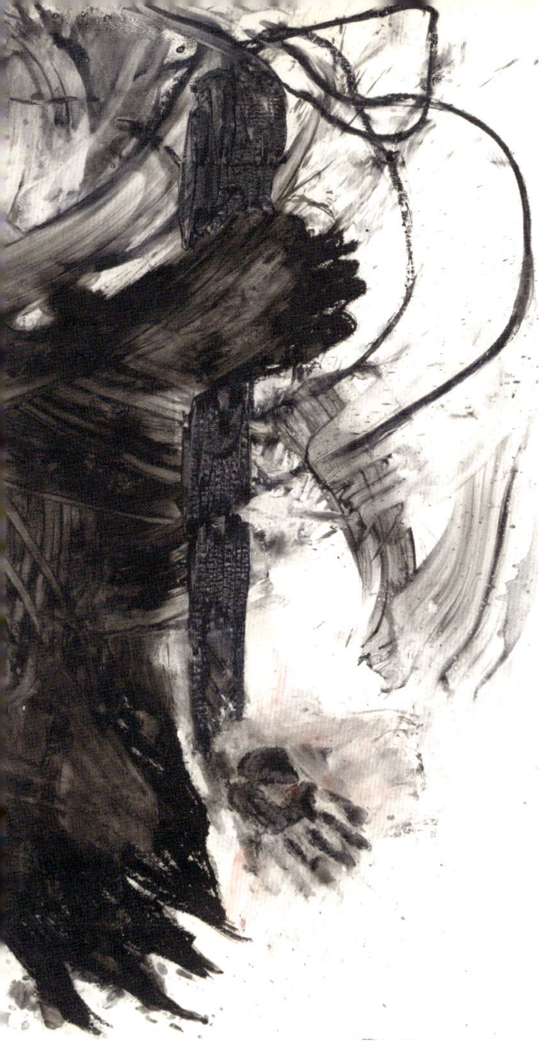
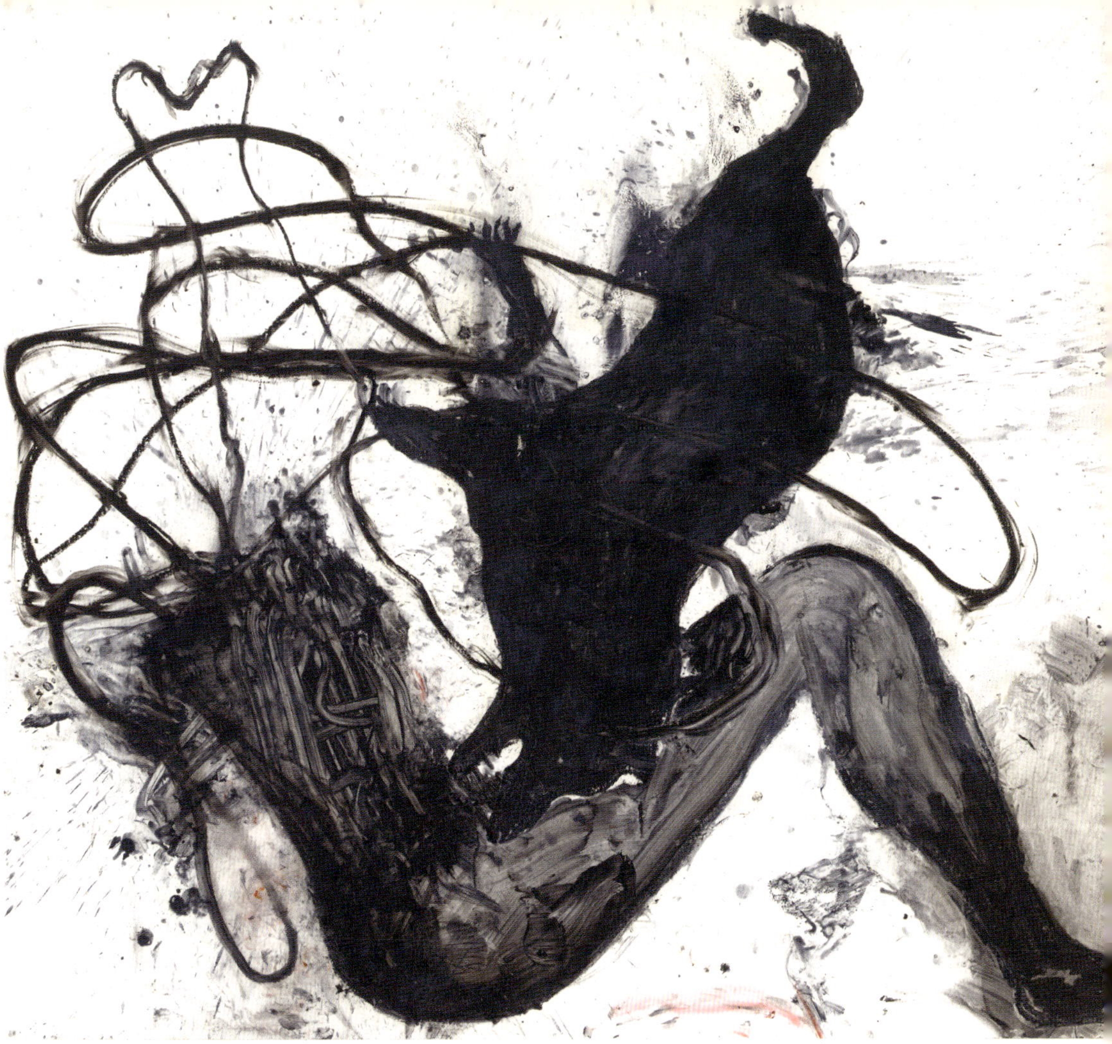
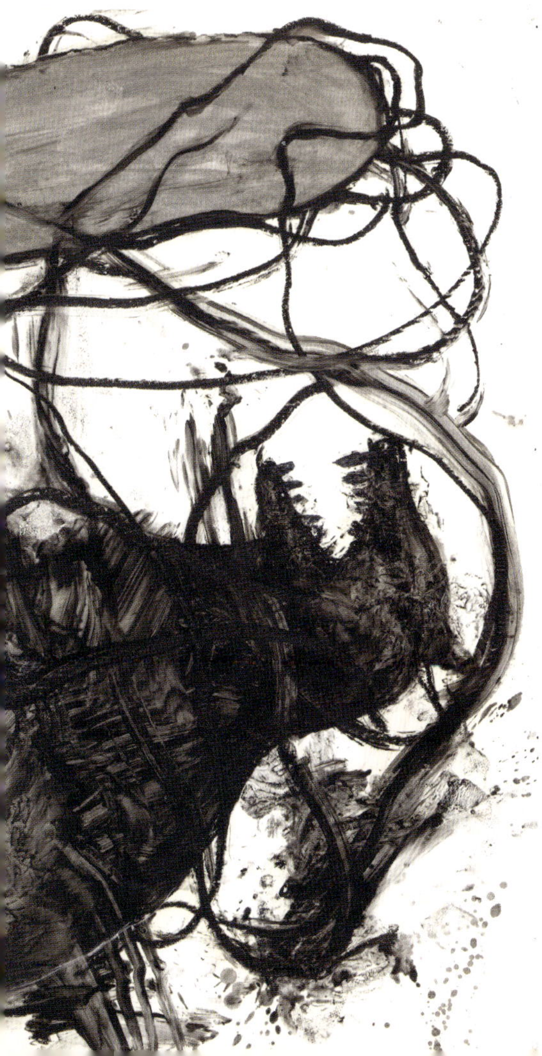
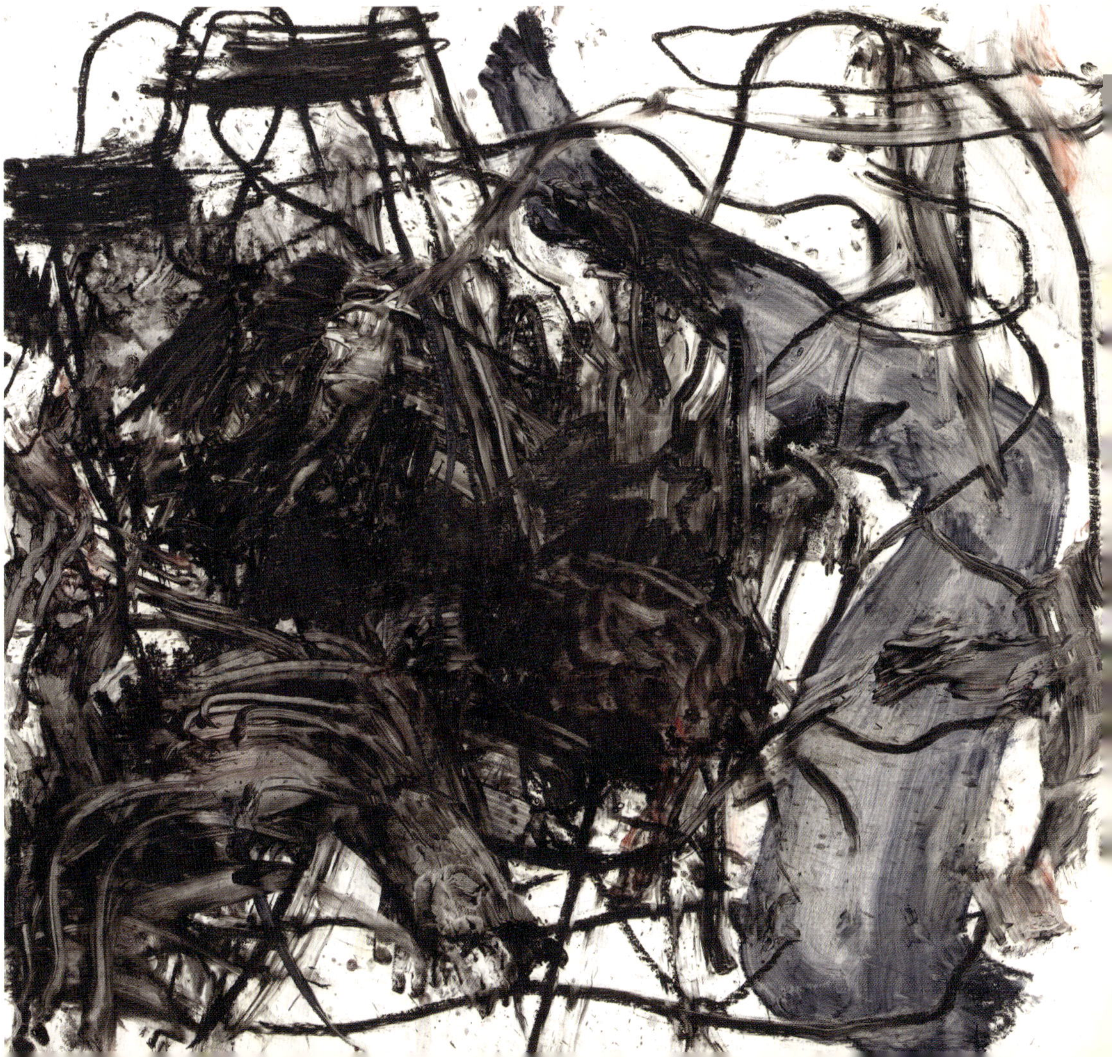

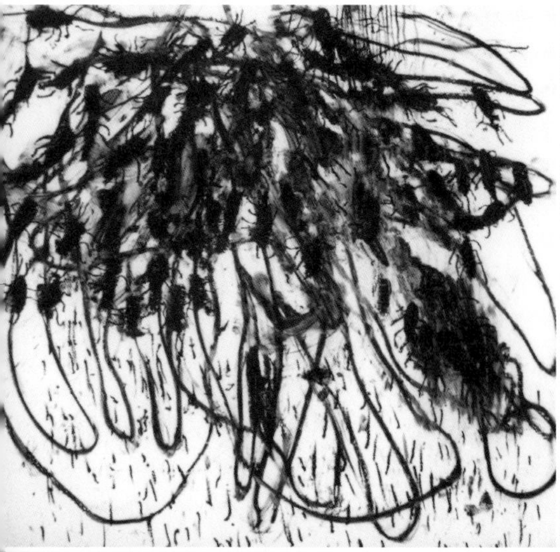
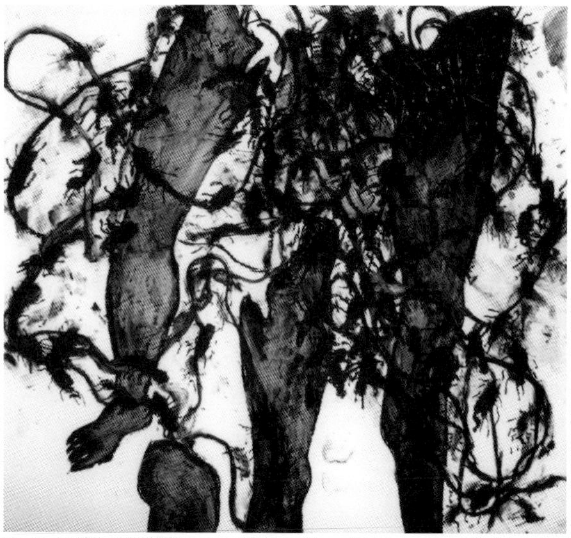
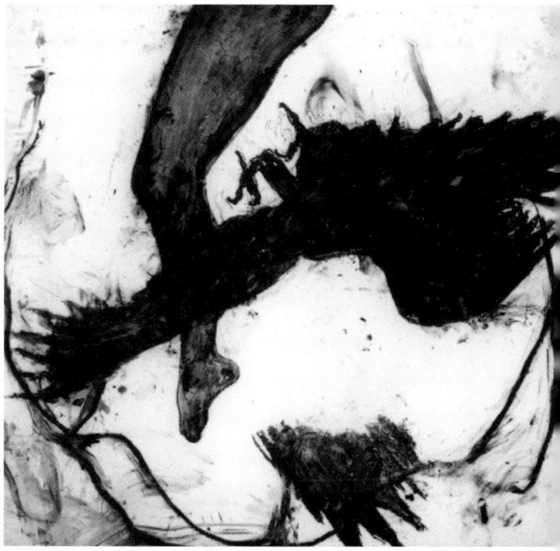
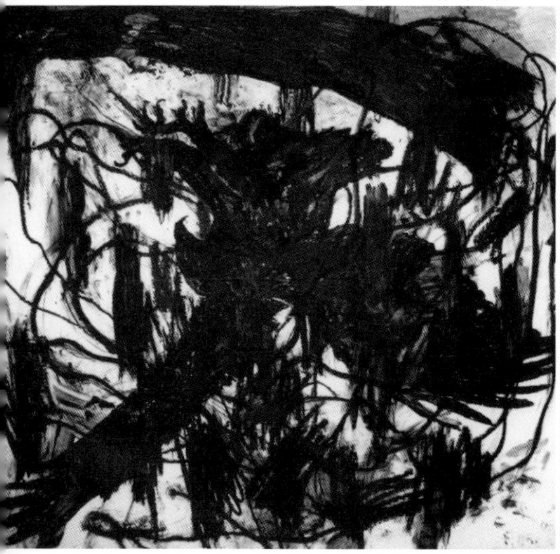
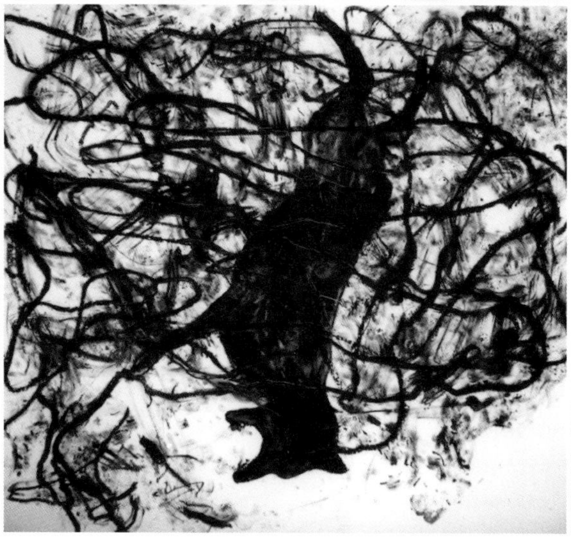
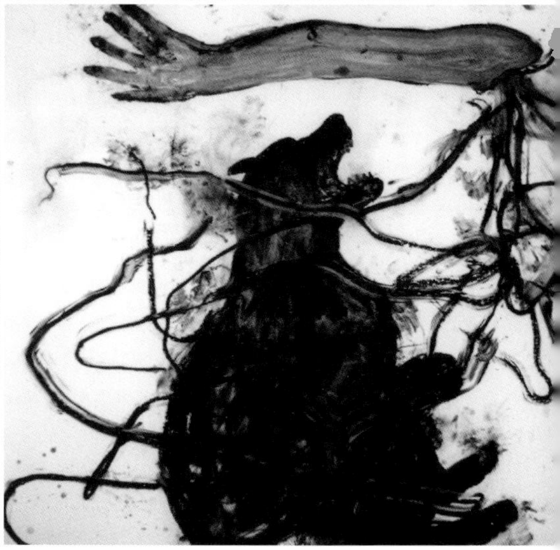

WHAT IS WRONG WITH ME

EMBODY ME
AWAKE ME
BEAT ME

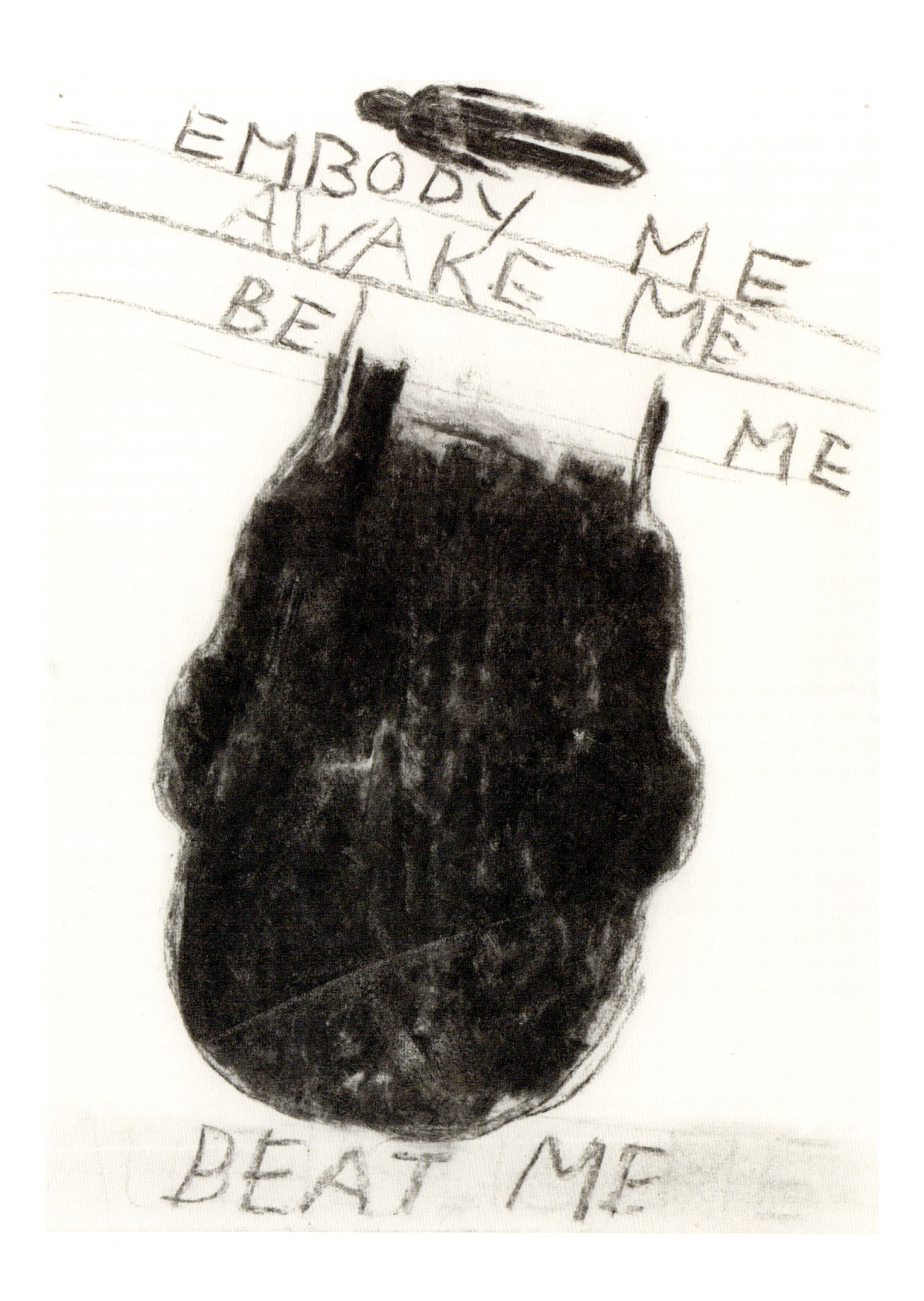

BEAT ME

EMBODY ME
AWAKE ME
BE   ME

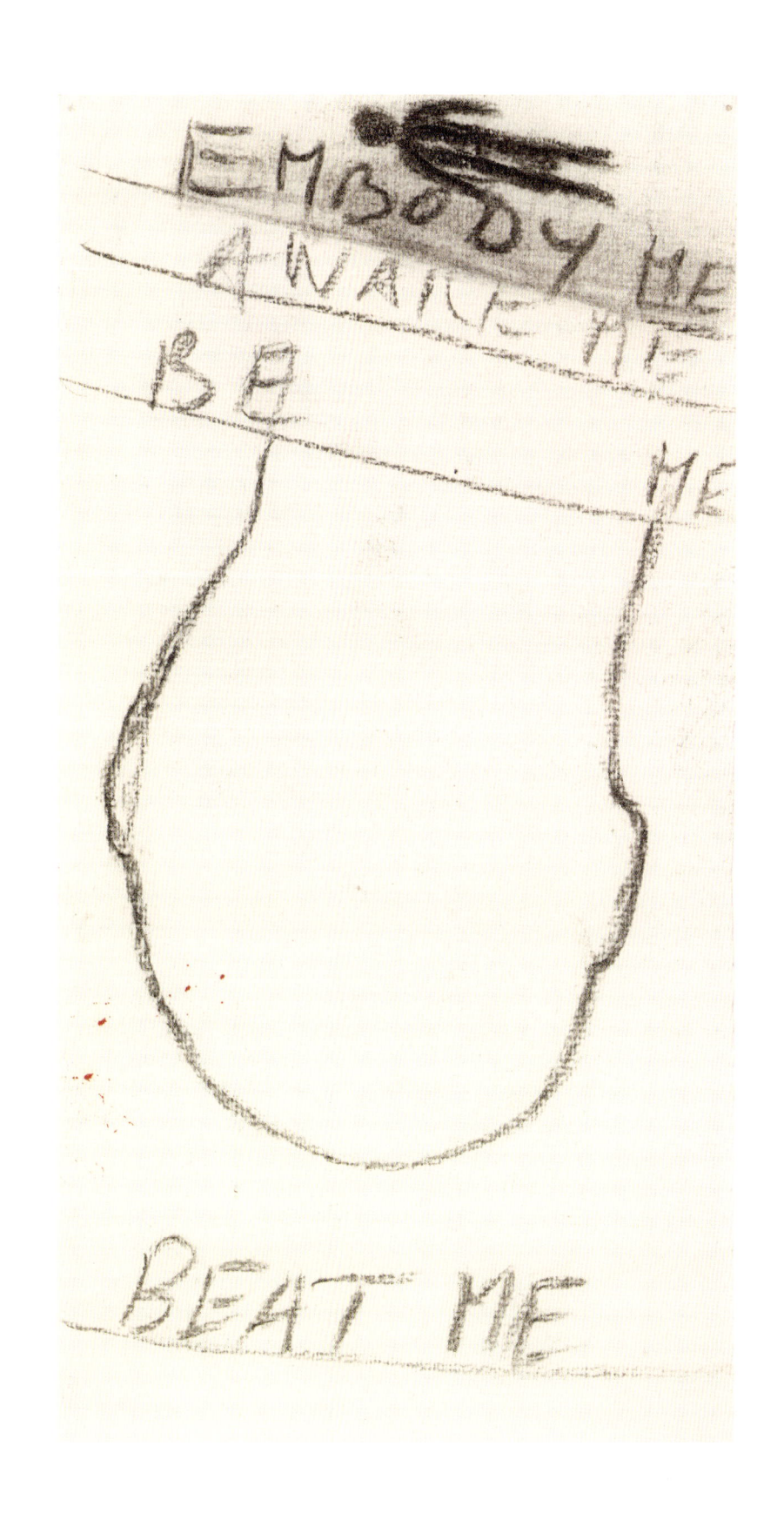

BEAT ME

if you'd just cry

33 34

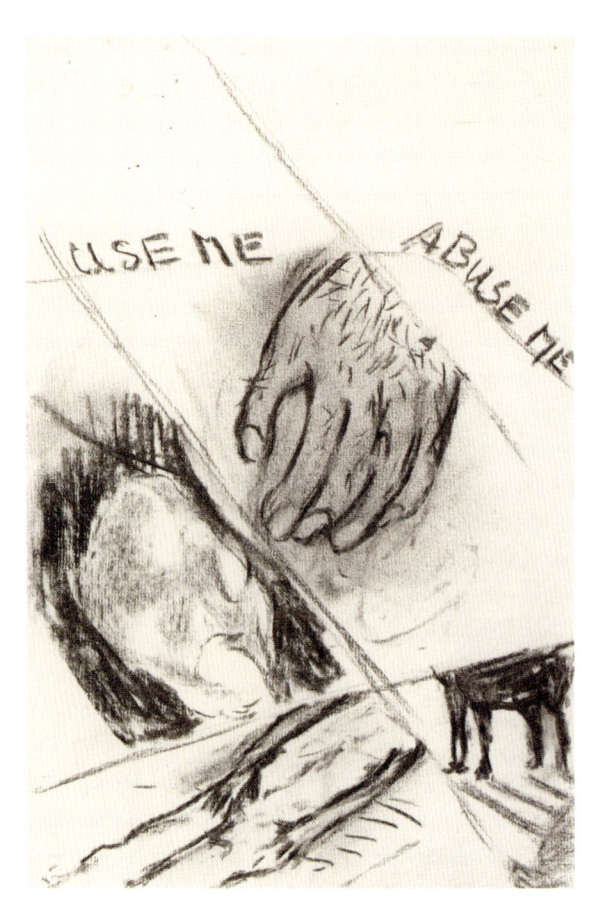

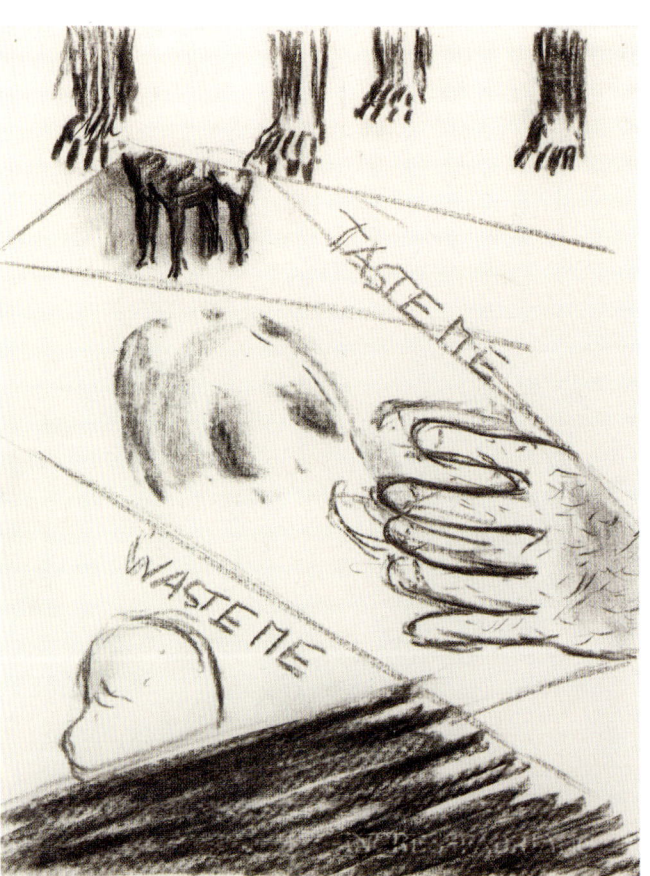

35 36

37 38

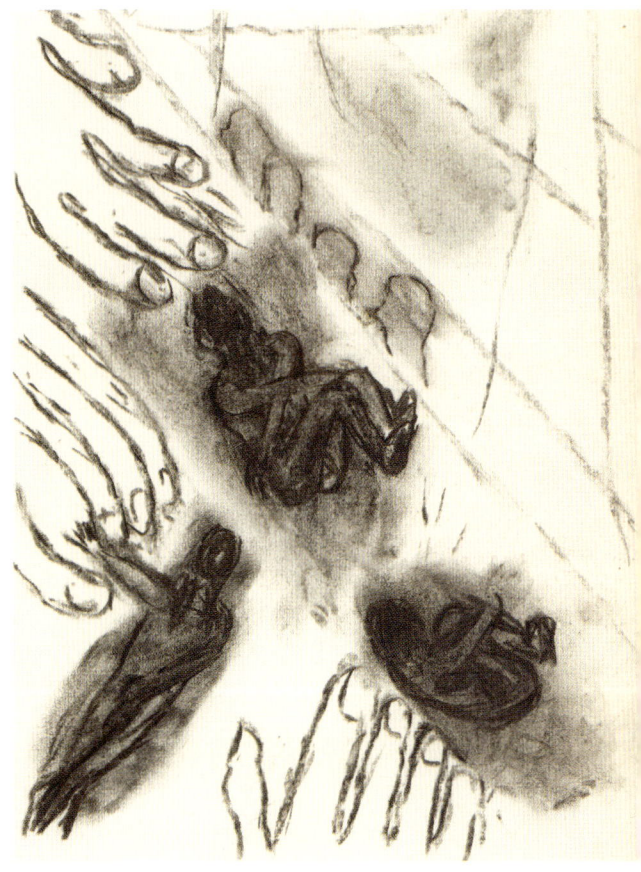

39

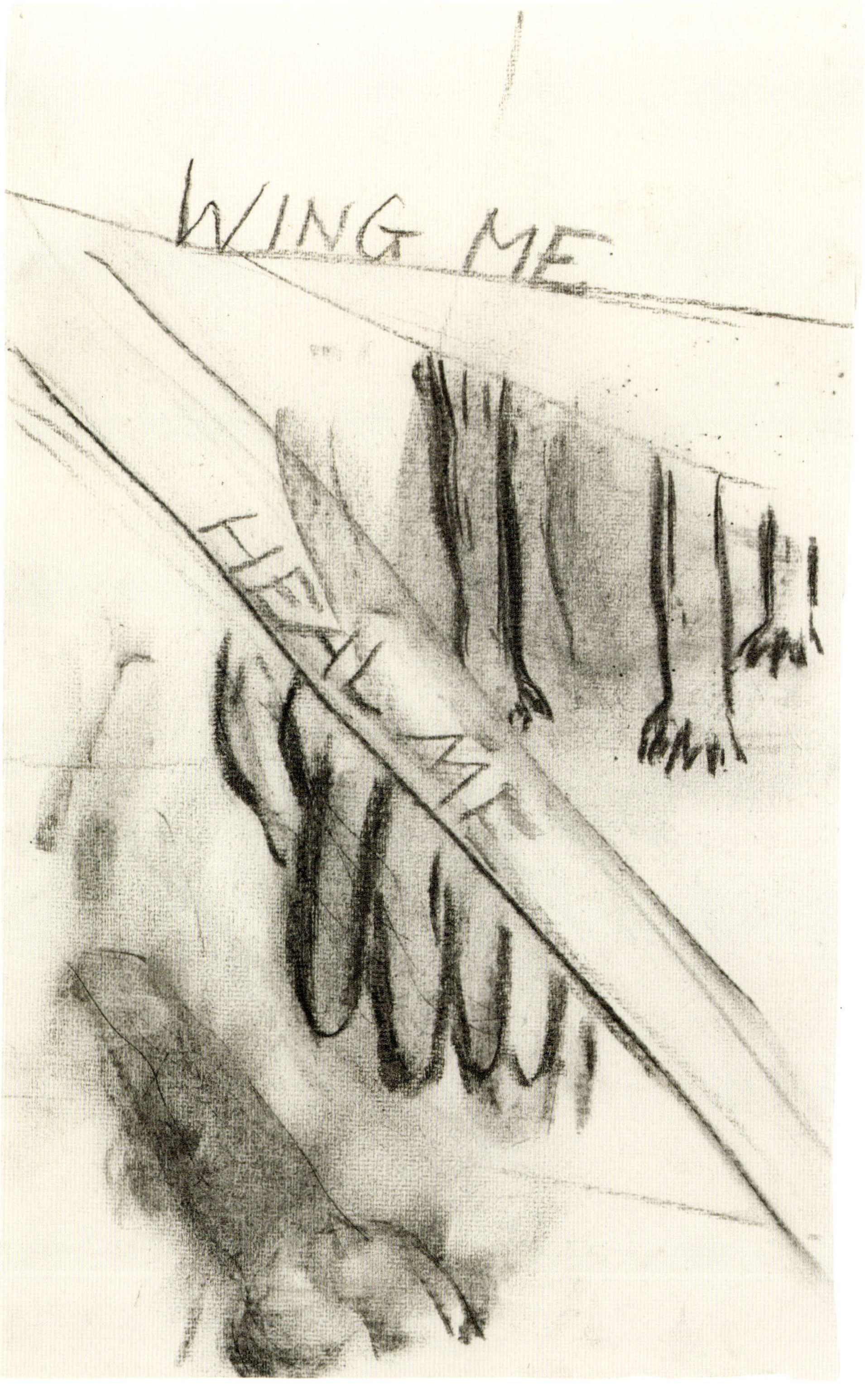
WING ME
HEAL ME

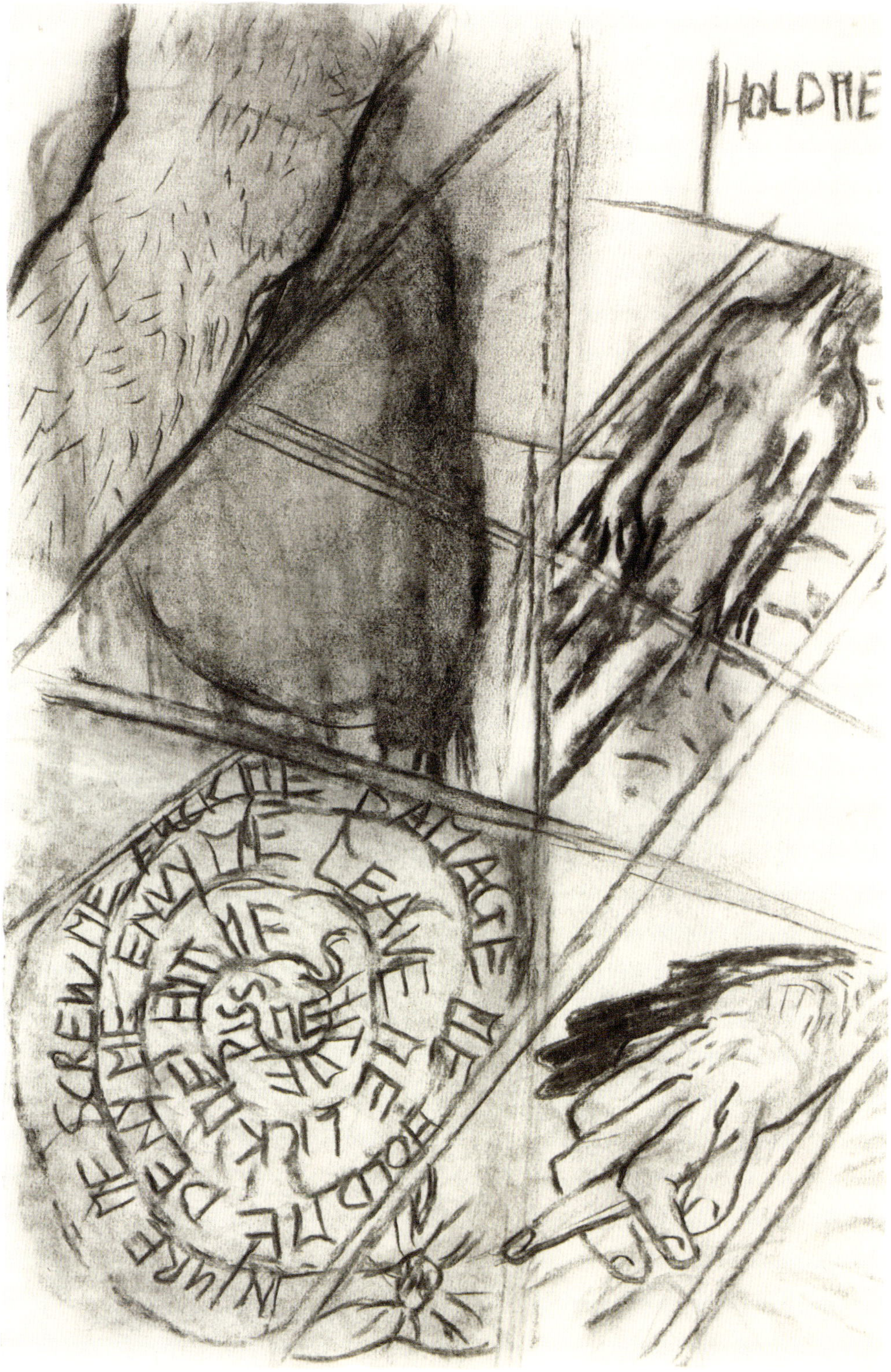
HOLD ME
DAMAGE

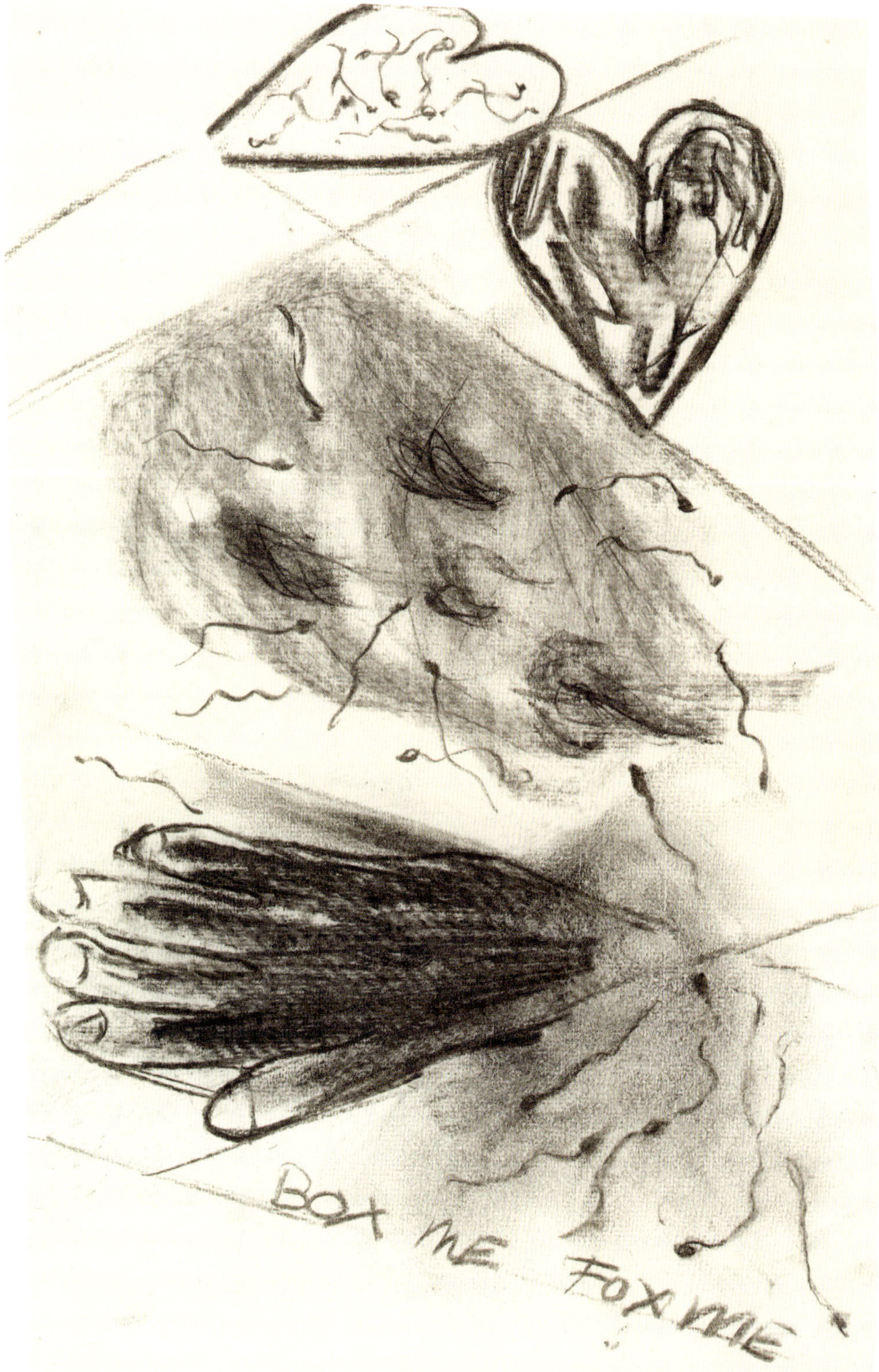
BOX ME FOX ME

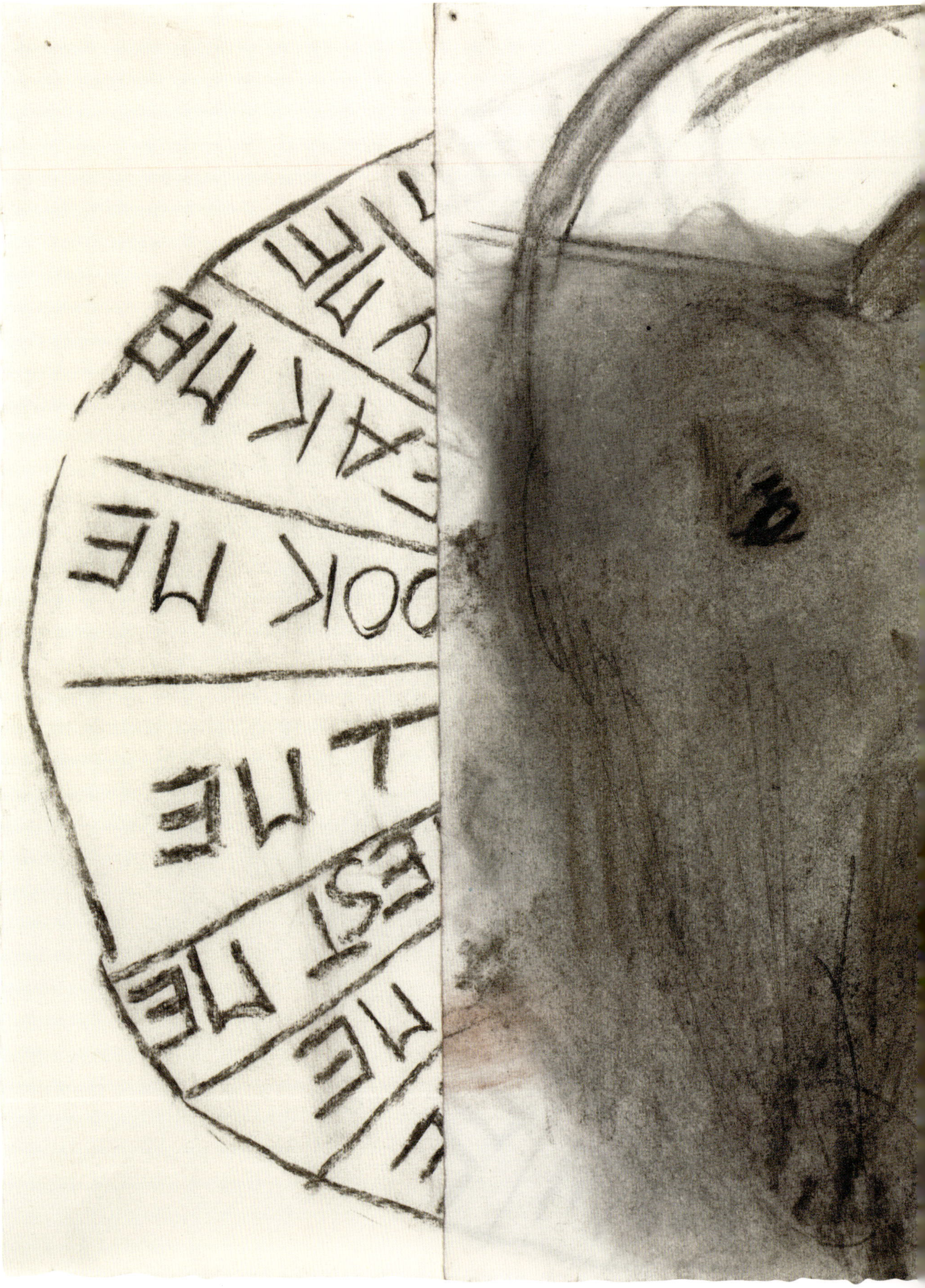

HOLD ME
TEST ME
FORGIVE ME
ANSWER ME
IMAGINE ME
LINGER ME
ME
ME

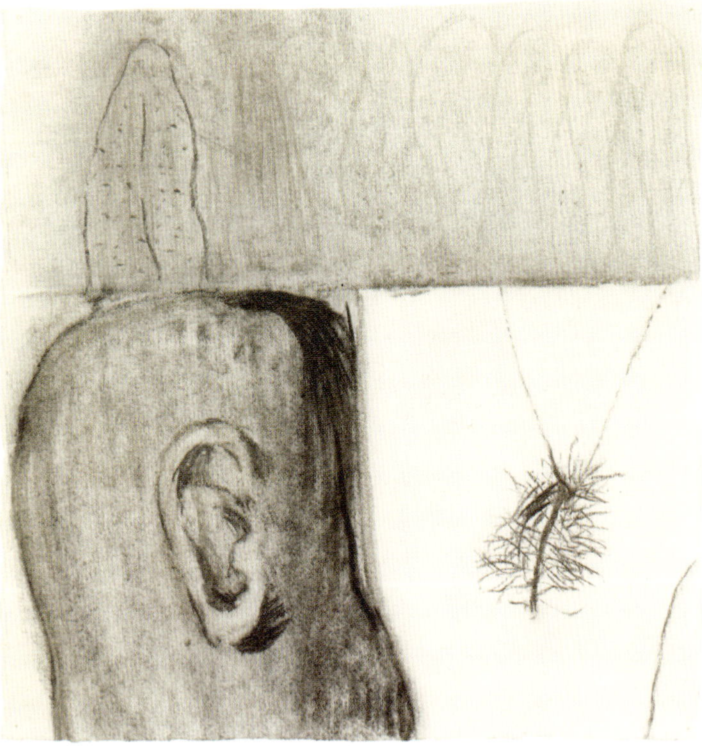

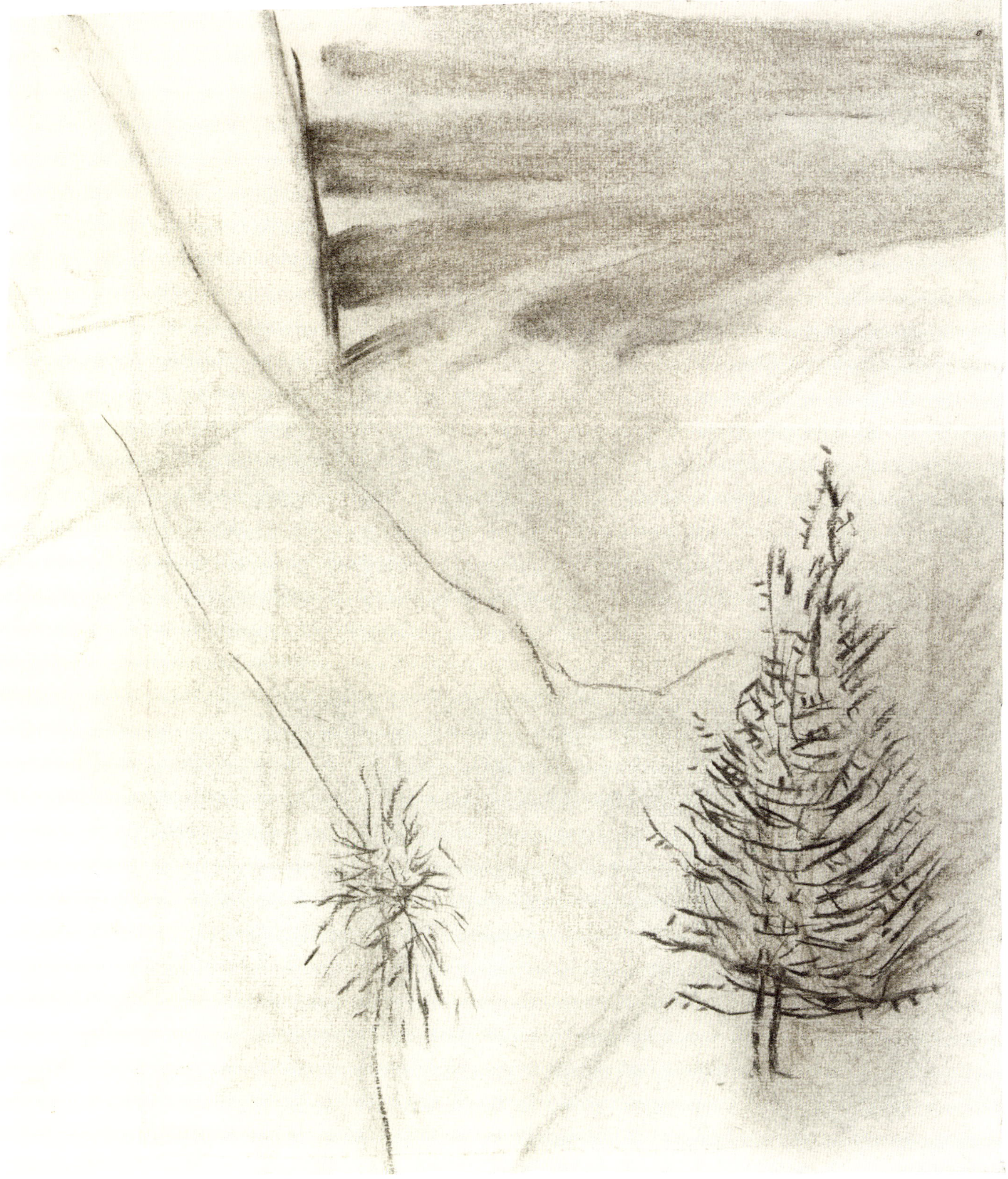

cripple me　examen me
blow me　inject me
injure me　exchange me
damage me　lace me
tie me　lunatic me
catch me　asylum me
screw me　initiate me
mirror me　inhale me
　　　　　smell me
belittle me
　　　　　disparage
tickle me　hire me
choose me　notch me
dungeon me
　　　　　inferior me
womb me　intrude me
toss me　love me
spit me　shudder me
vomit me
coff me　ego me
listen me　empty me
accept me　idealize me
ask me　swallow me
interior me　gulp me
　　　　　smear me
　　　　　snow me

47

48

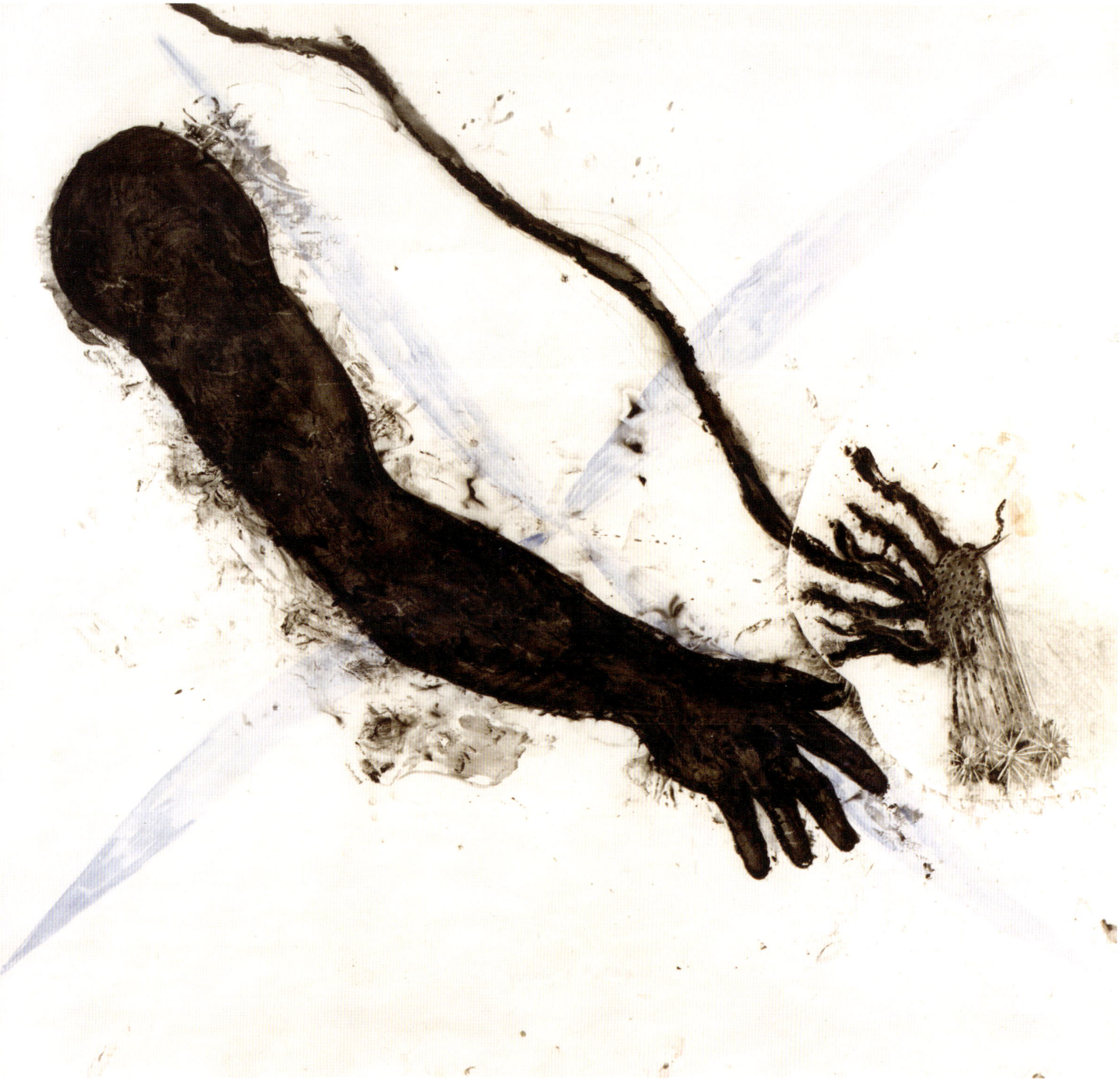

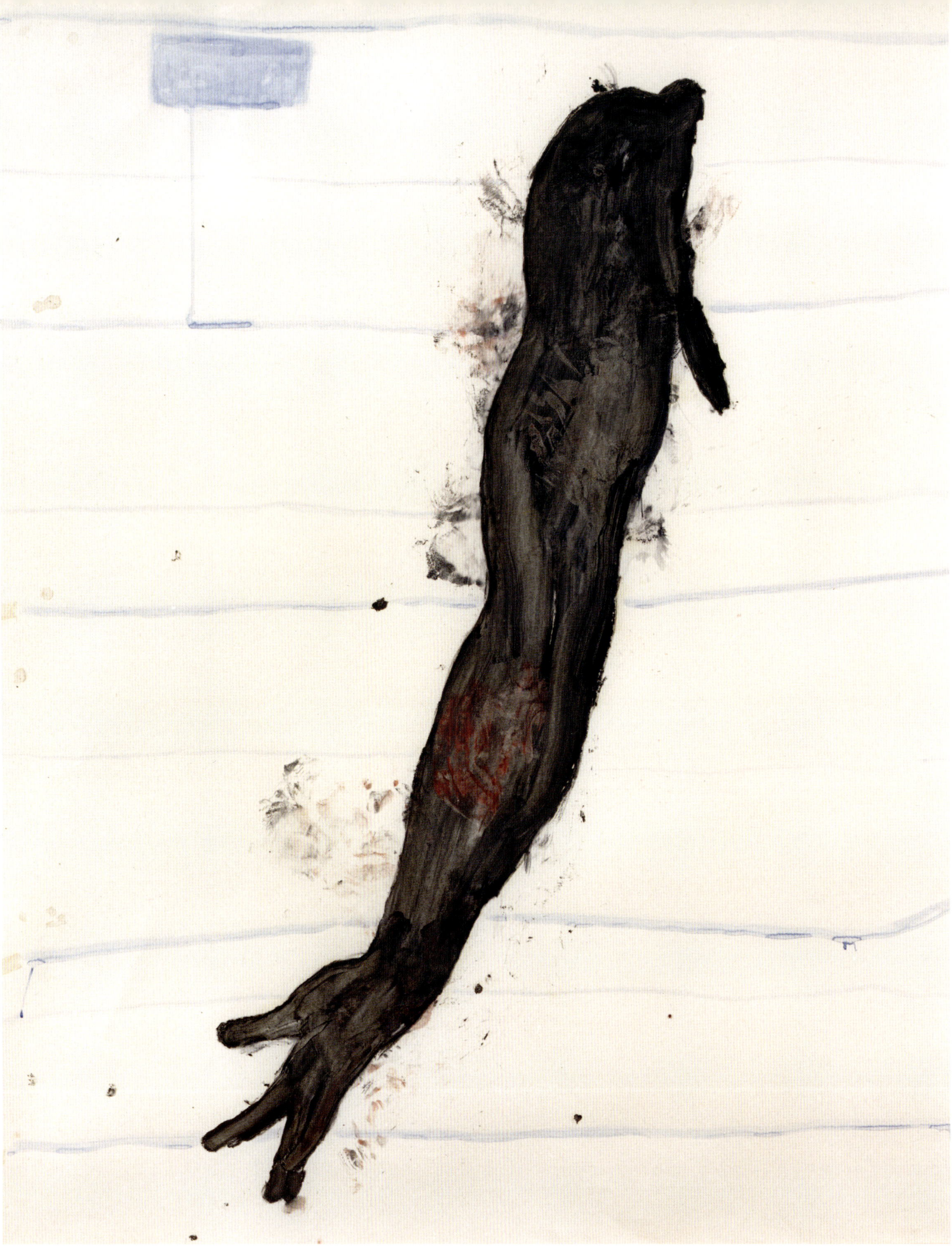

echo me
embrace me
empty me
help me
hold me
drown me
see me
answer me
hook me

52

you me   tell me

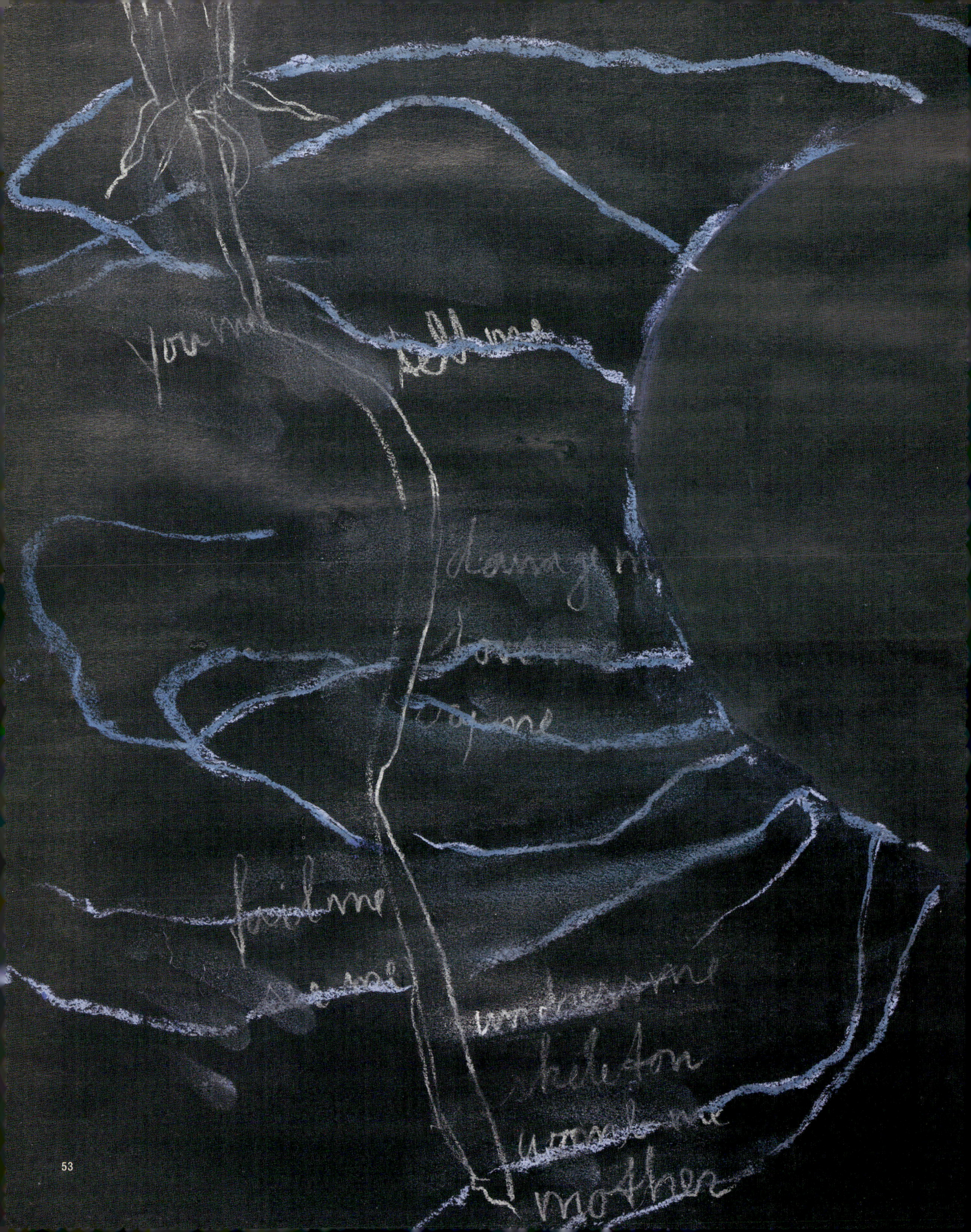

 loving me
 love me
 rape me

 find me
 kill me   undress me
            skeleton
            womb me
            mother

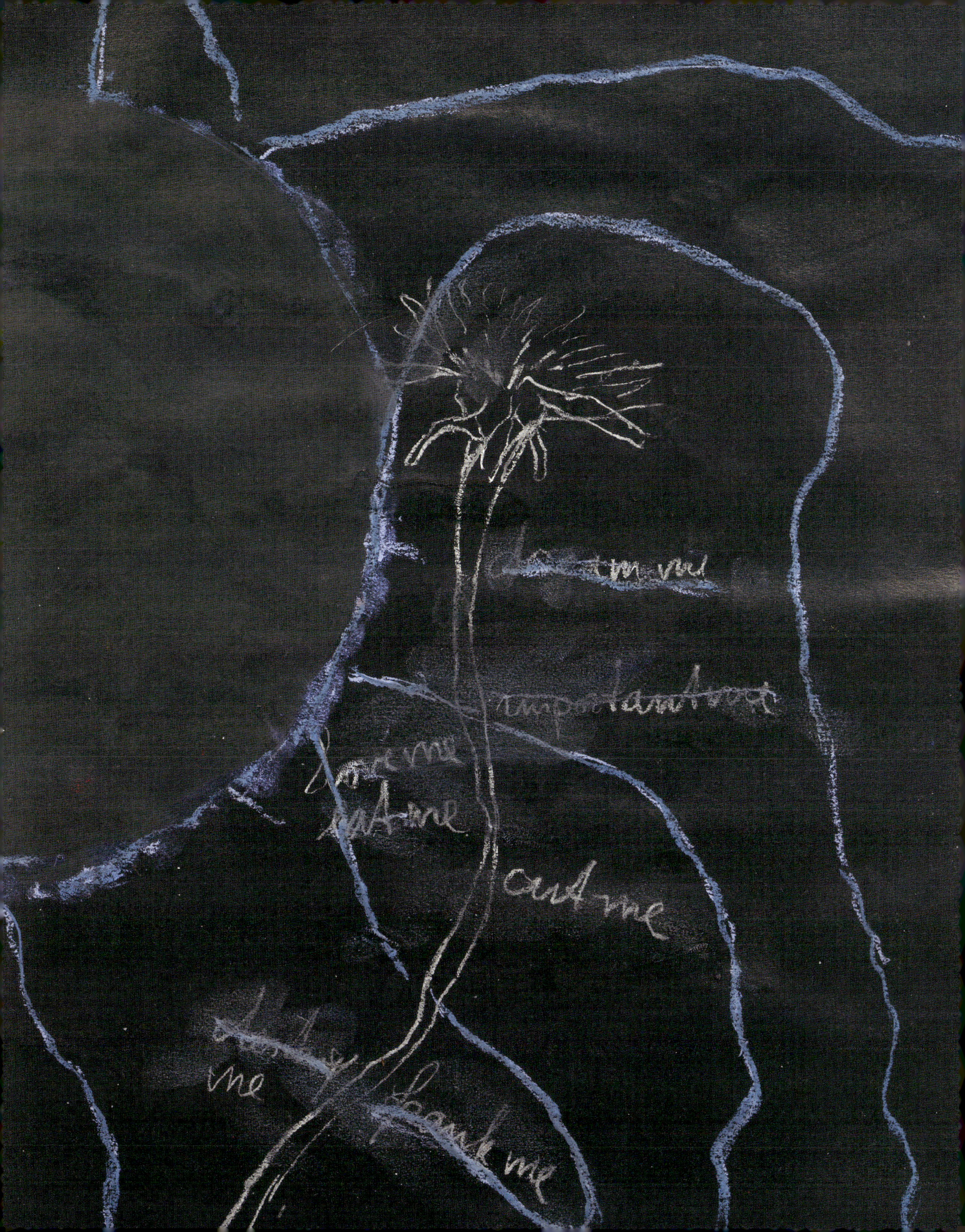
out me
me

54

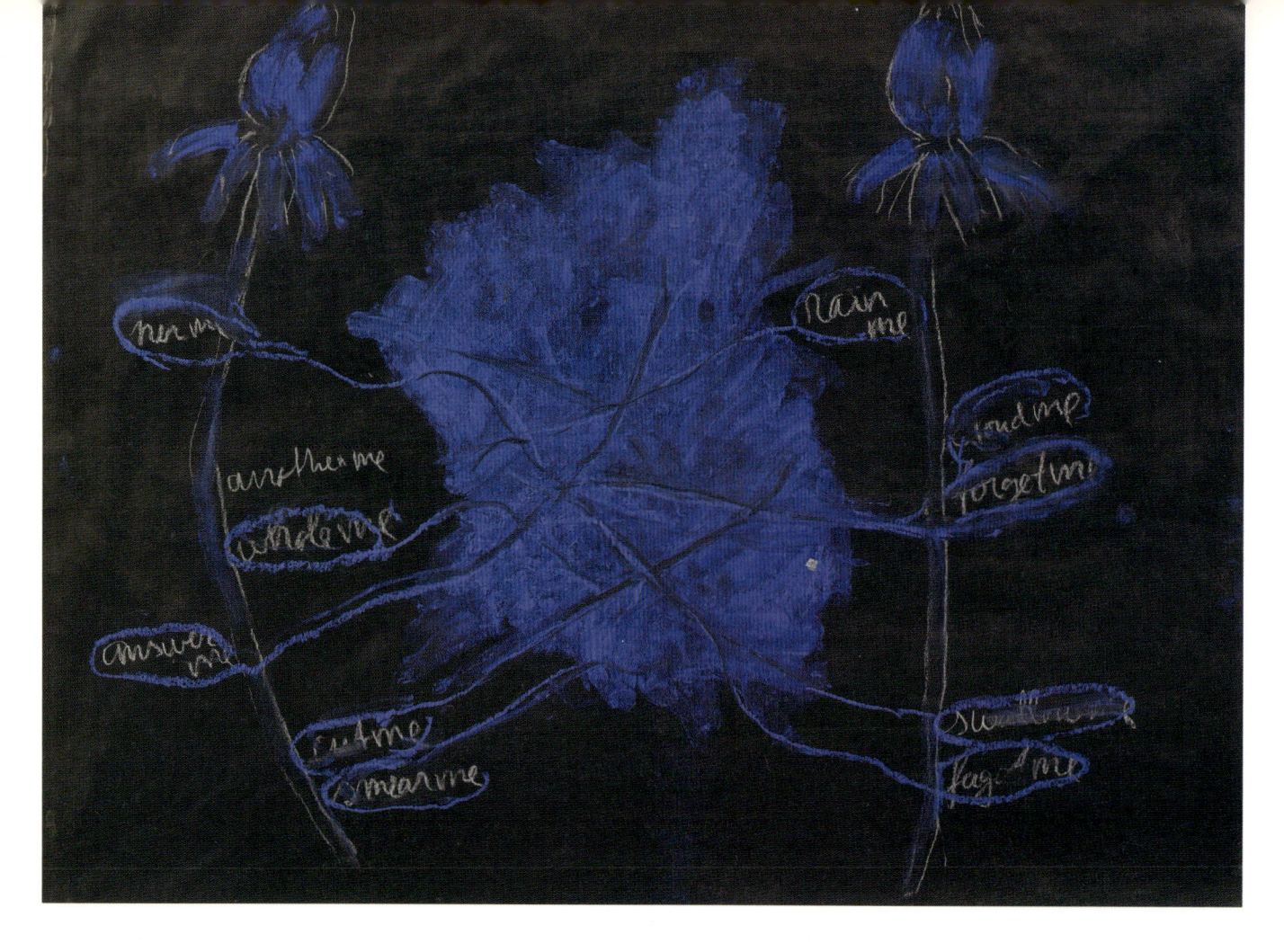

55

56

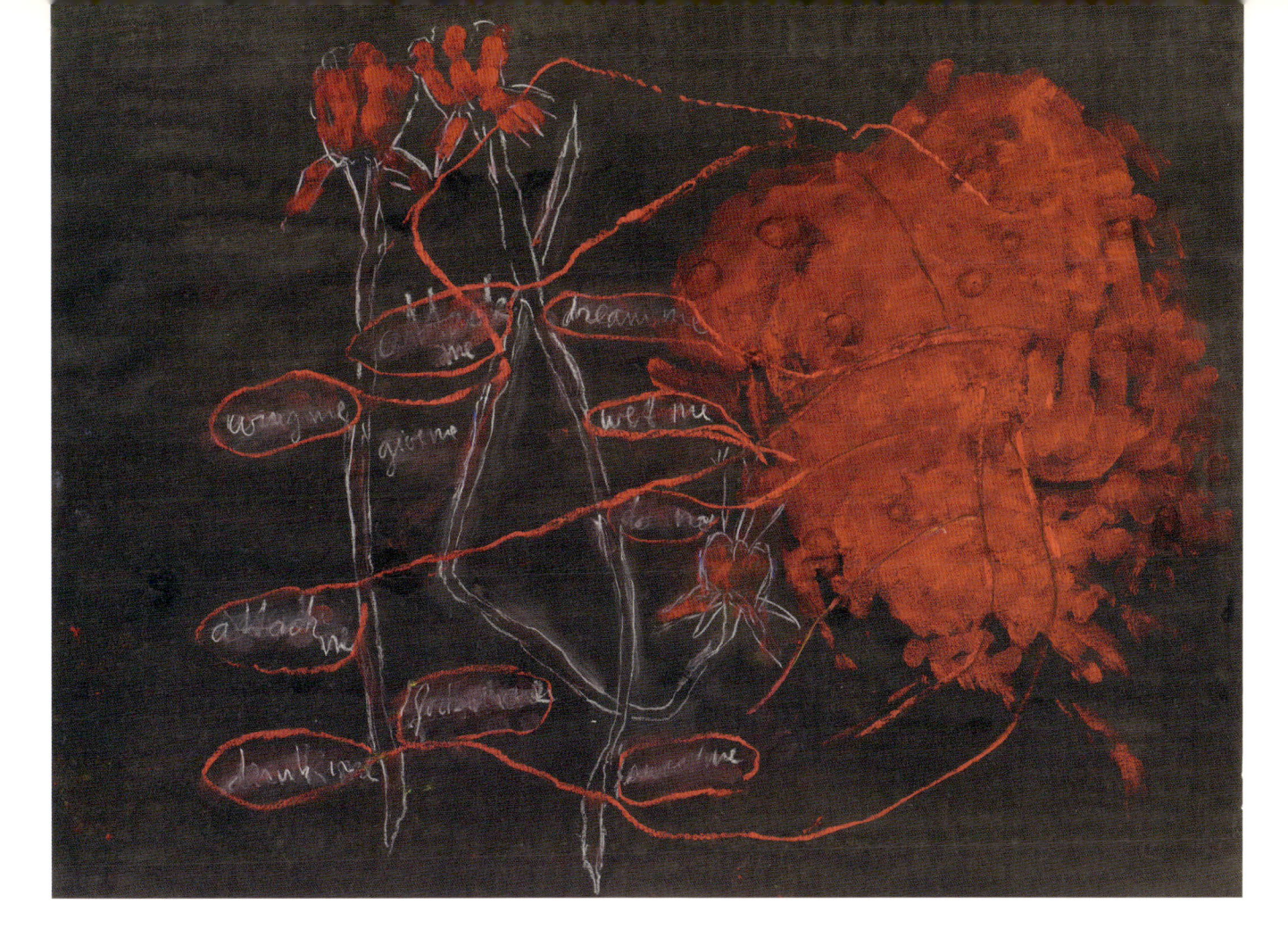

57

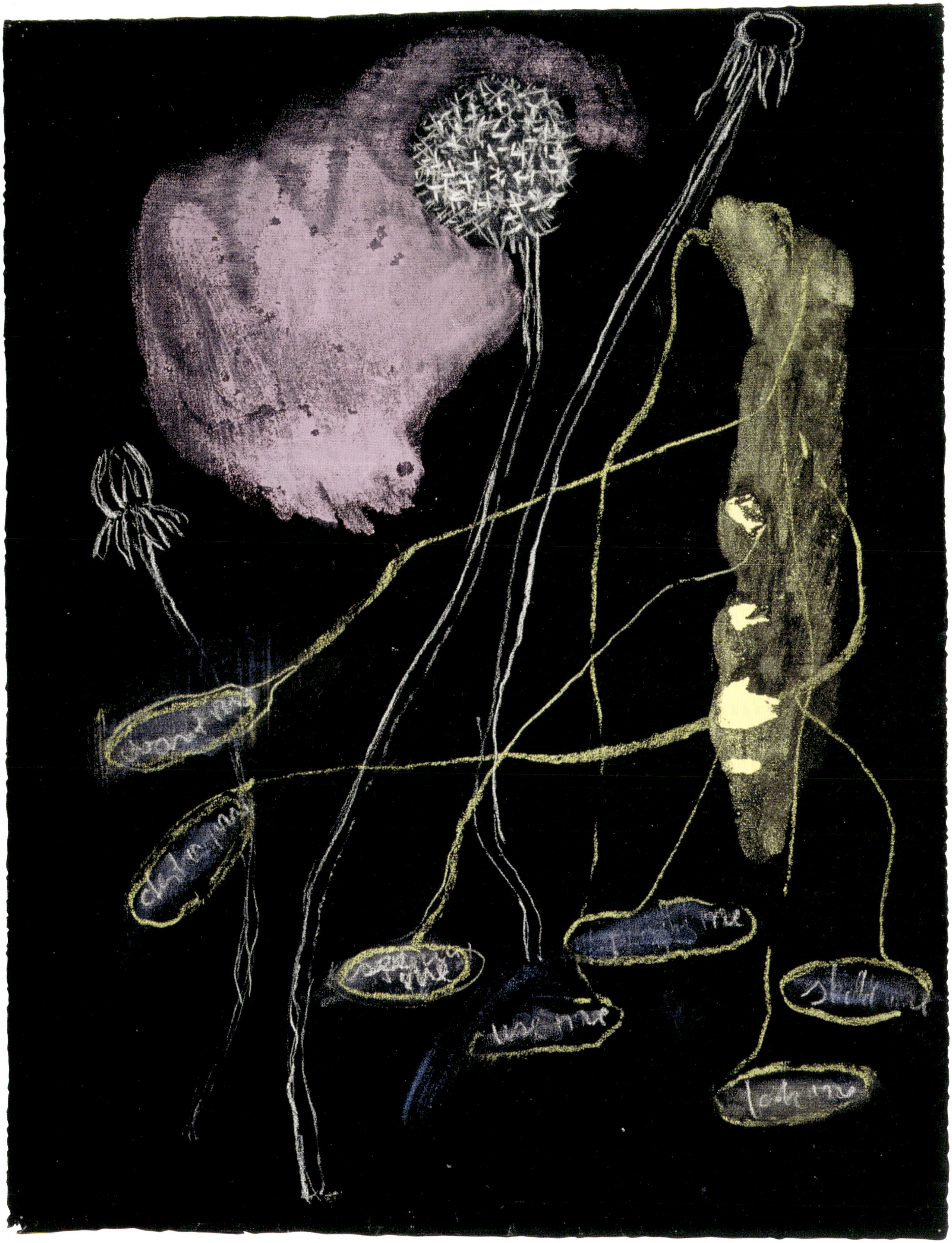
look me

59

60

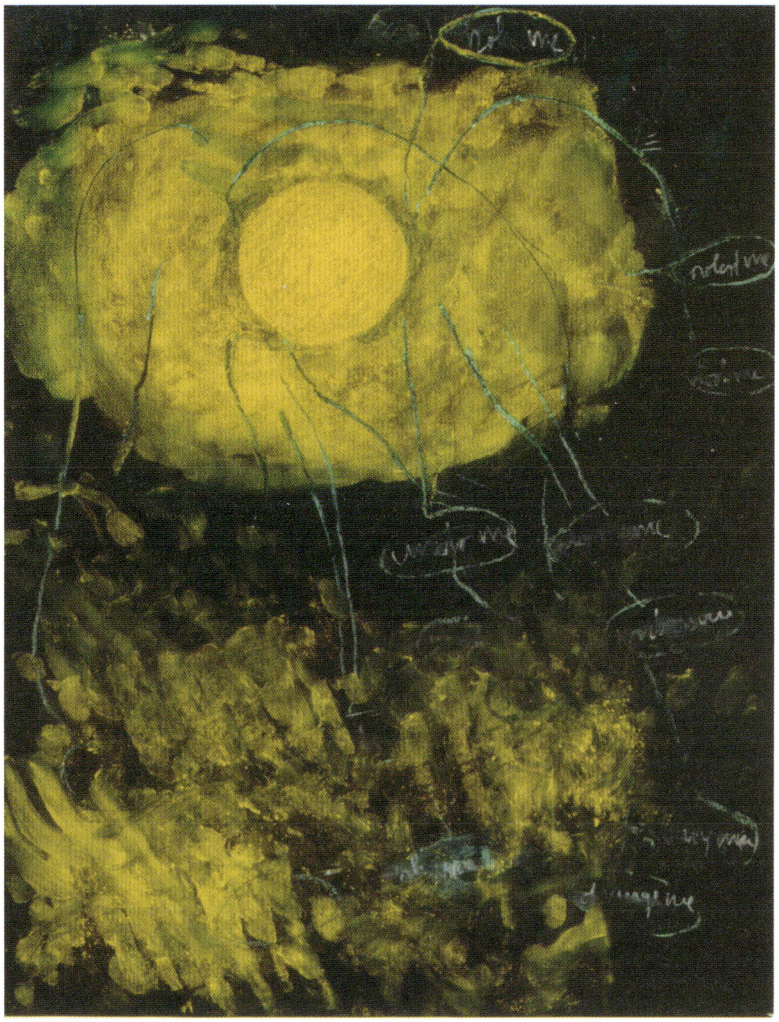

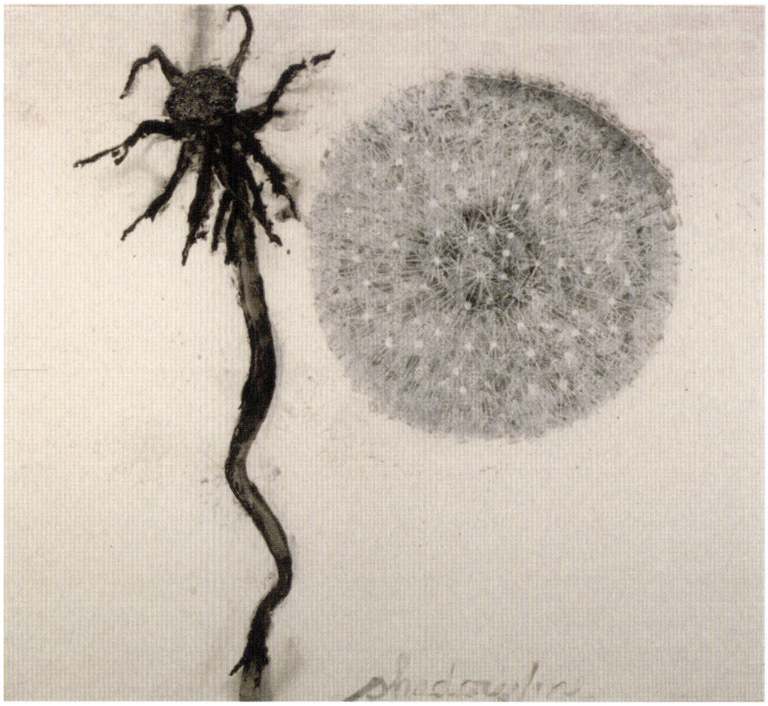

womb   wet   hollow

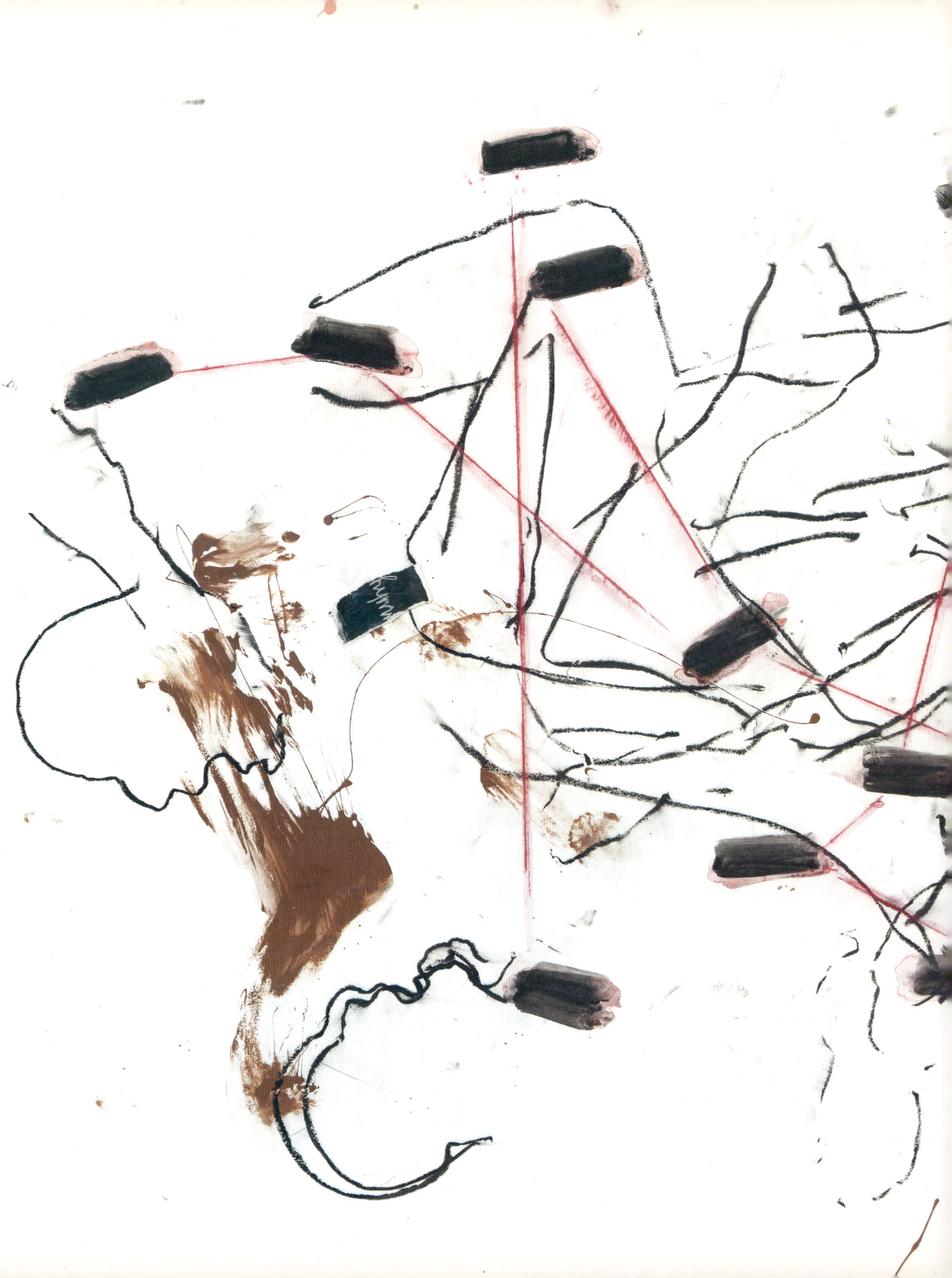

HYMN

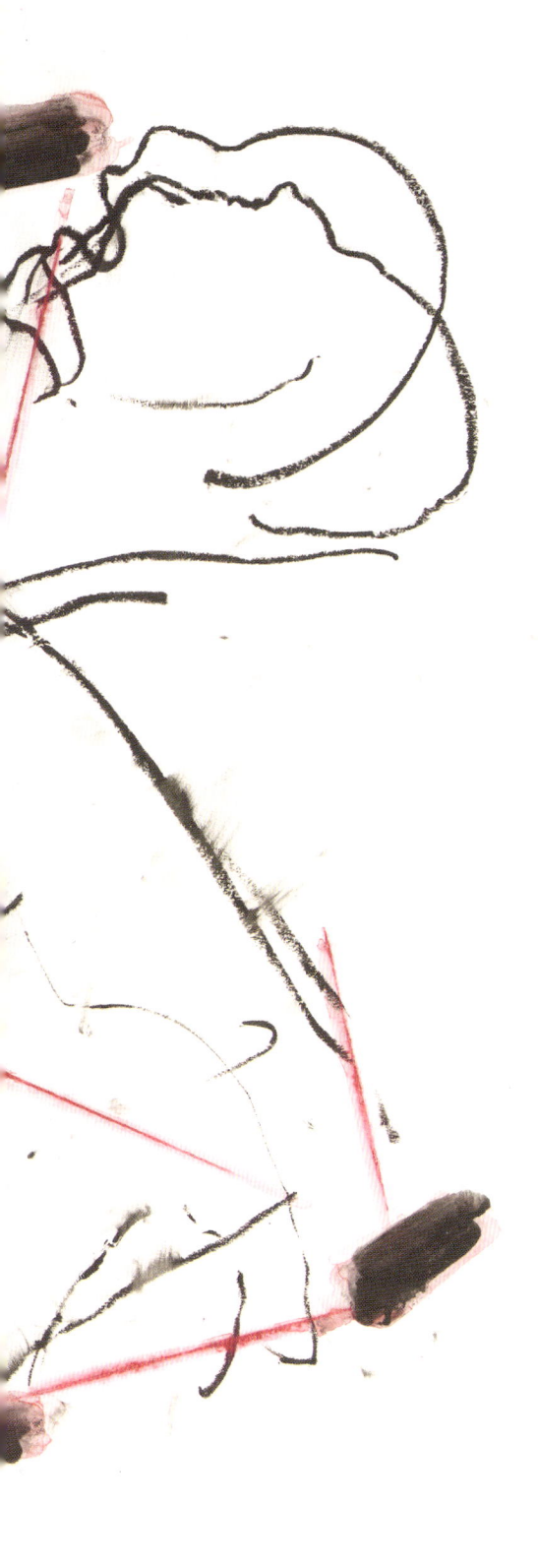

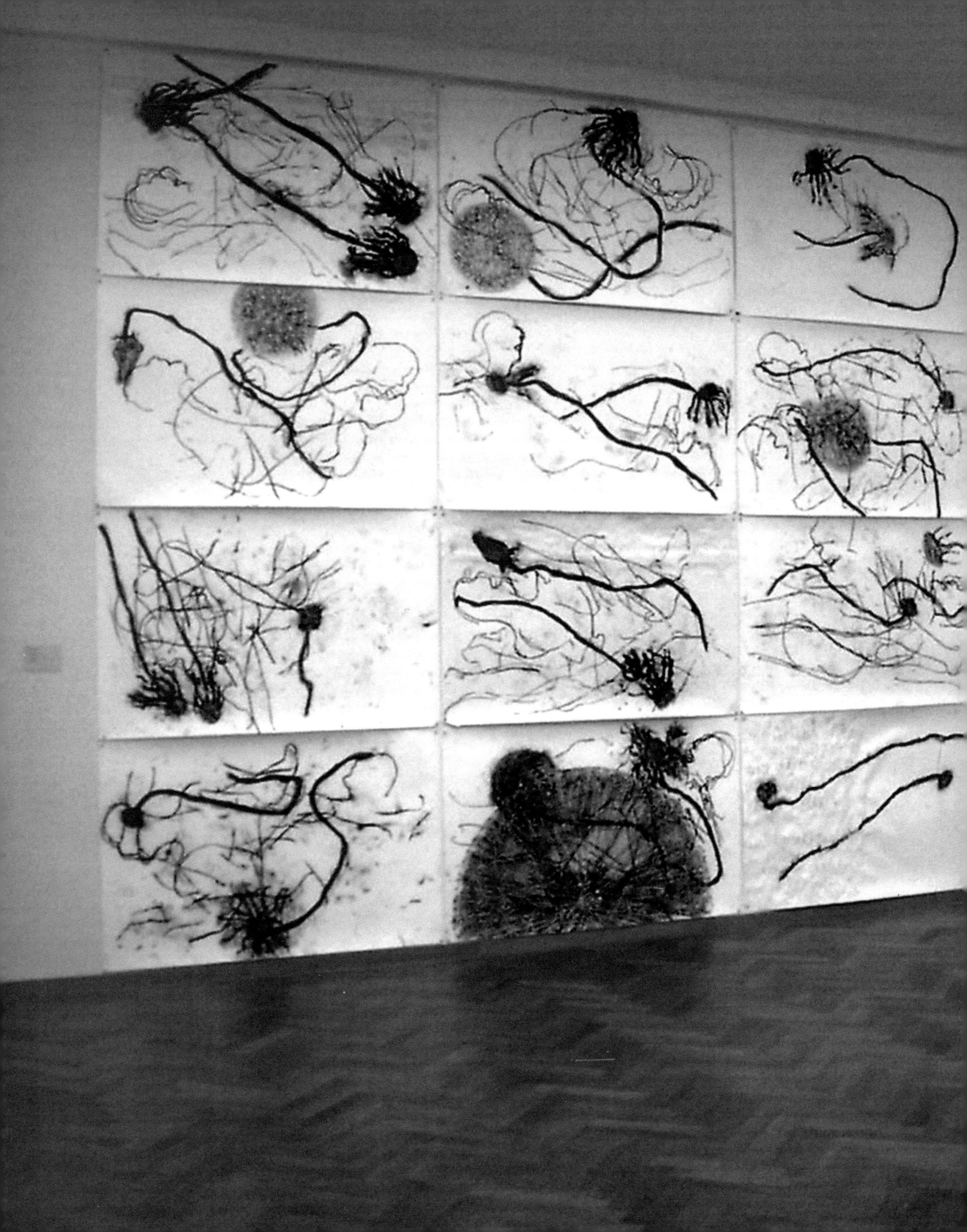

YOU/ME

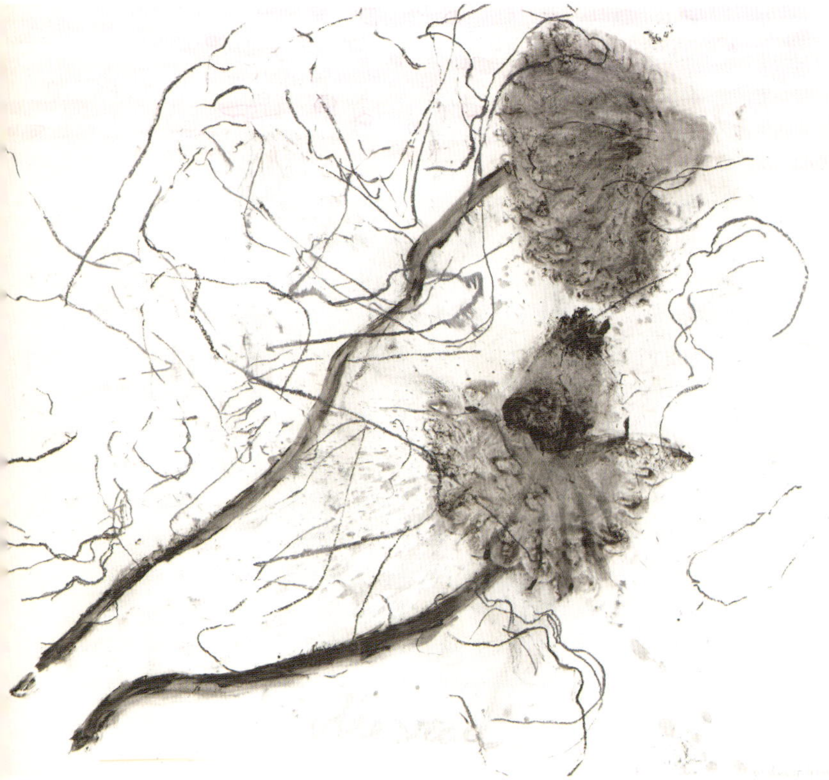

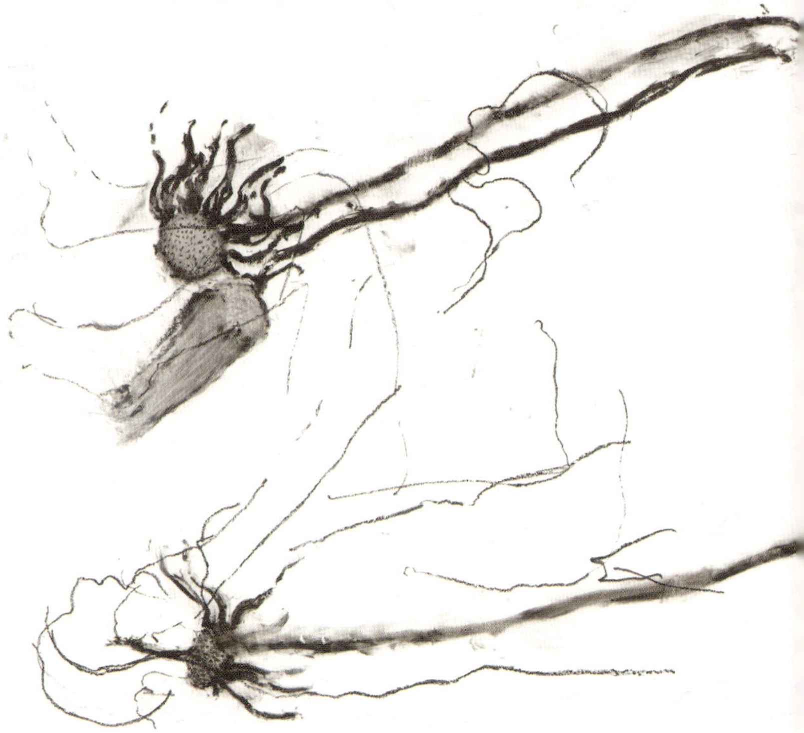

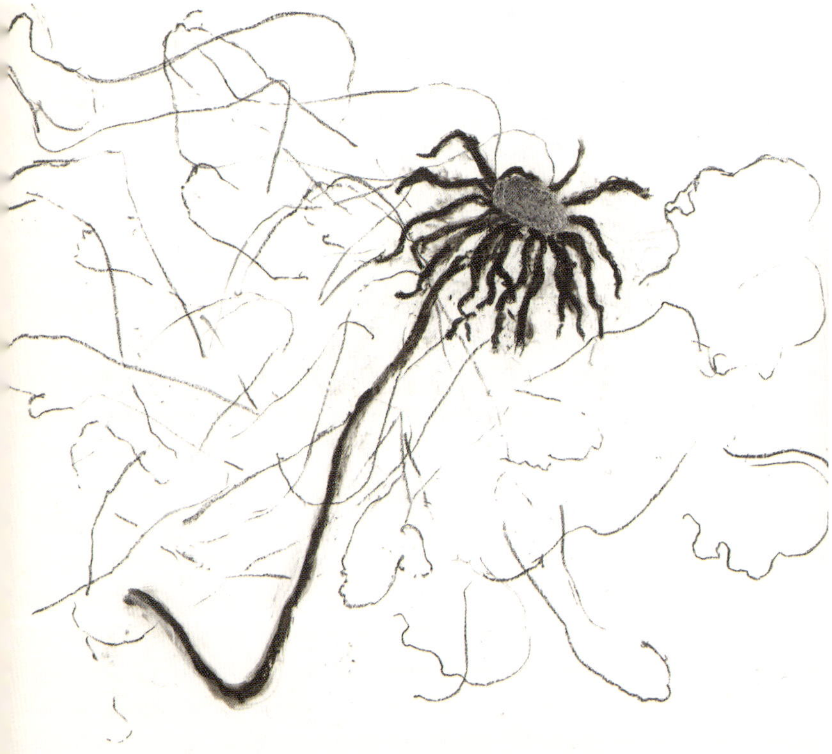

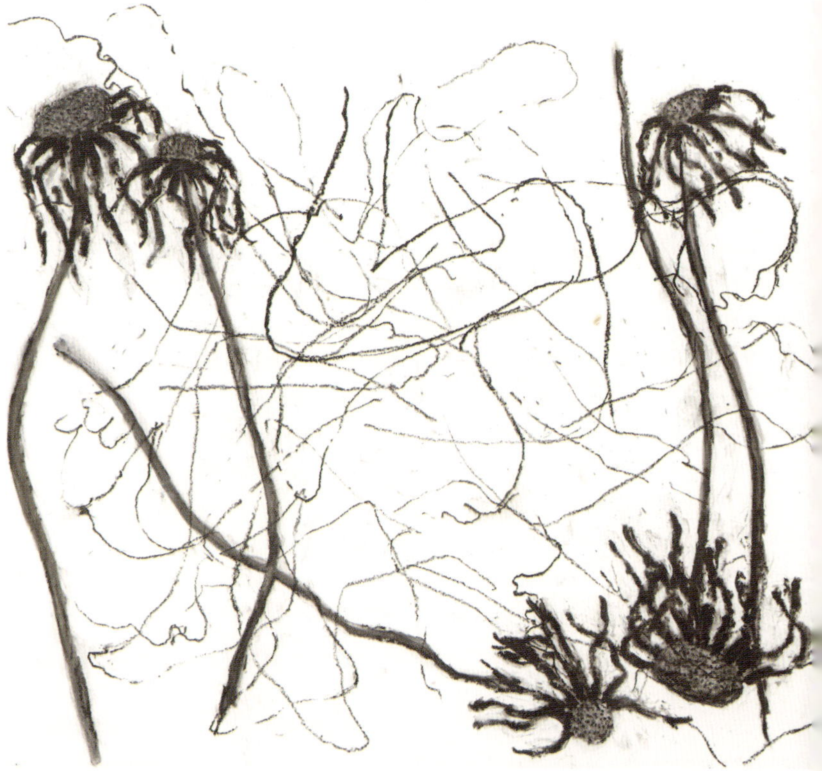

68

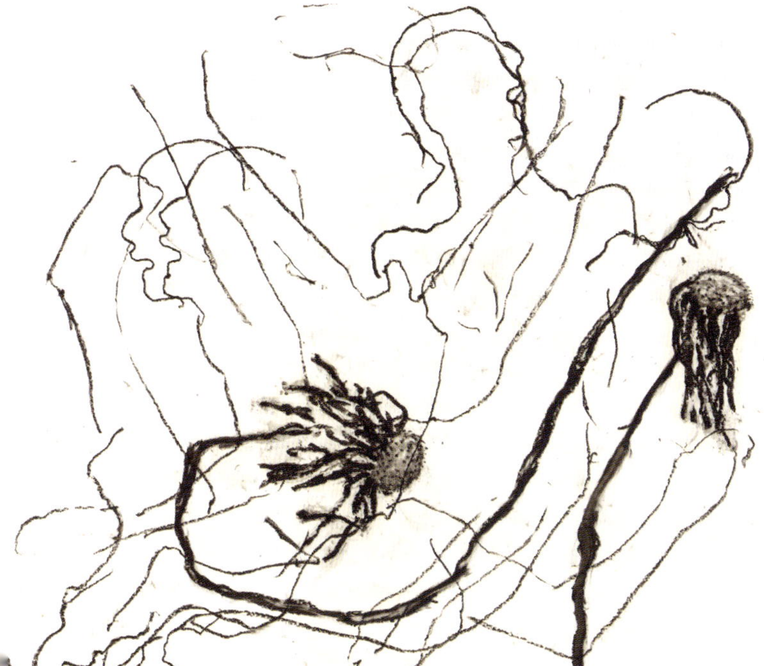
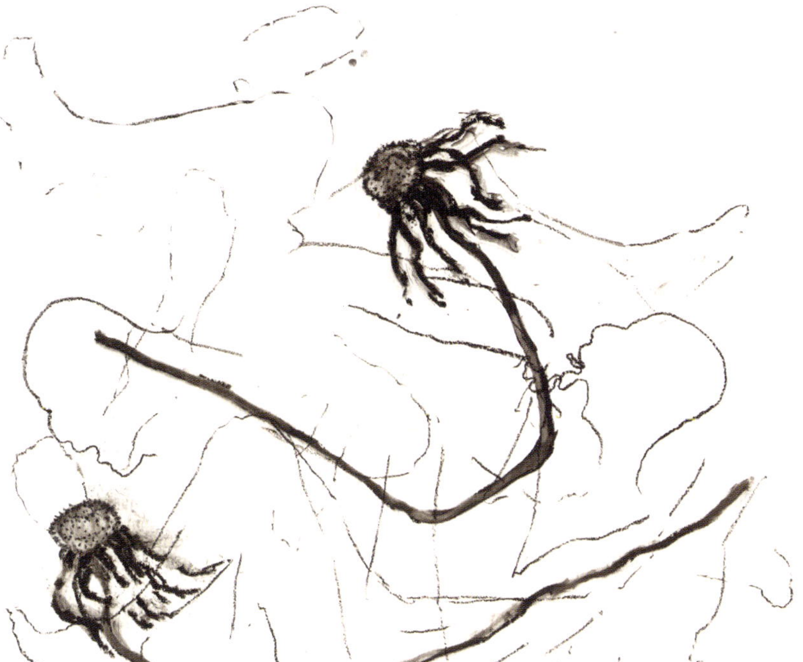

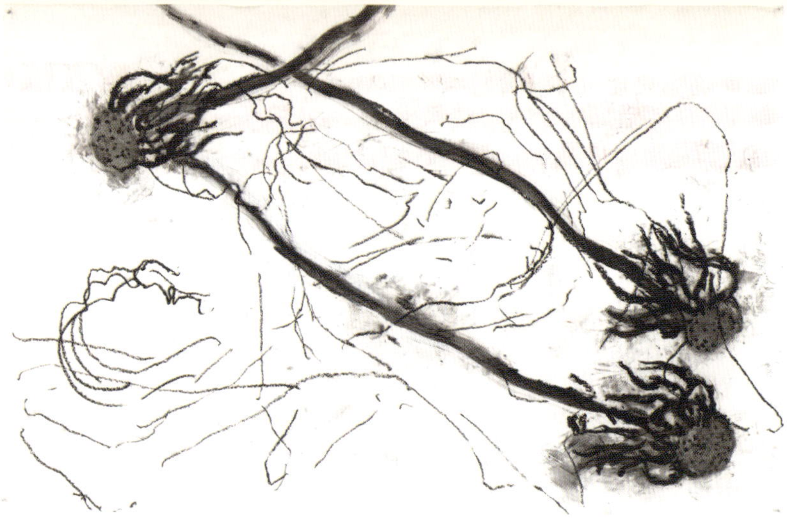
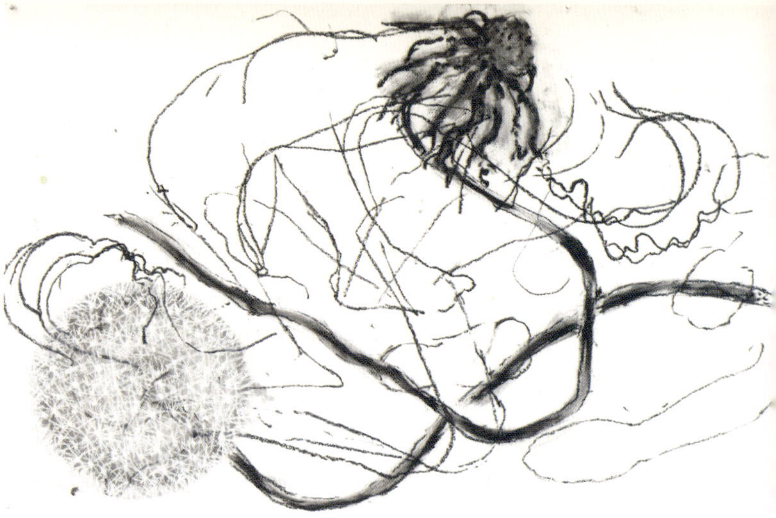
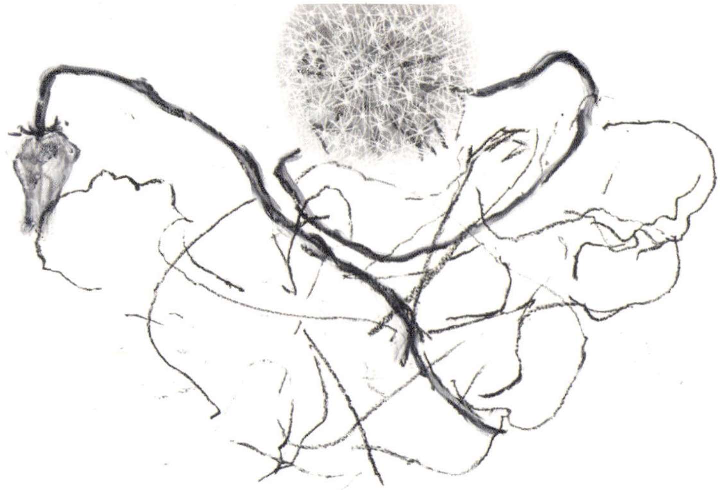
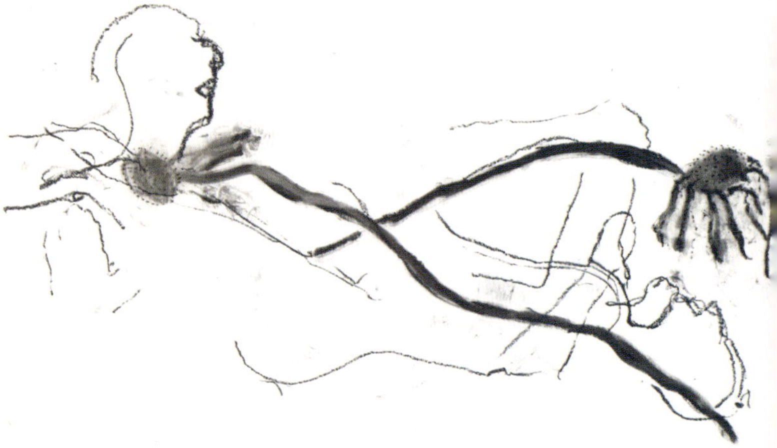
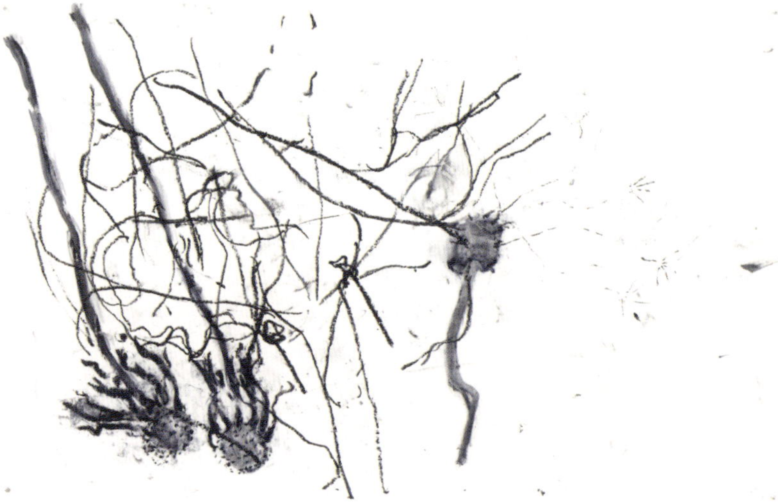
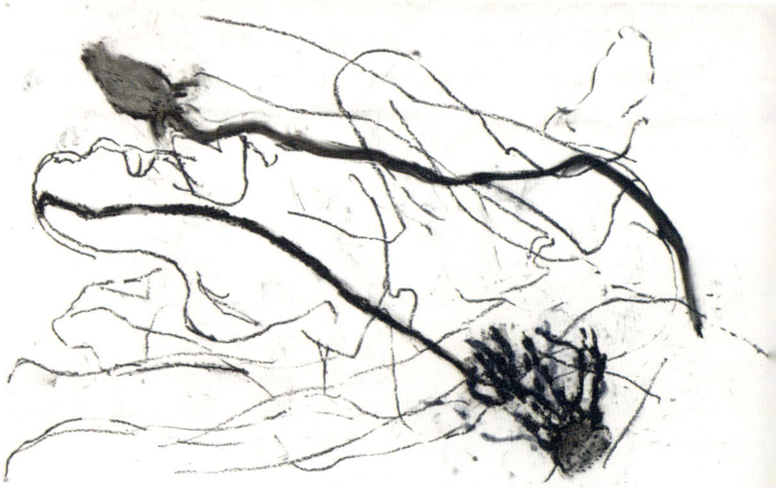
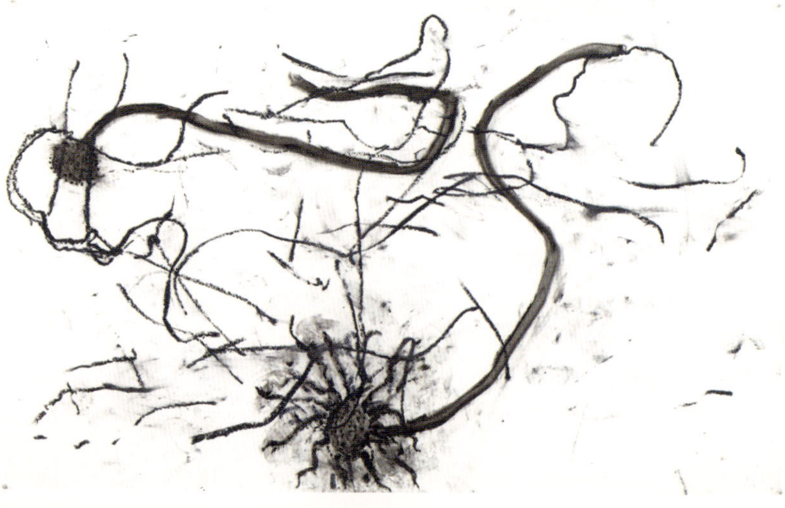
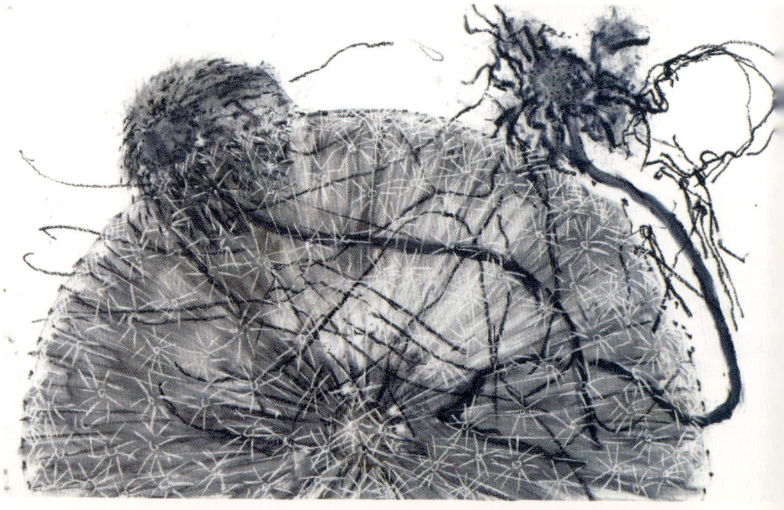

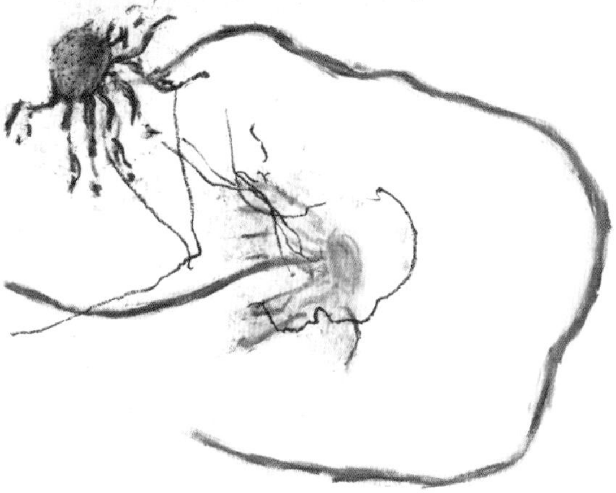

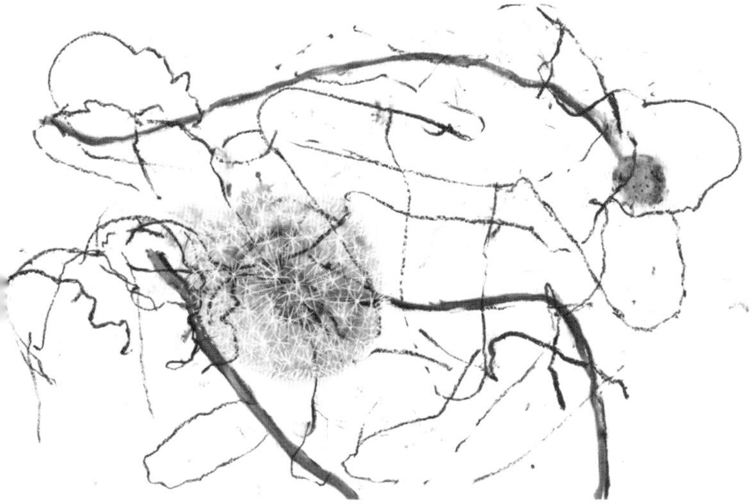

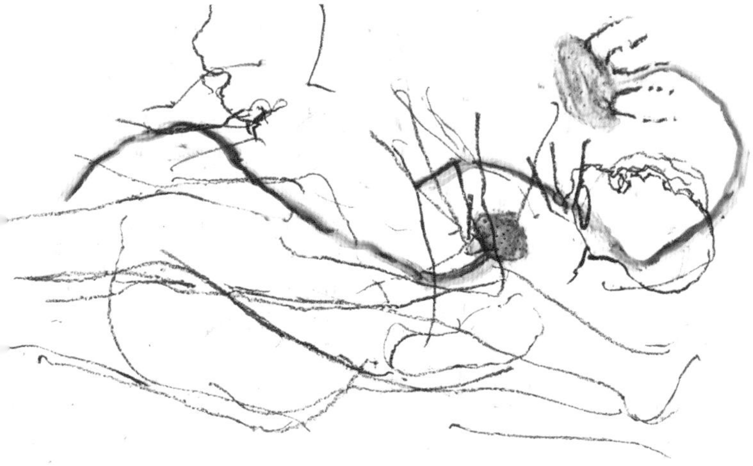

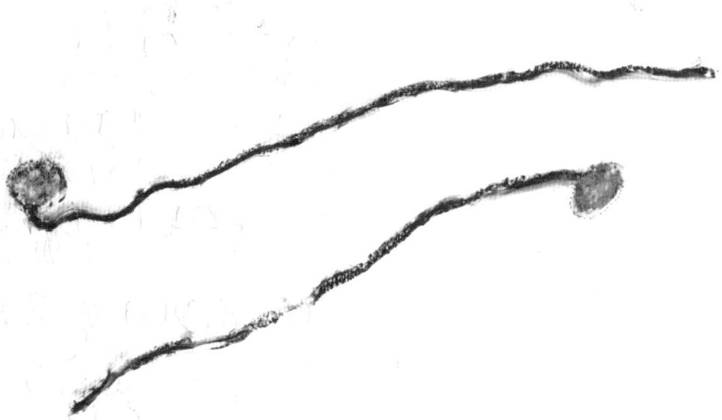

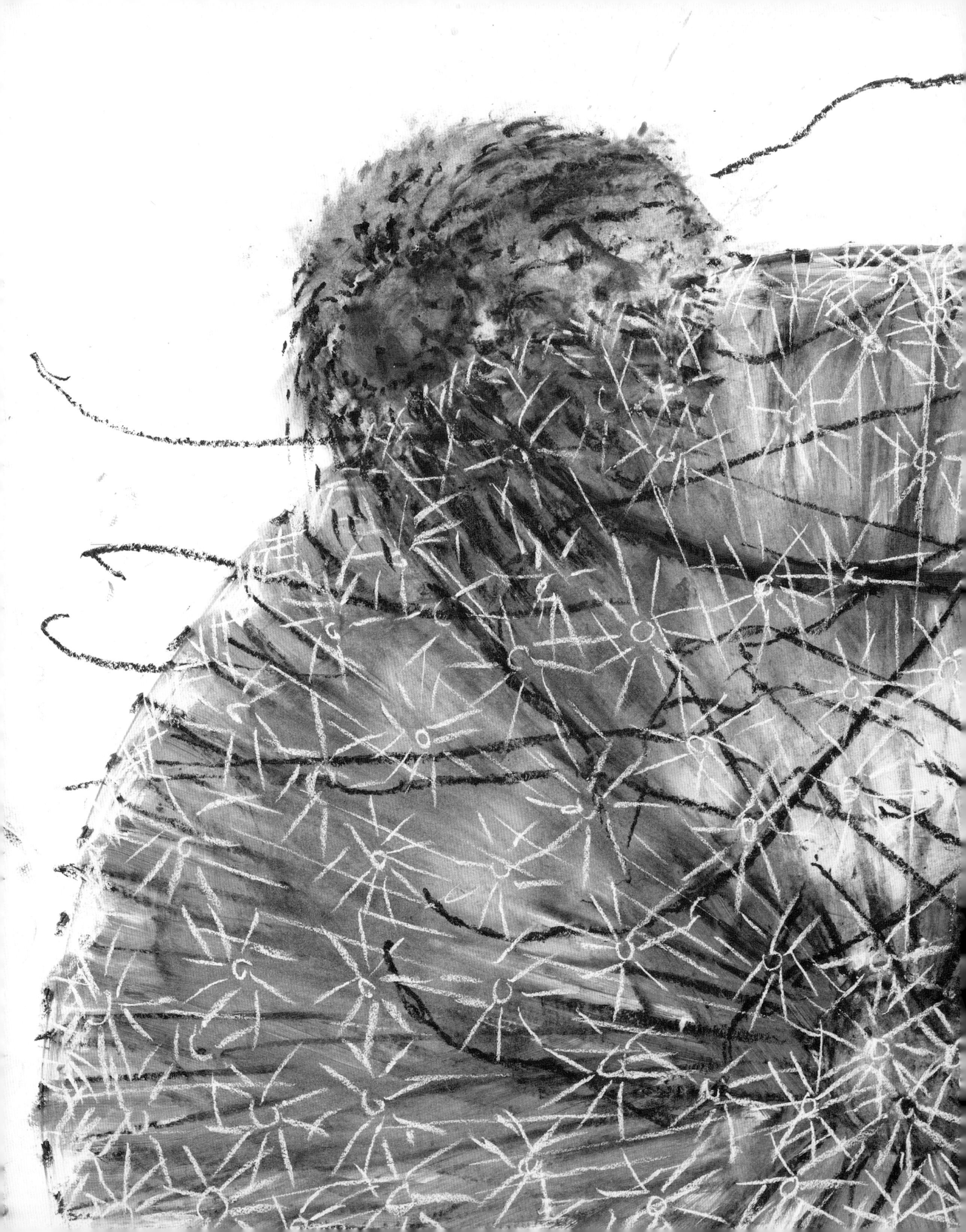

70

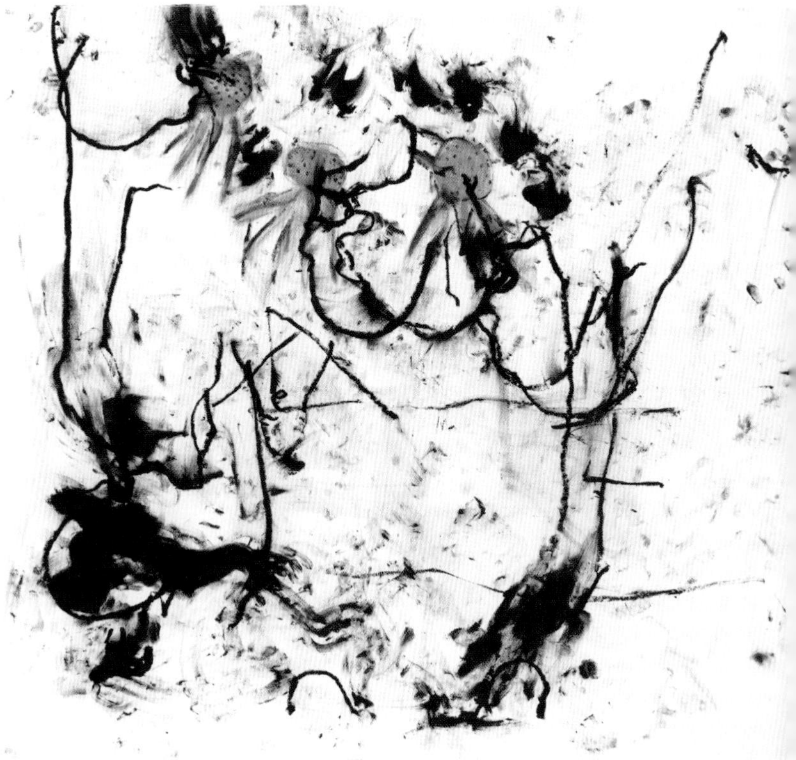

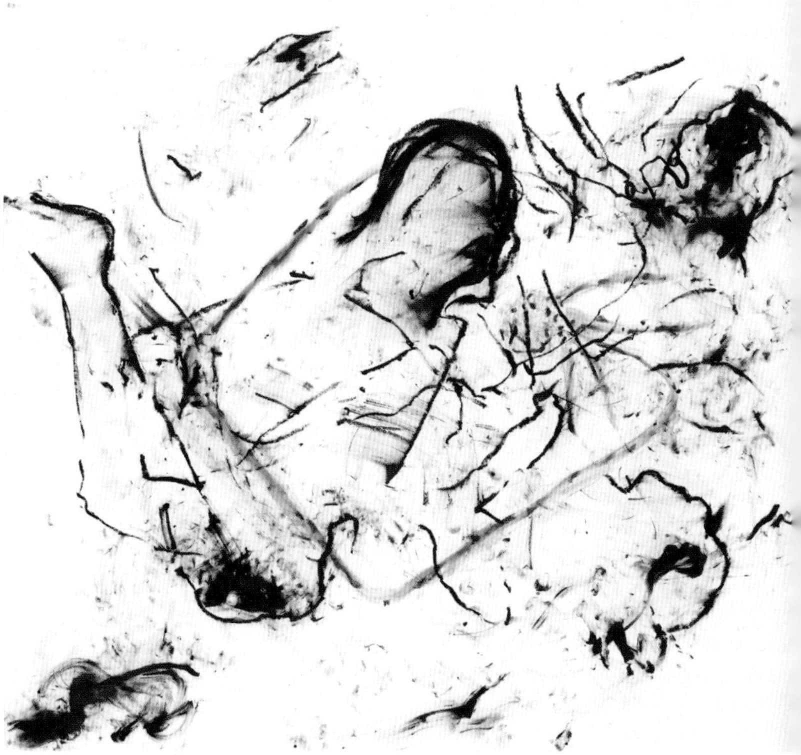

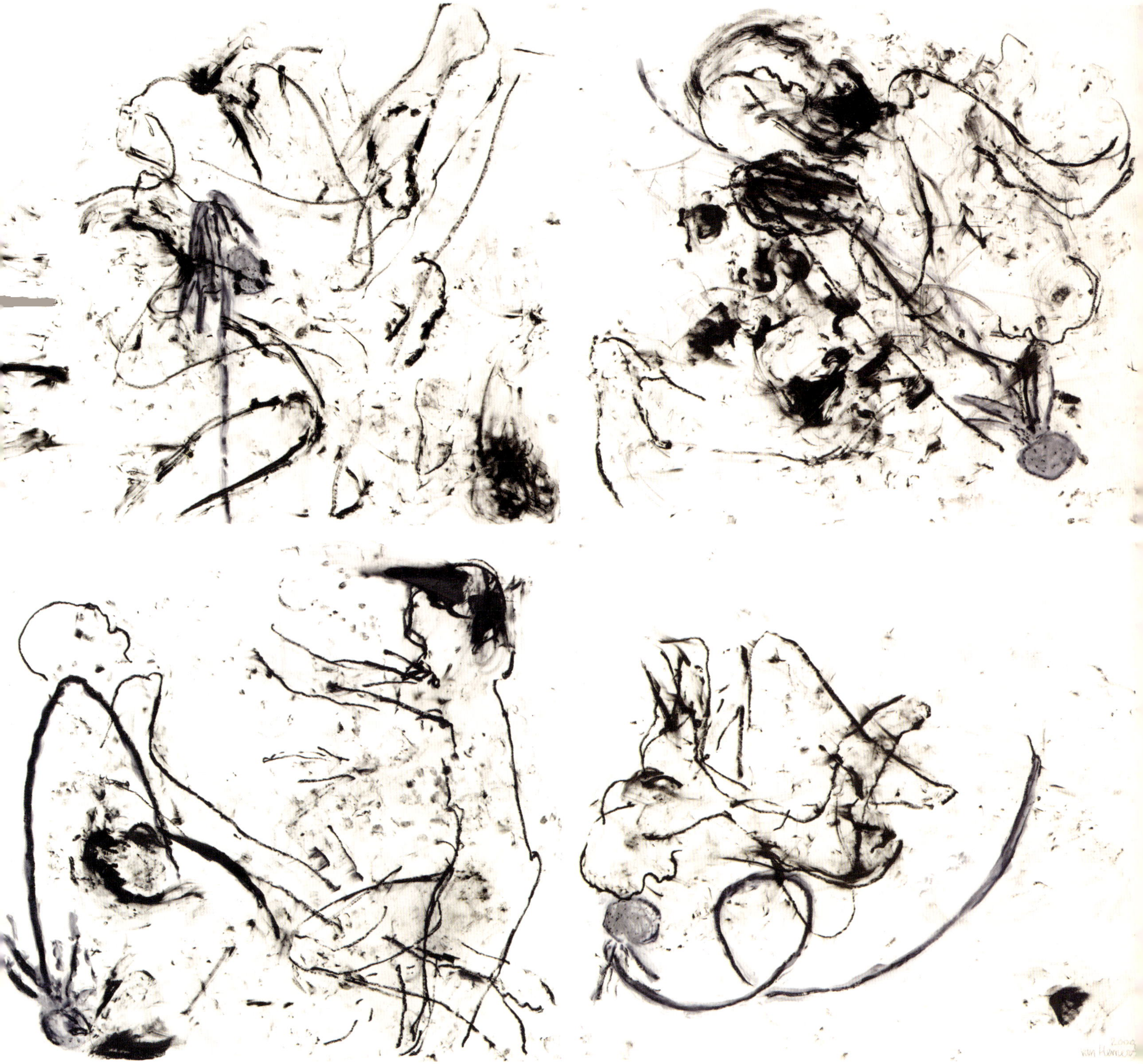

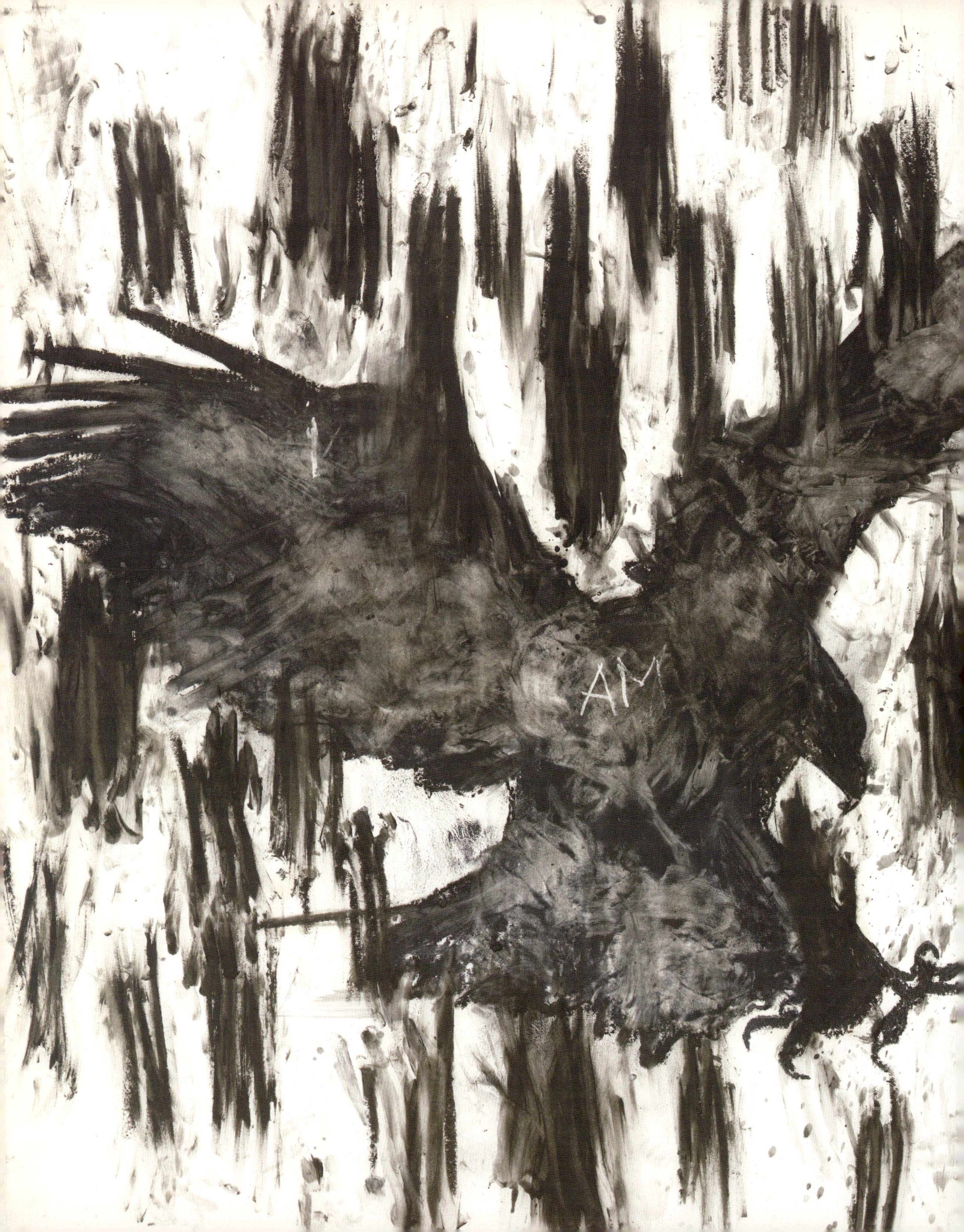
AM

you

73

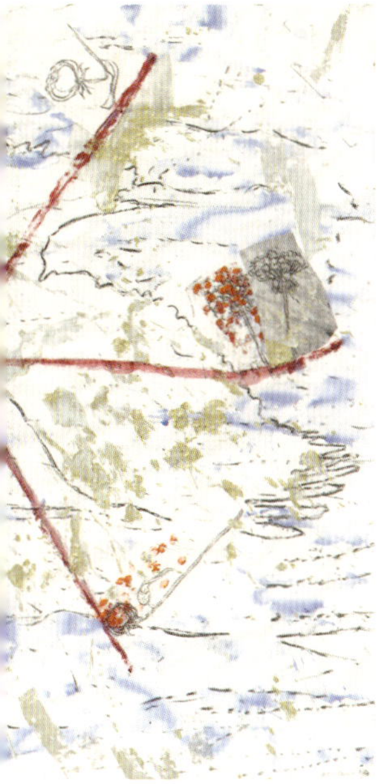

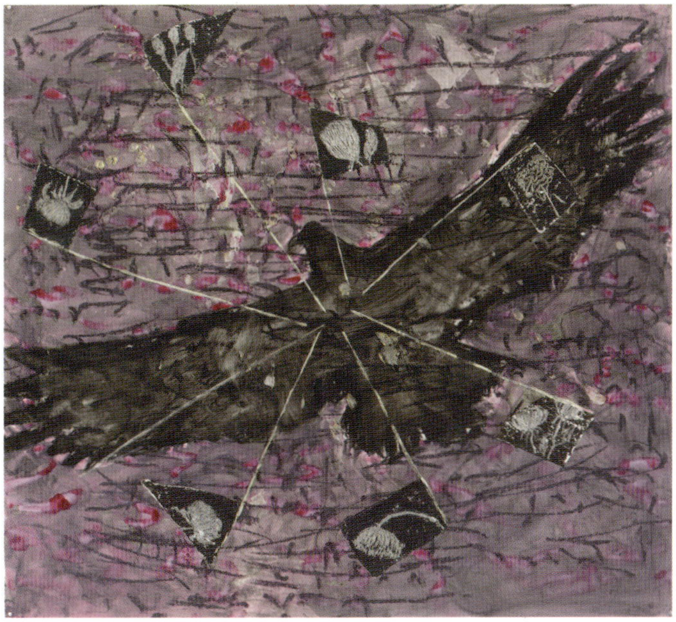

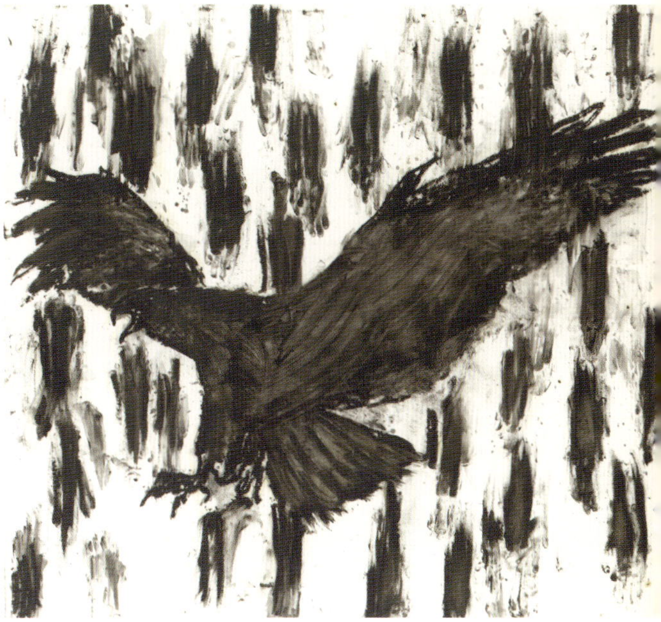

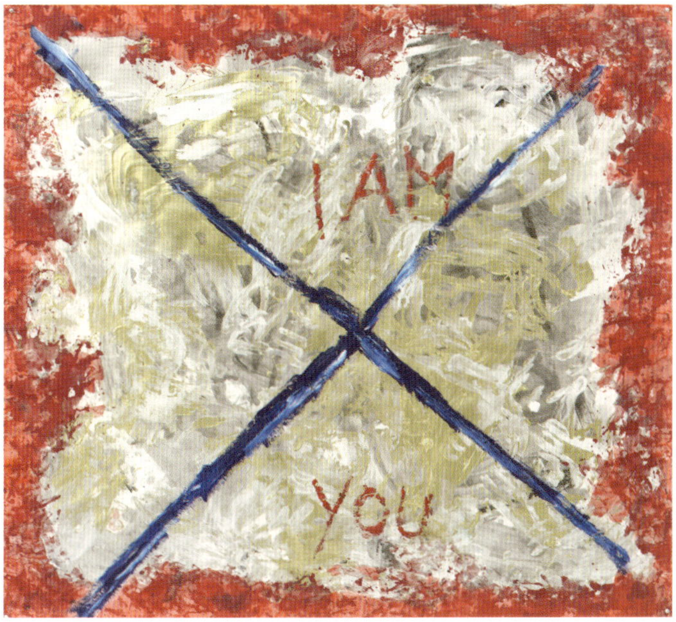
I AM
YOU

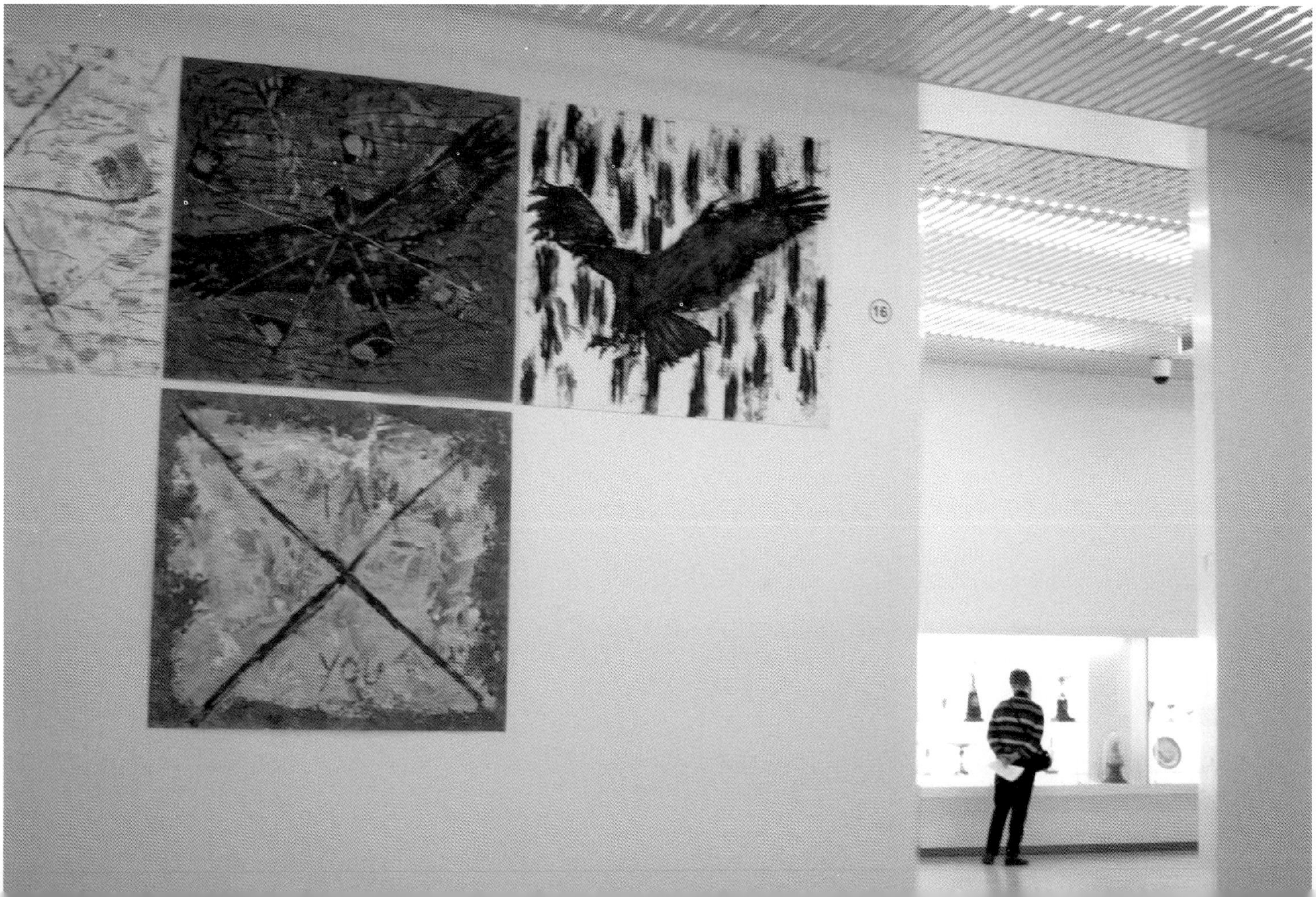
I AM
YOU
16

74

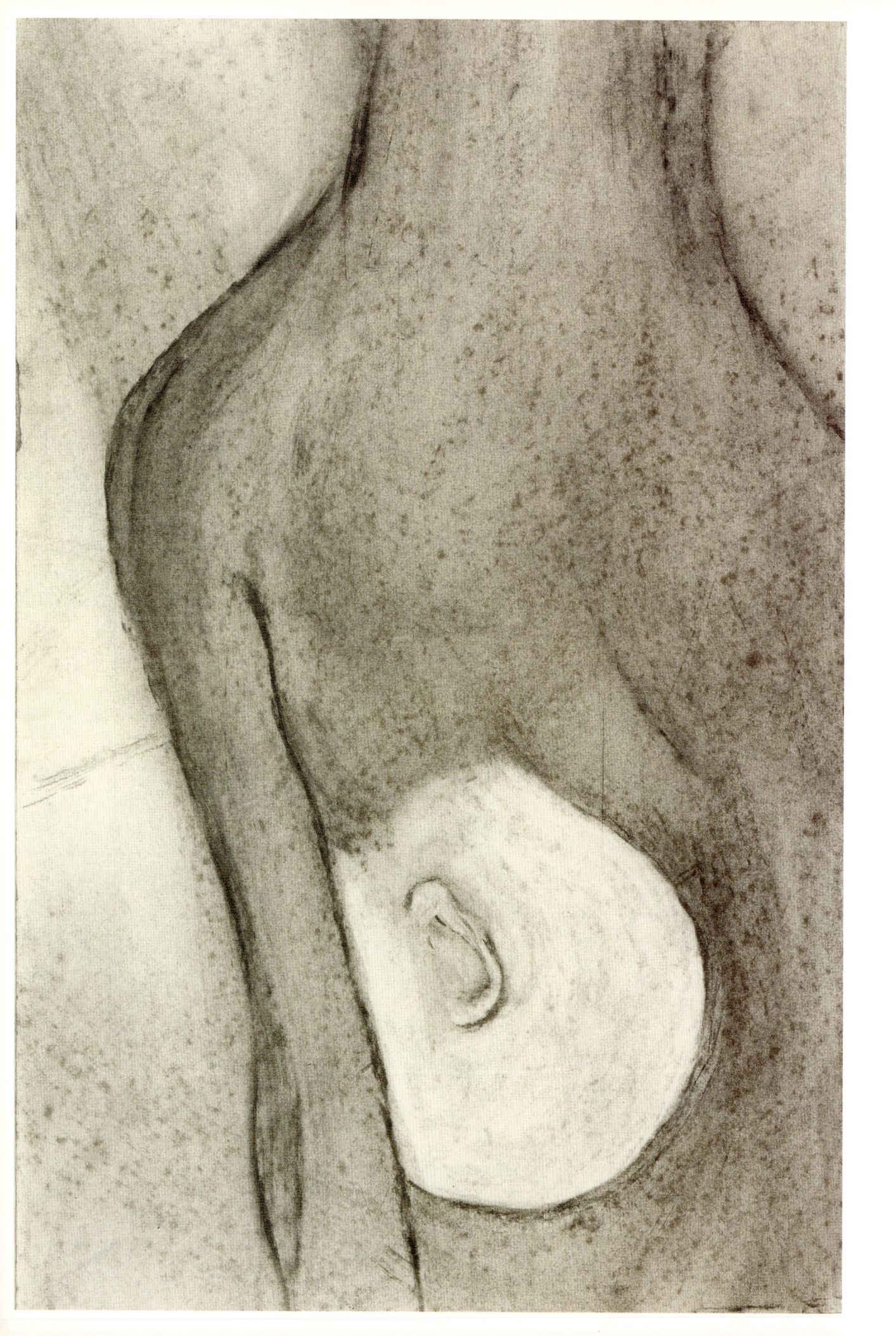

75

76

77

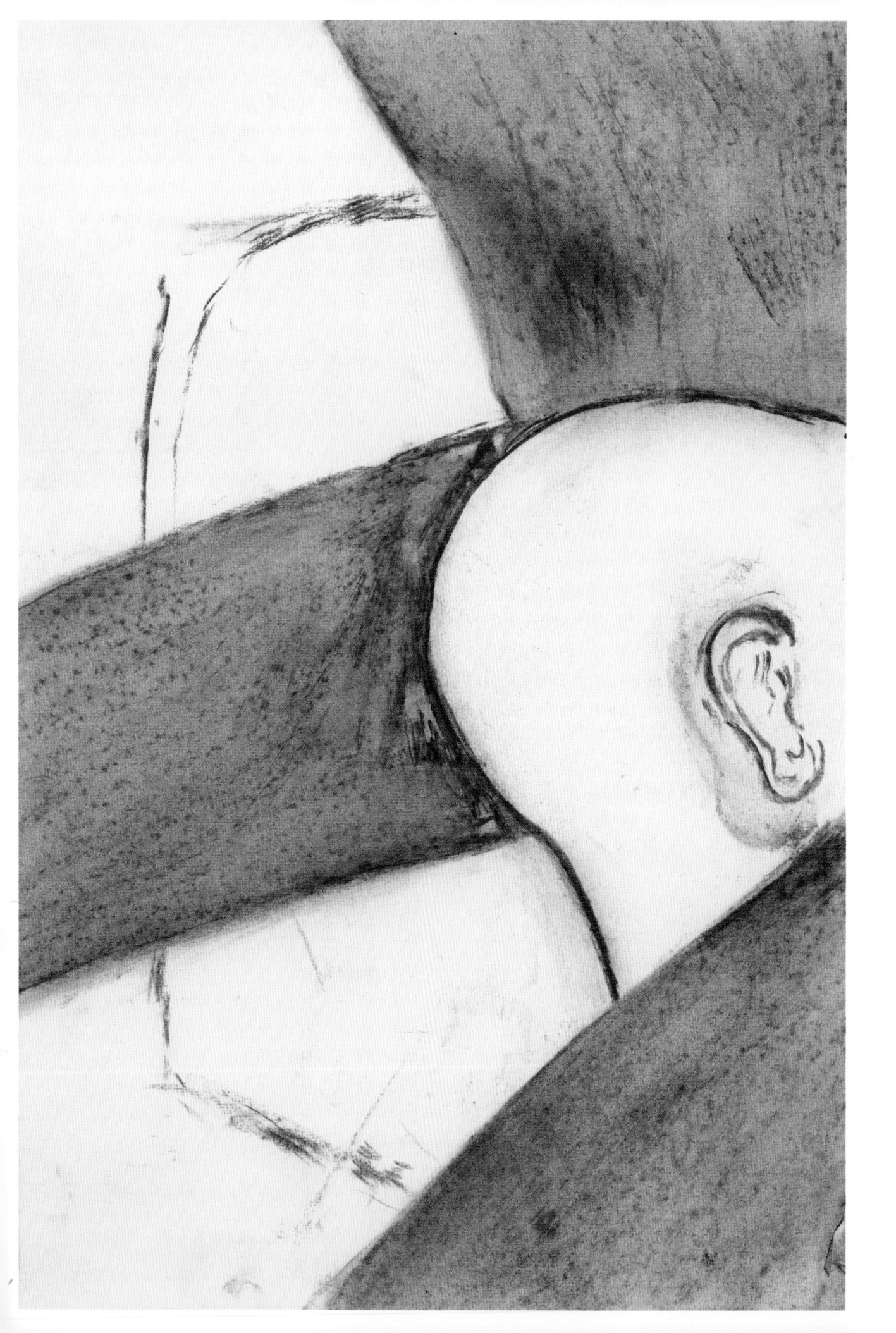

78

79

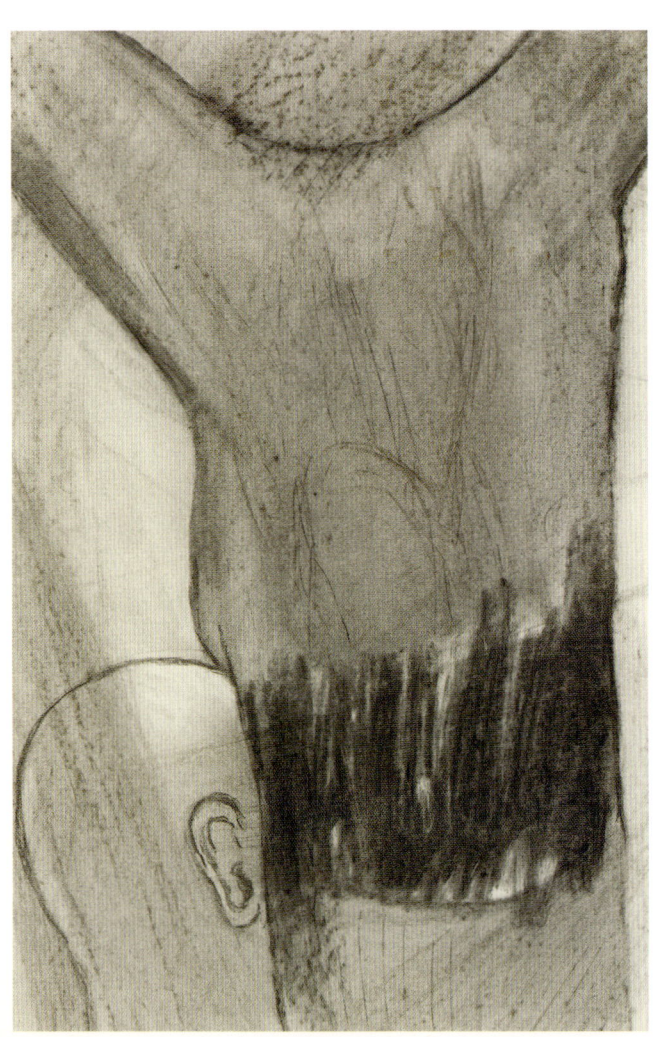

80

81

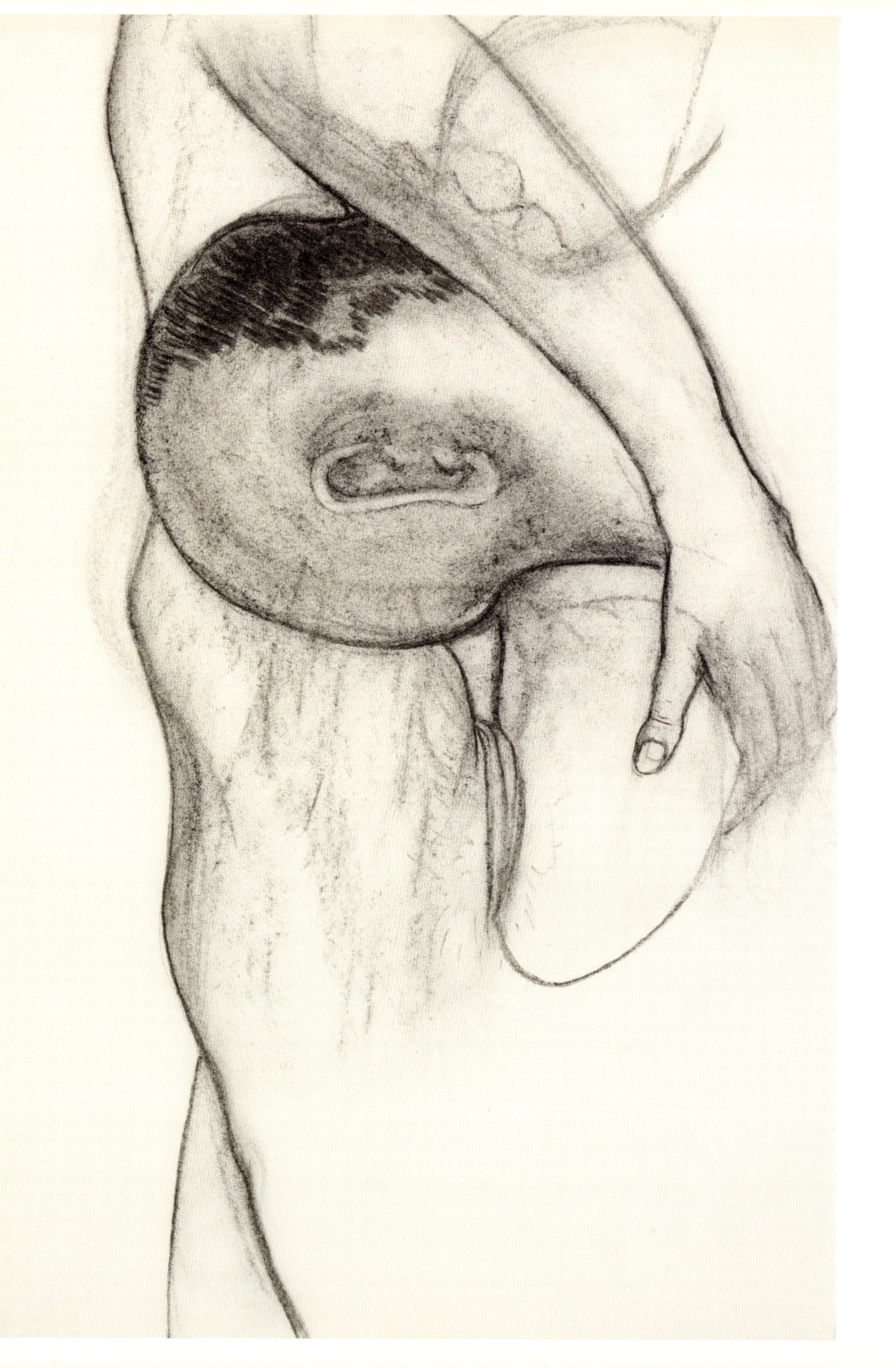

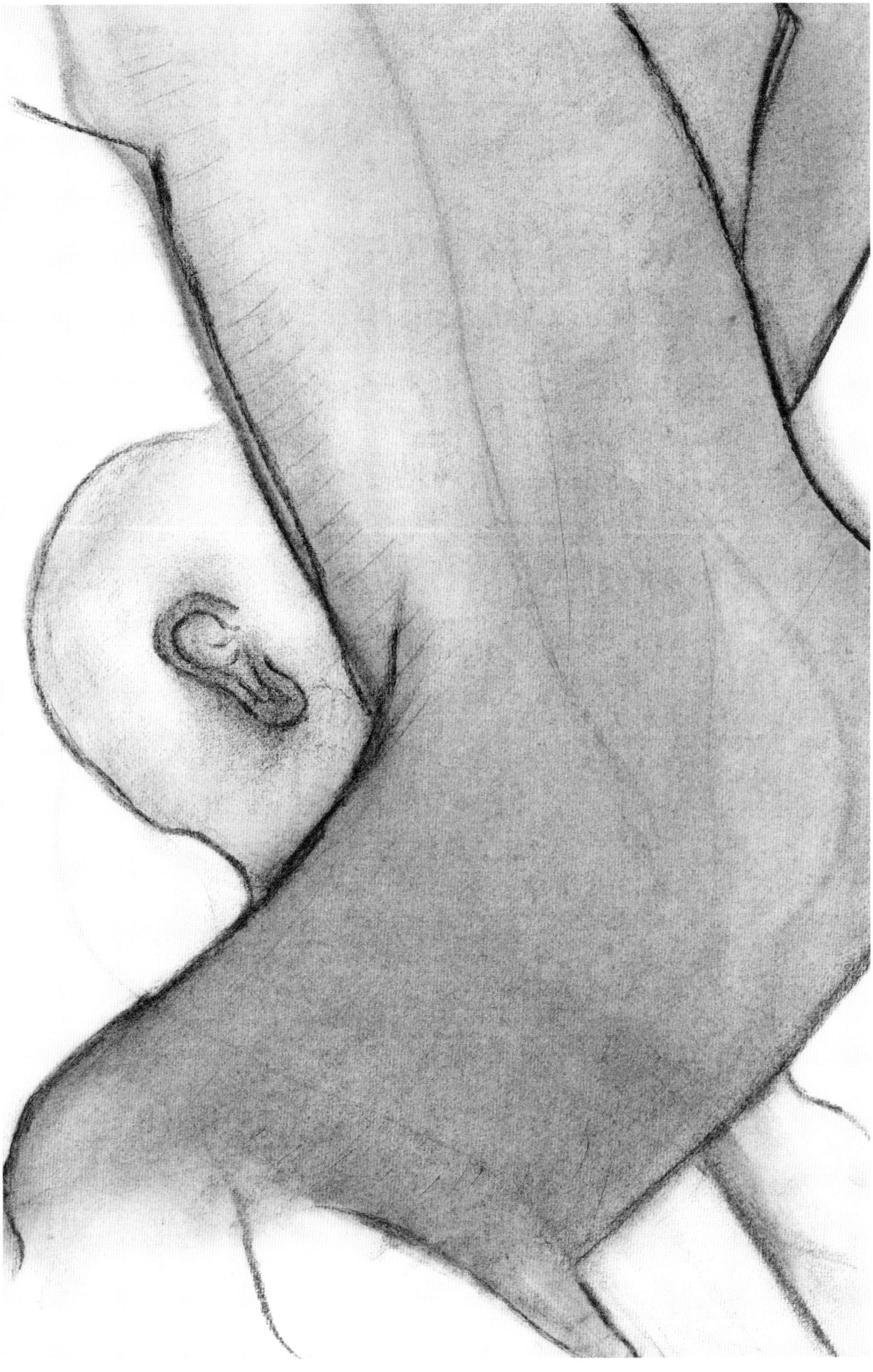

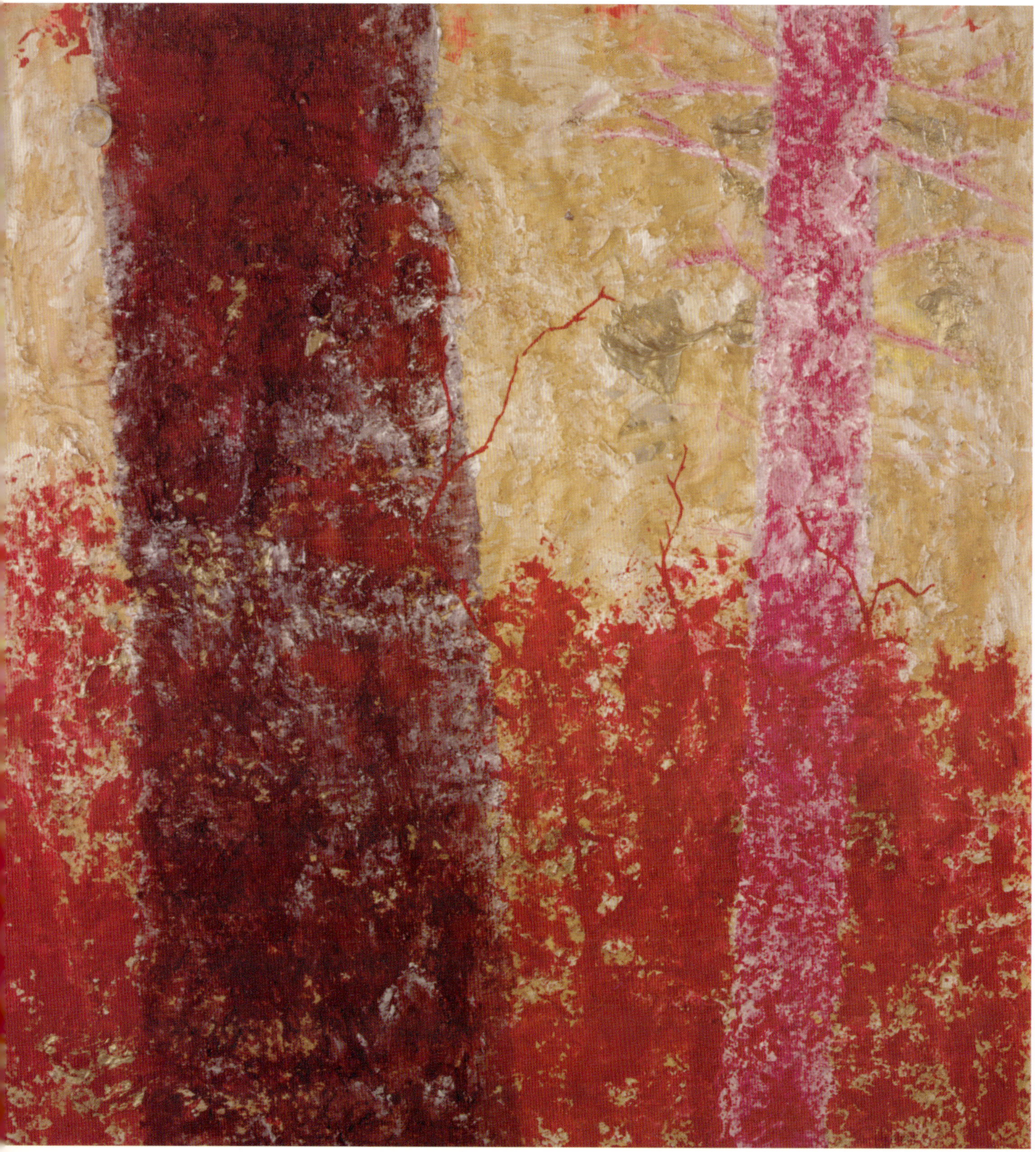

84

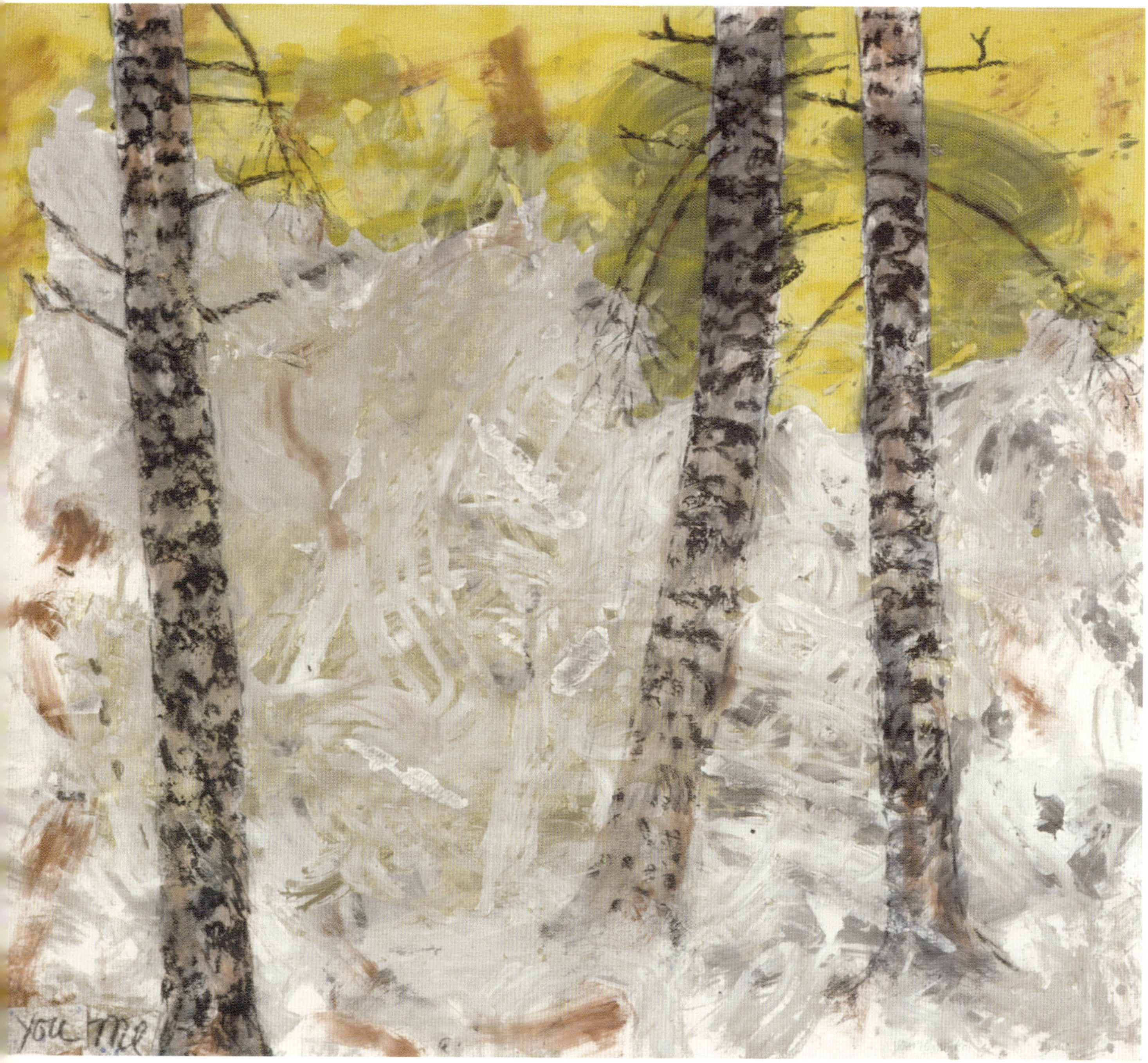
You Mie

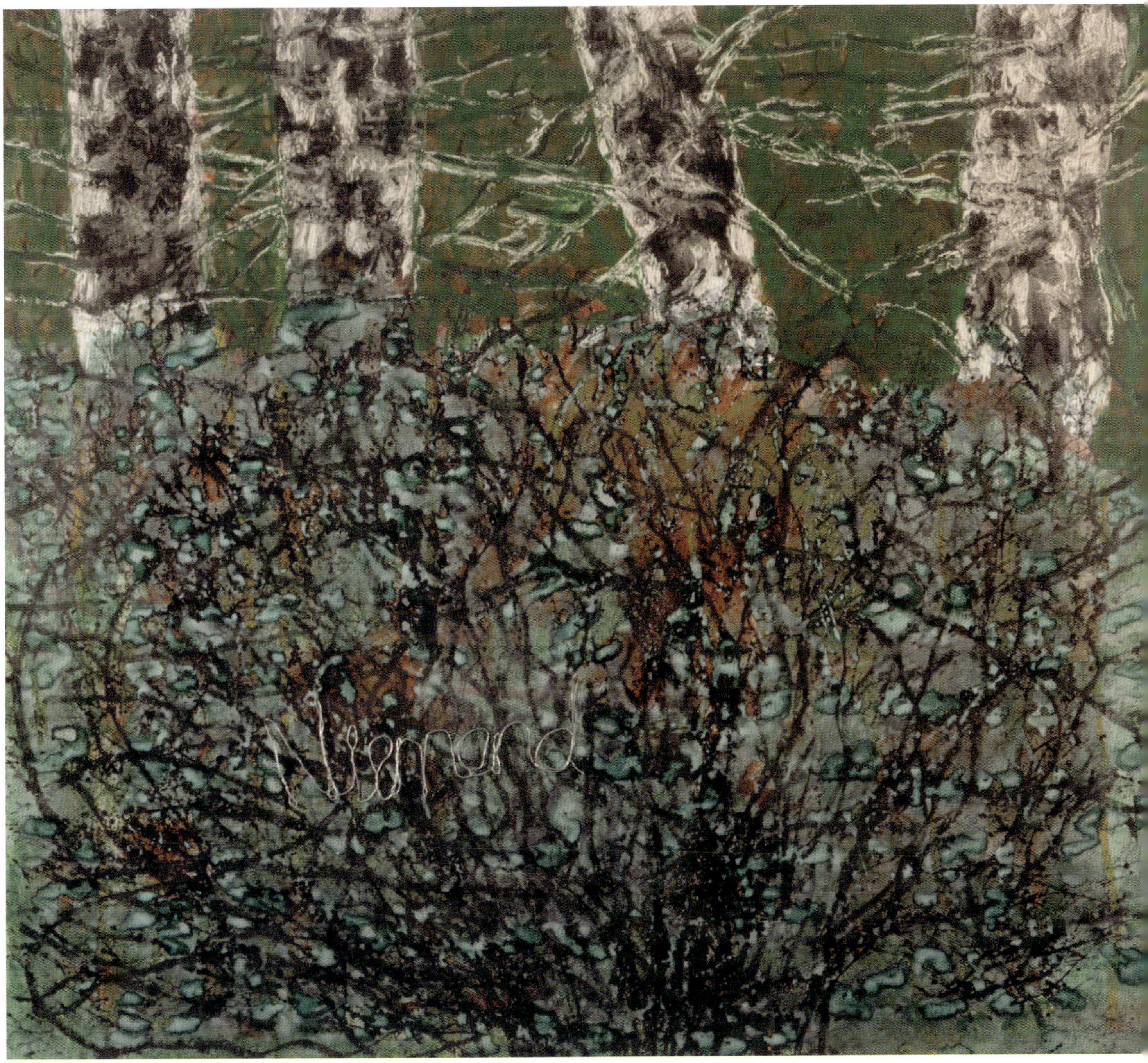
Niemand

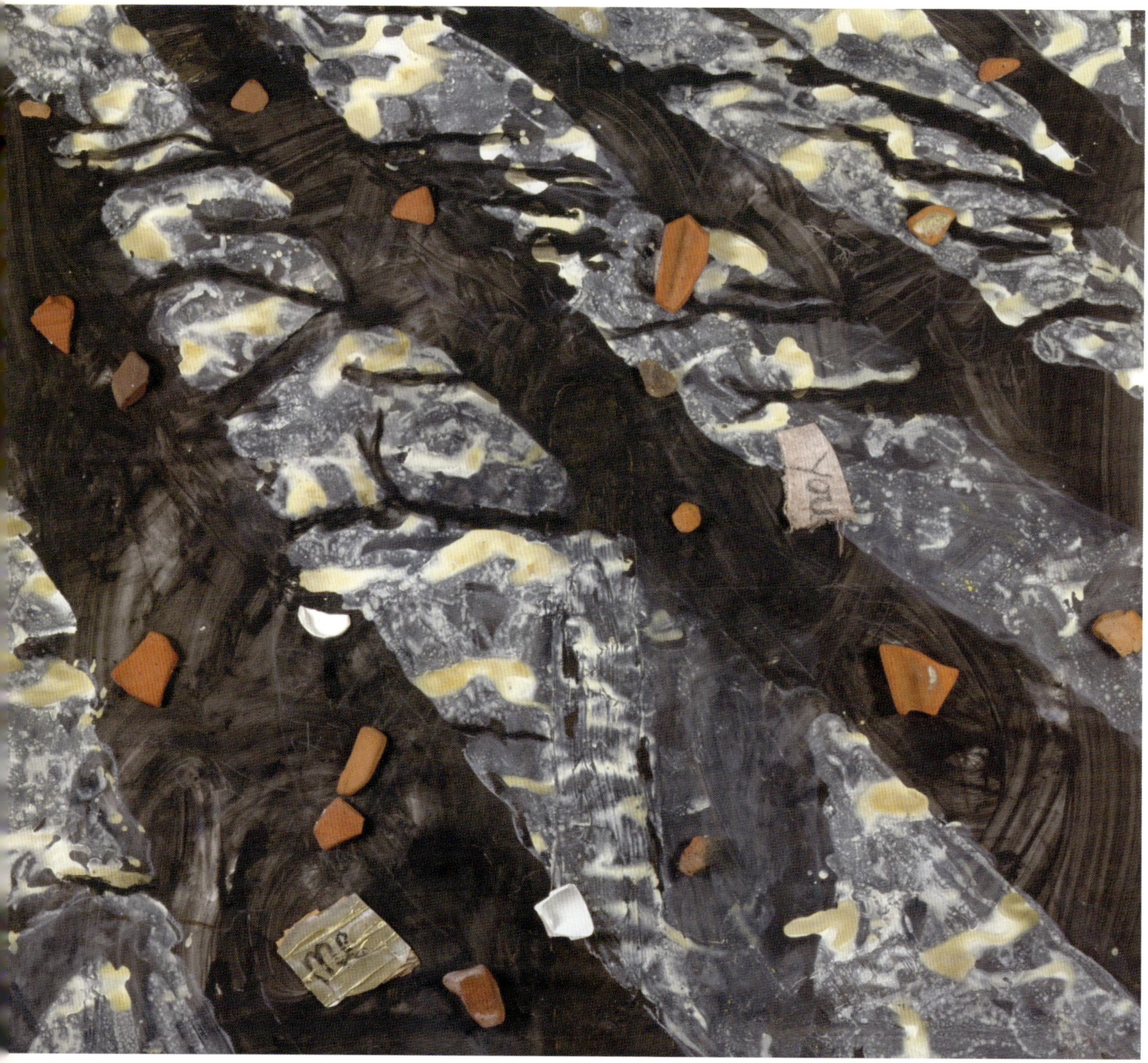
You
me

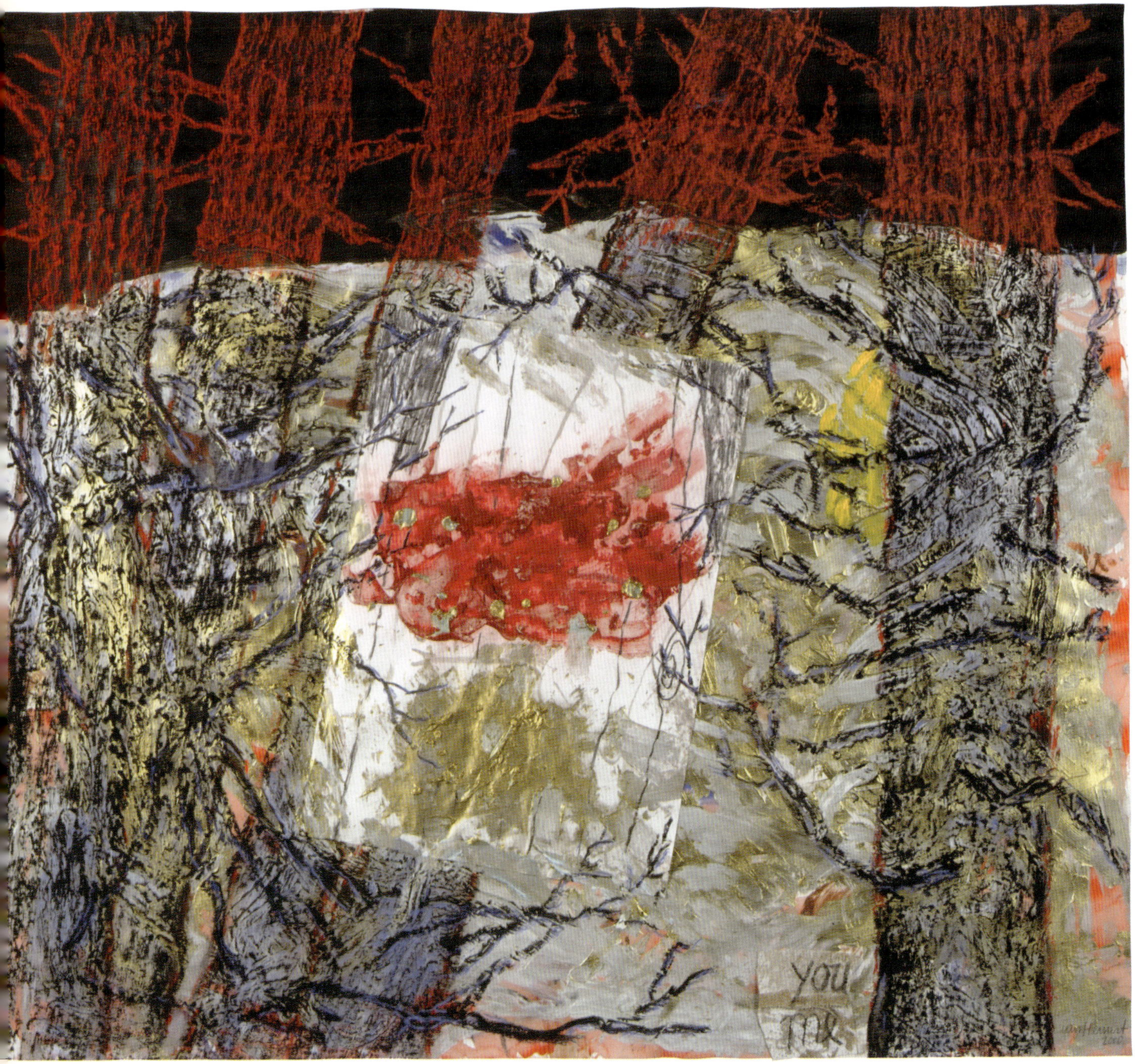

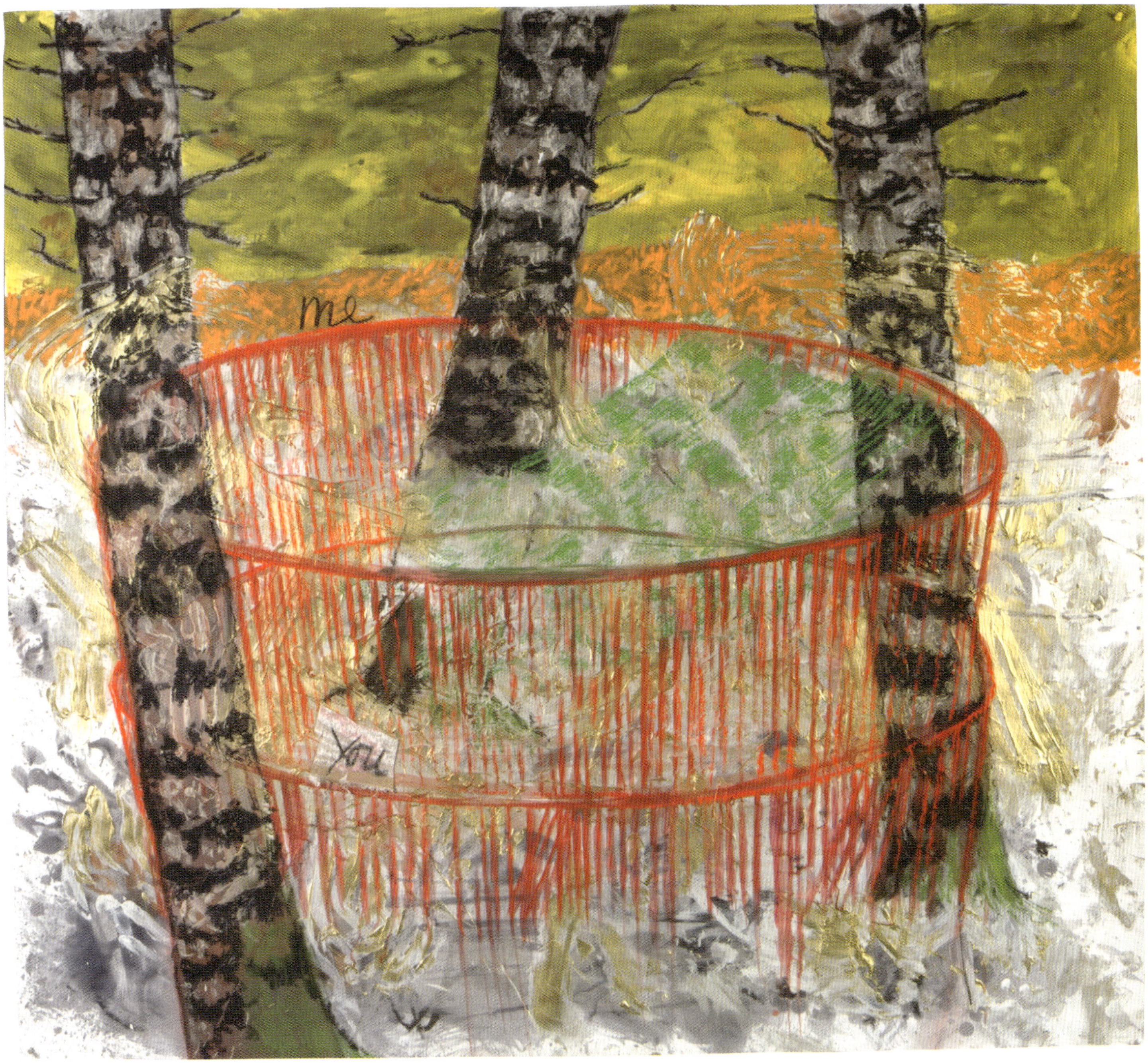
me
you

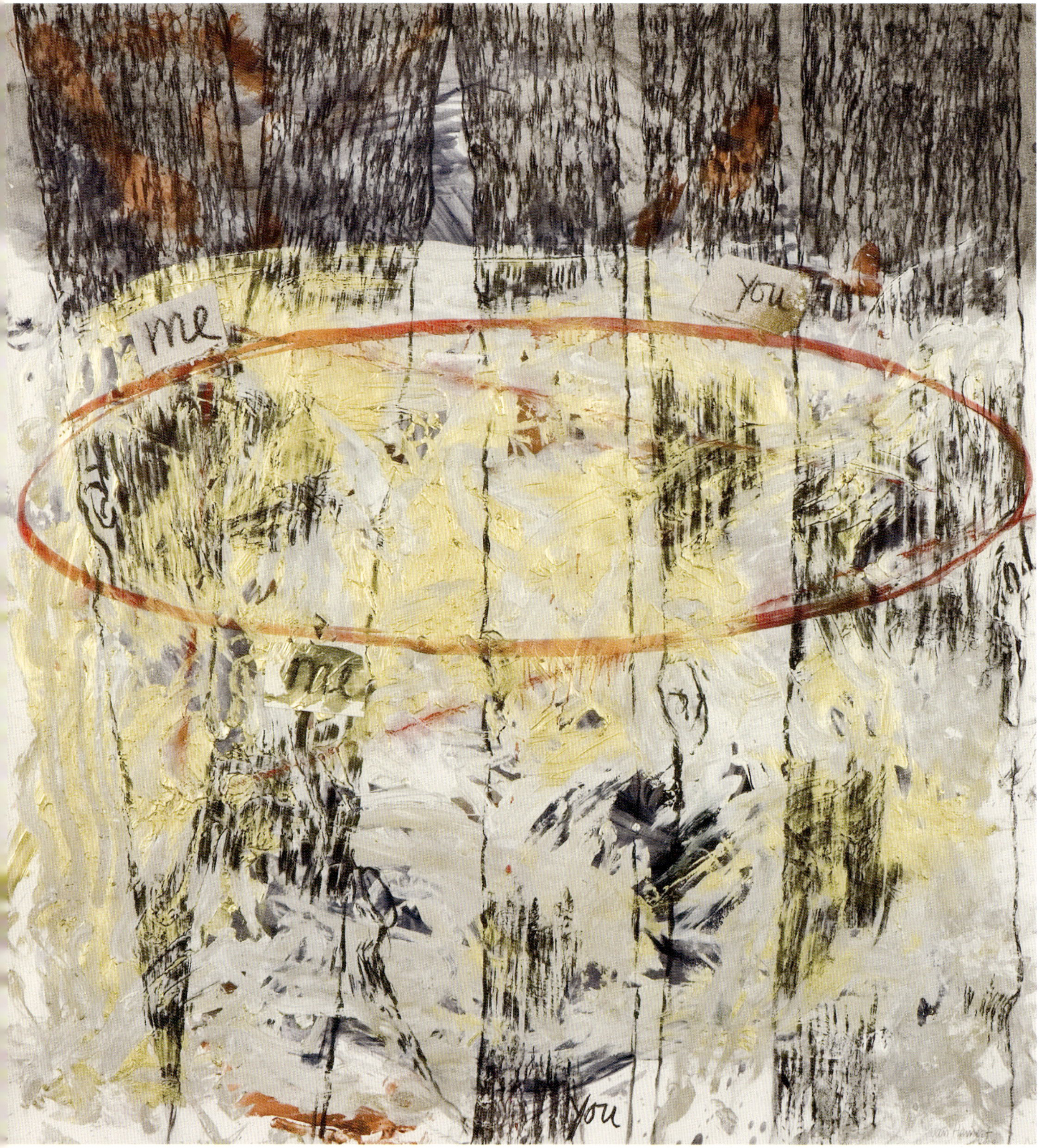
me
you
me
you

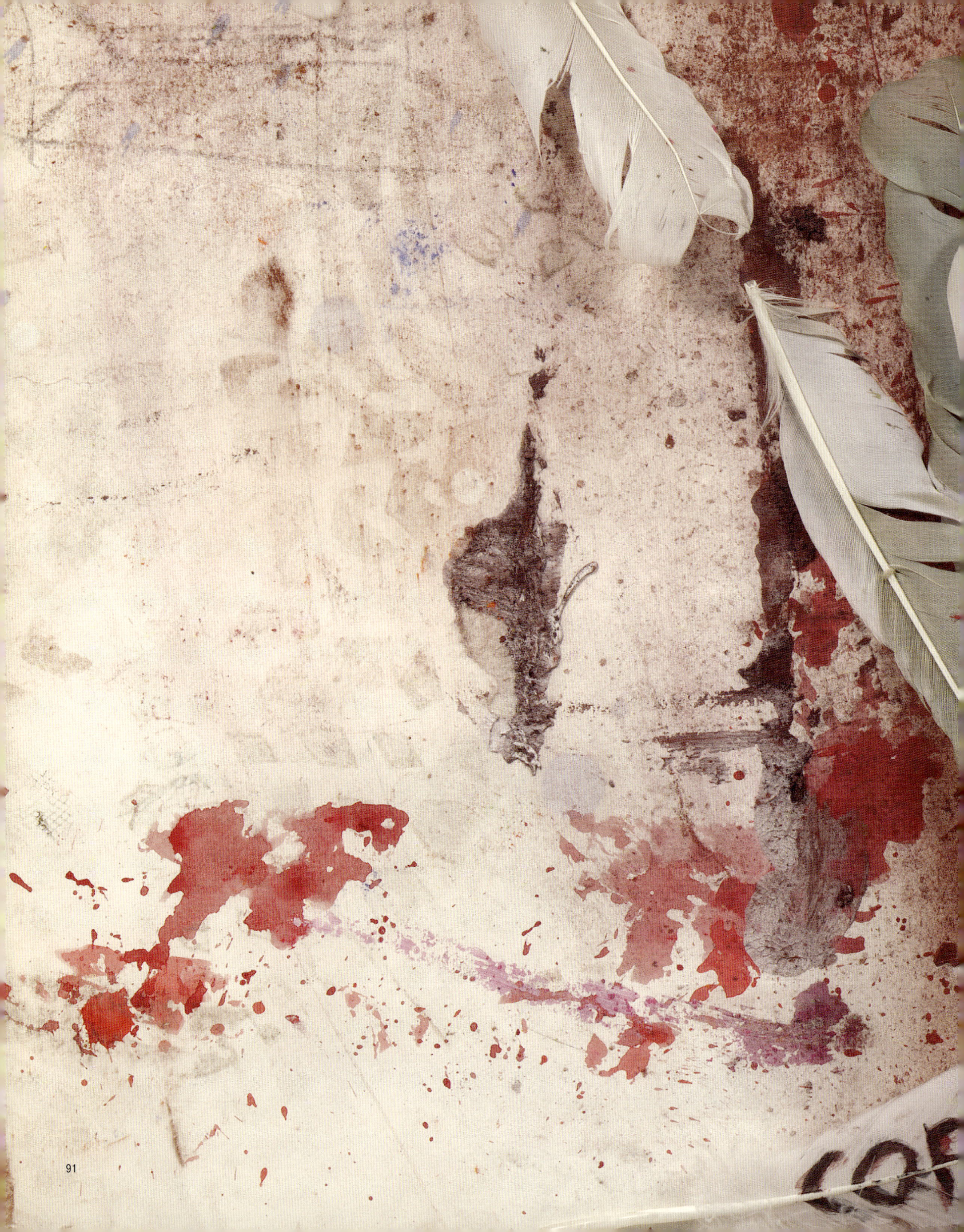

ULATION

FLOWERS OF ROMANCE

93

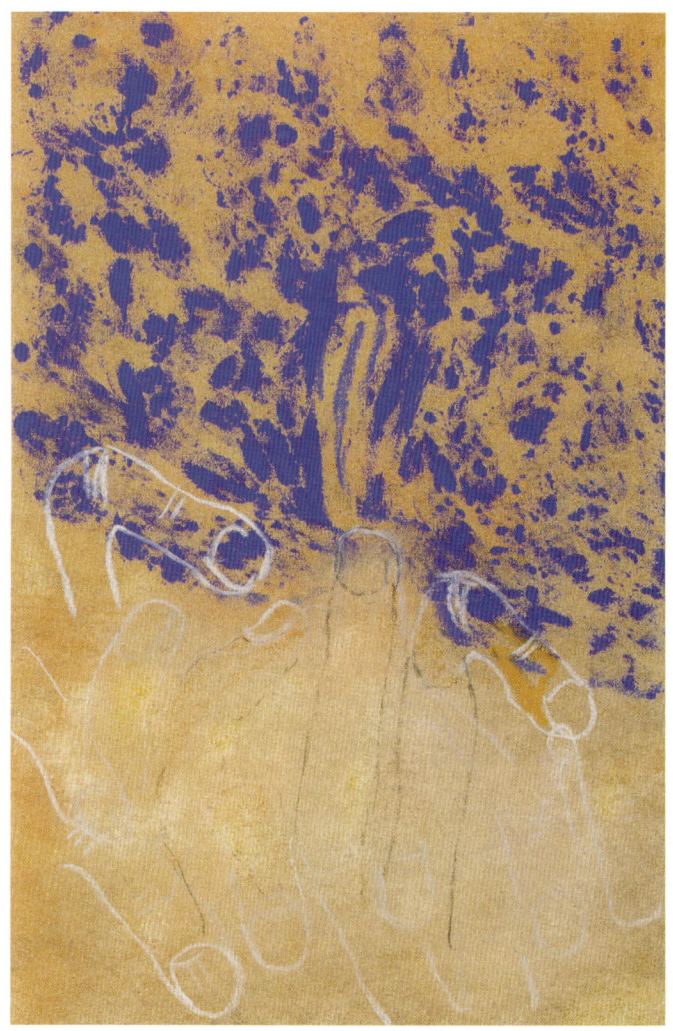

94

95
96

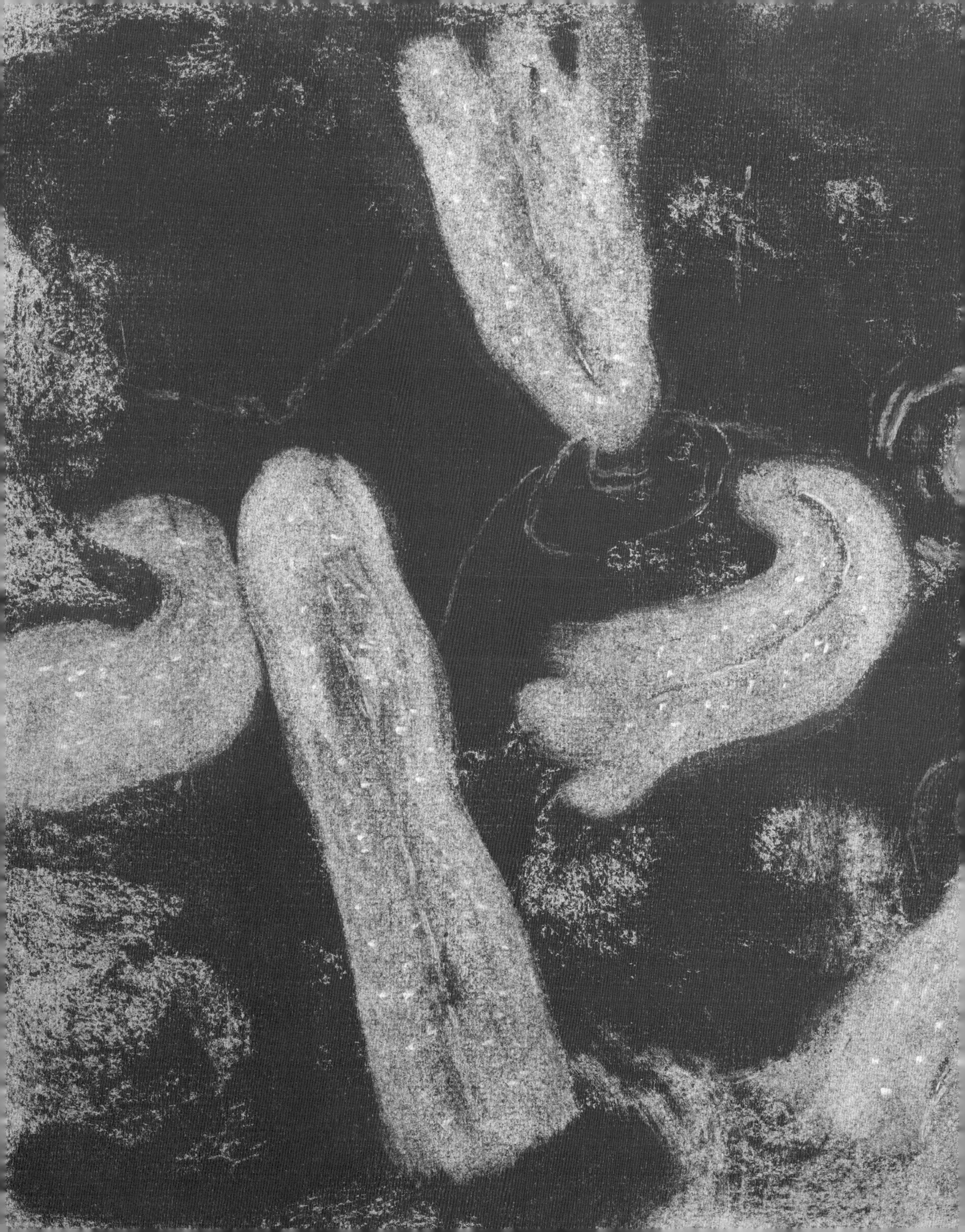

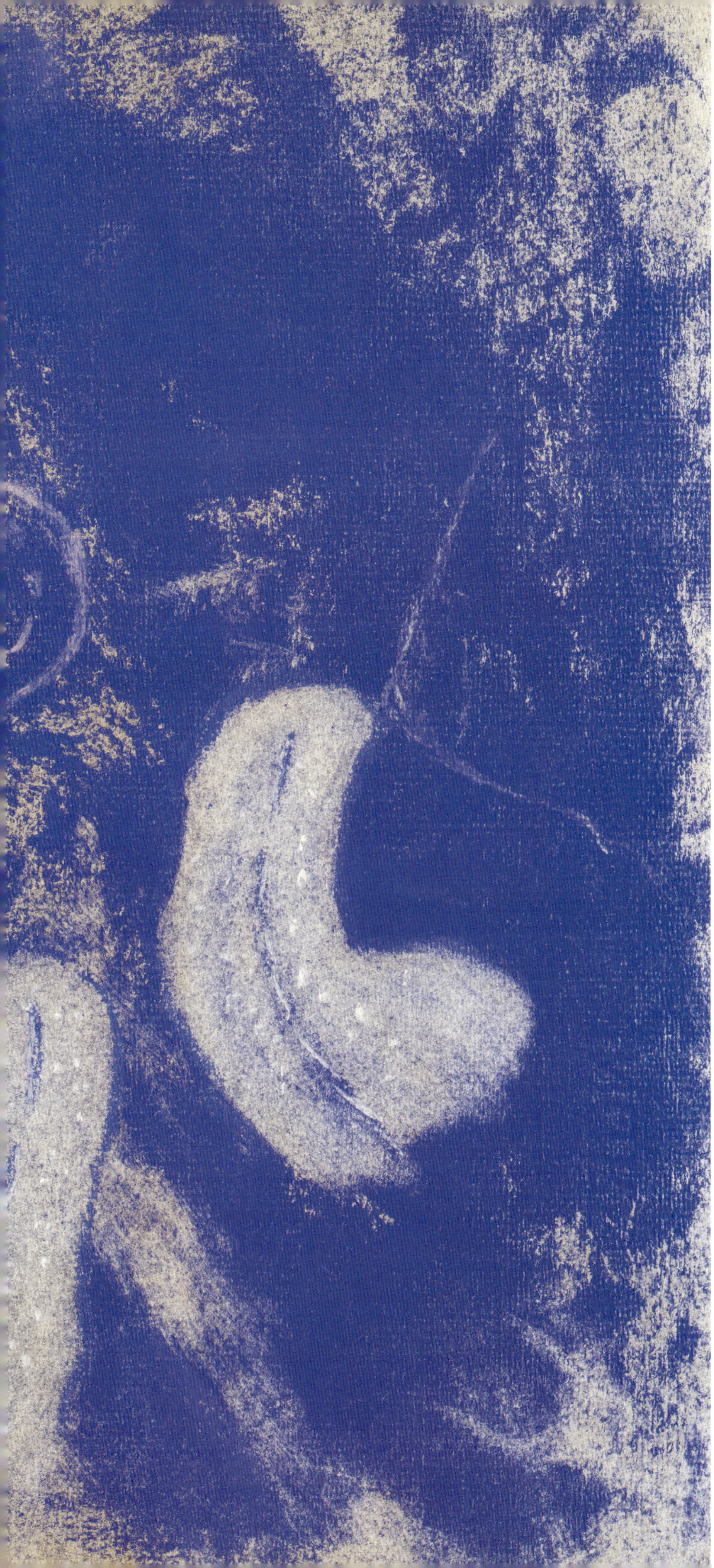

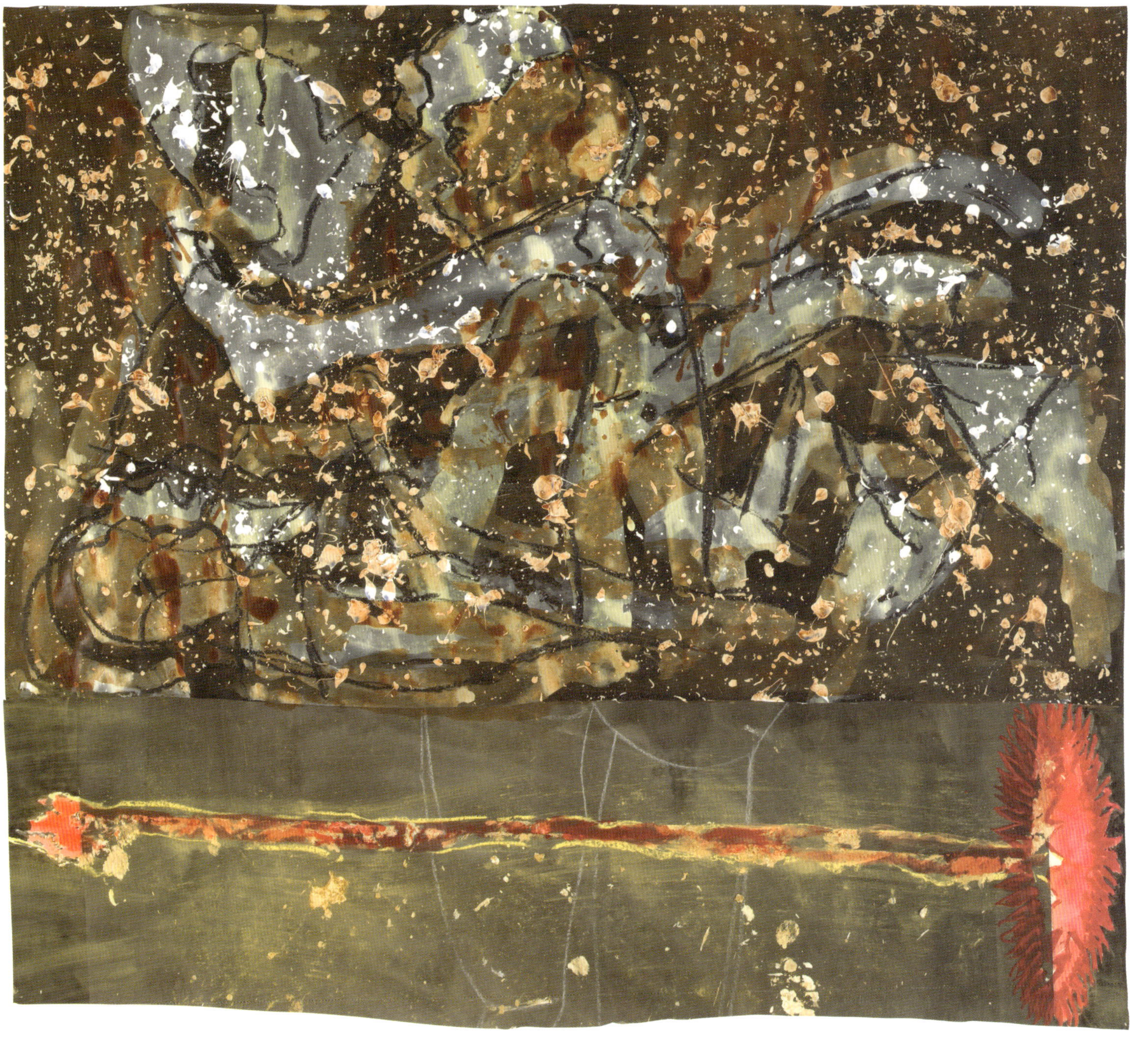

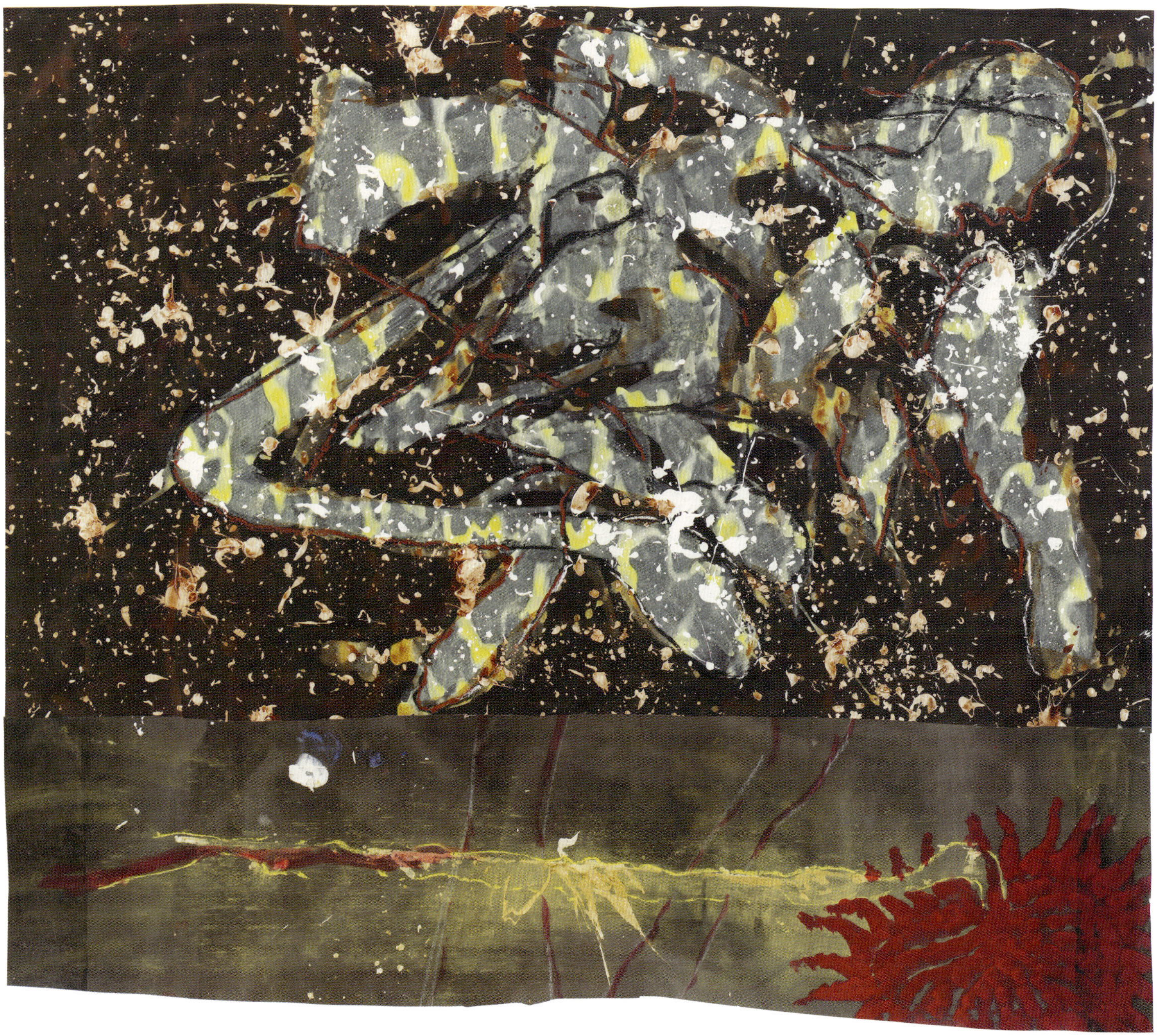

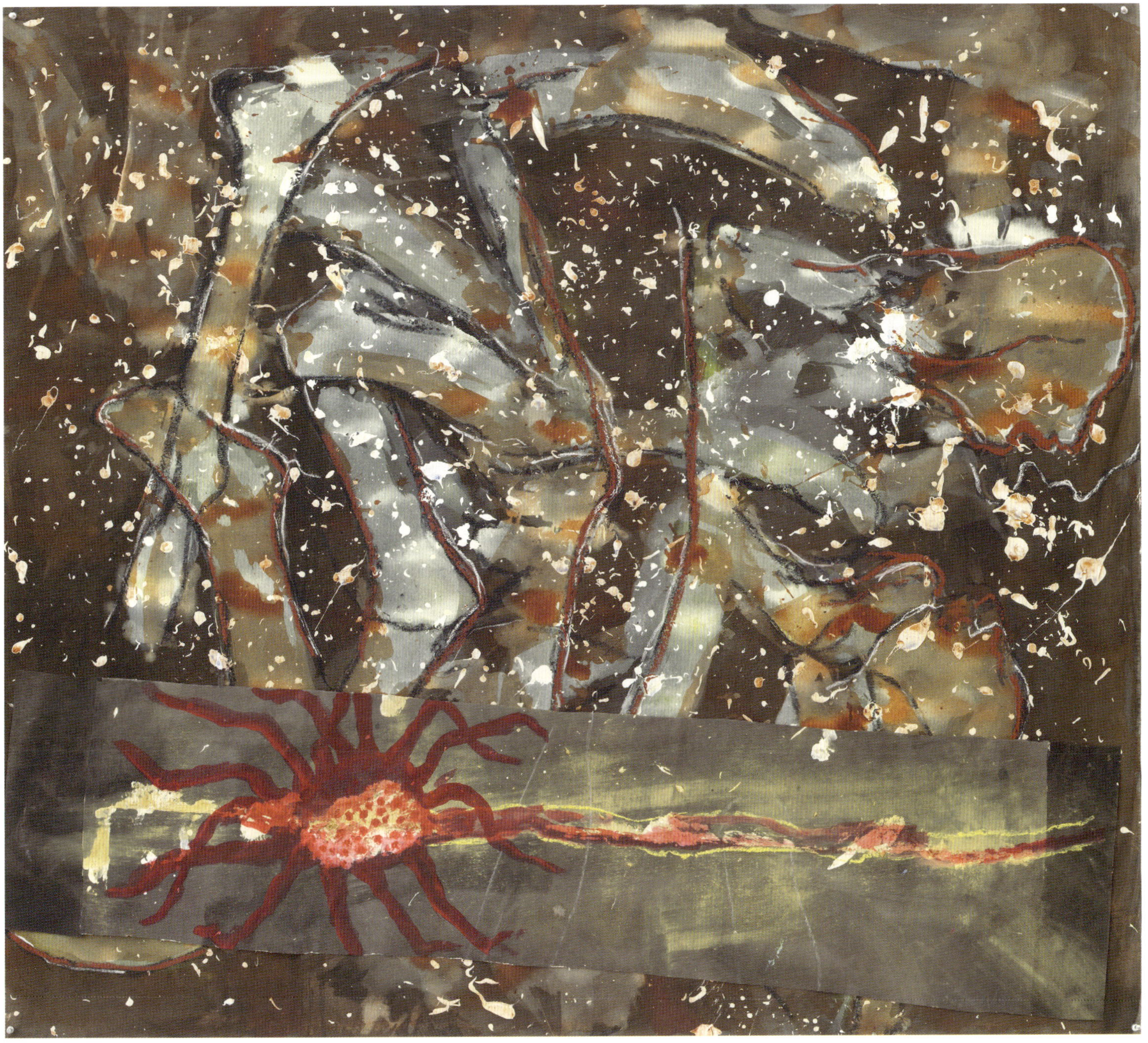

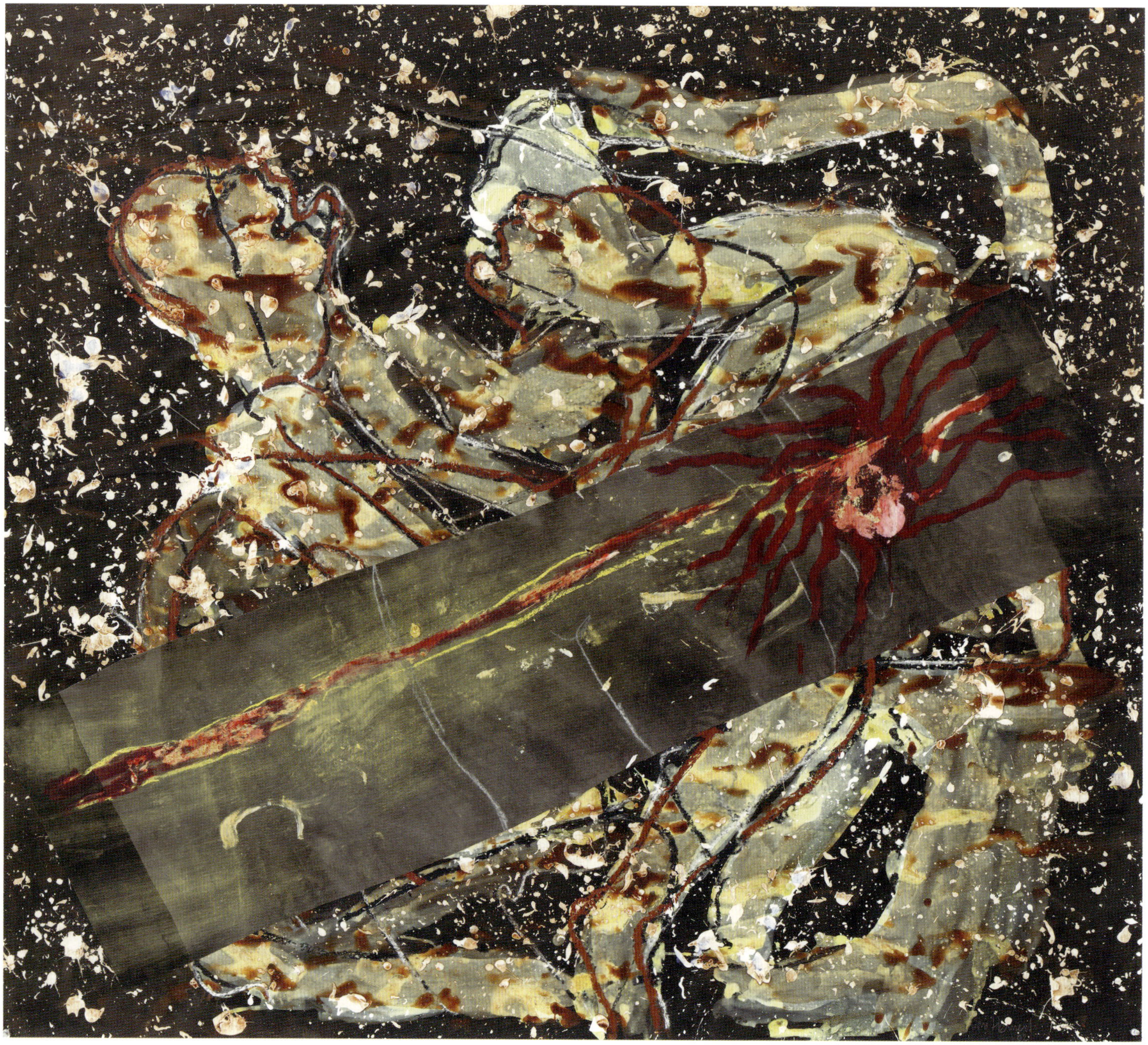

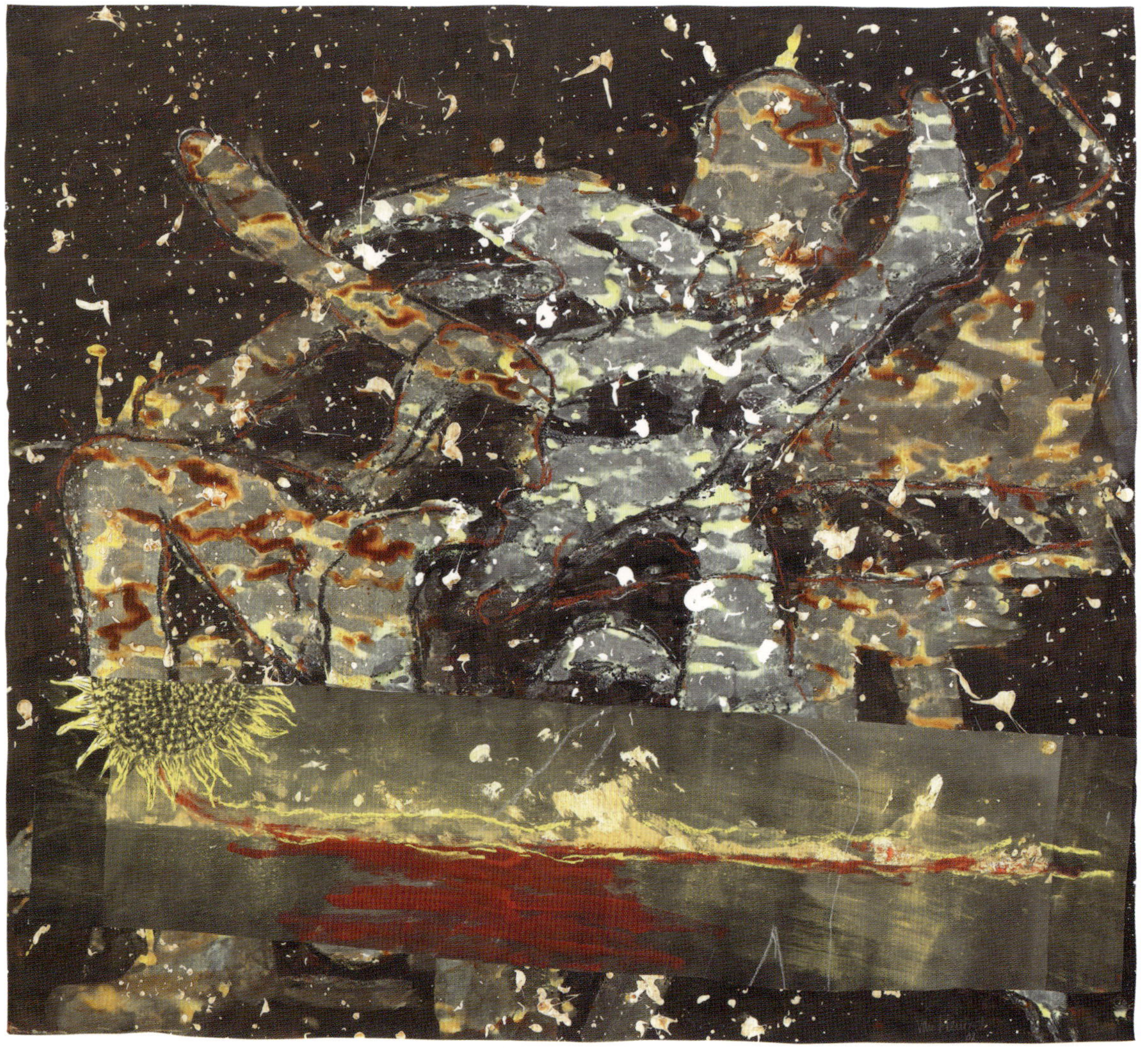

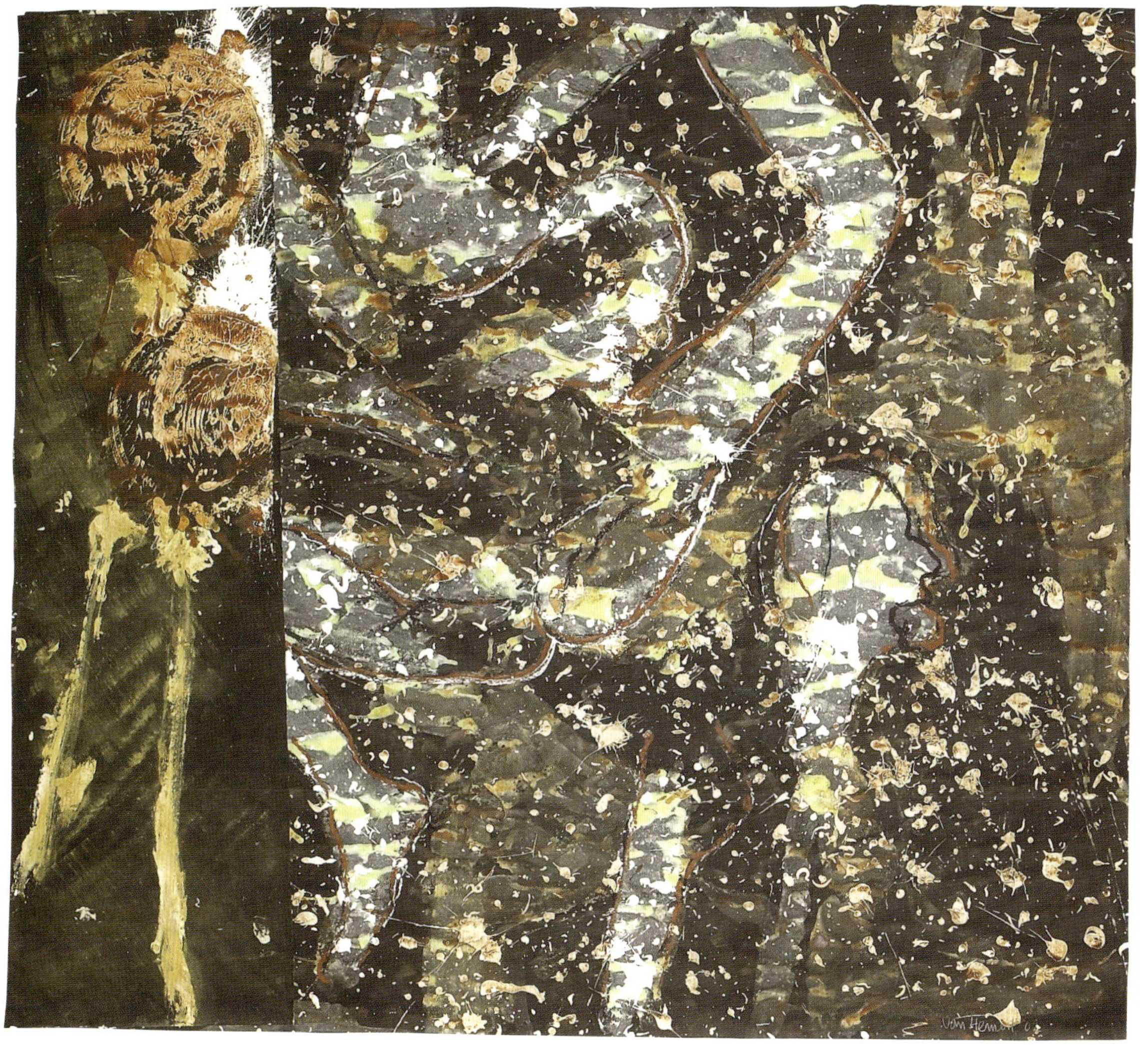

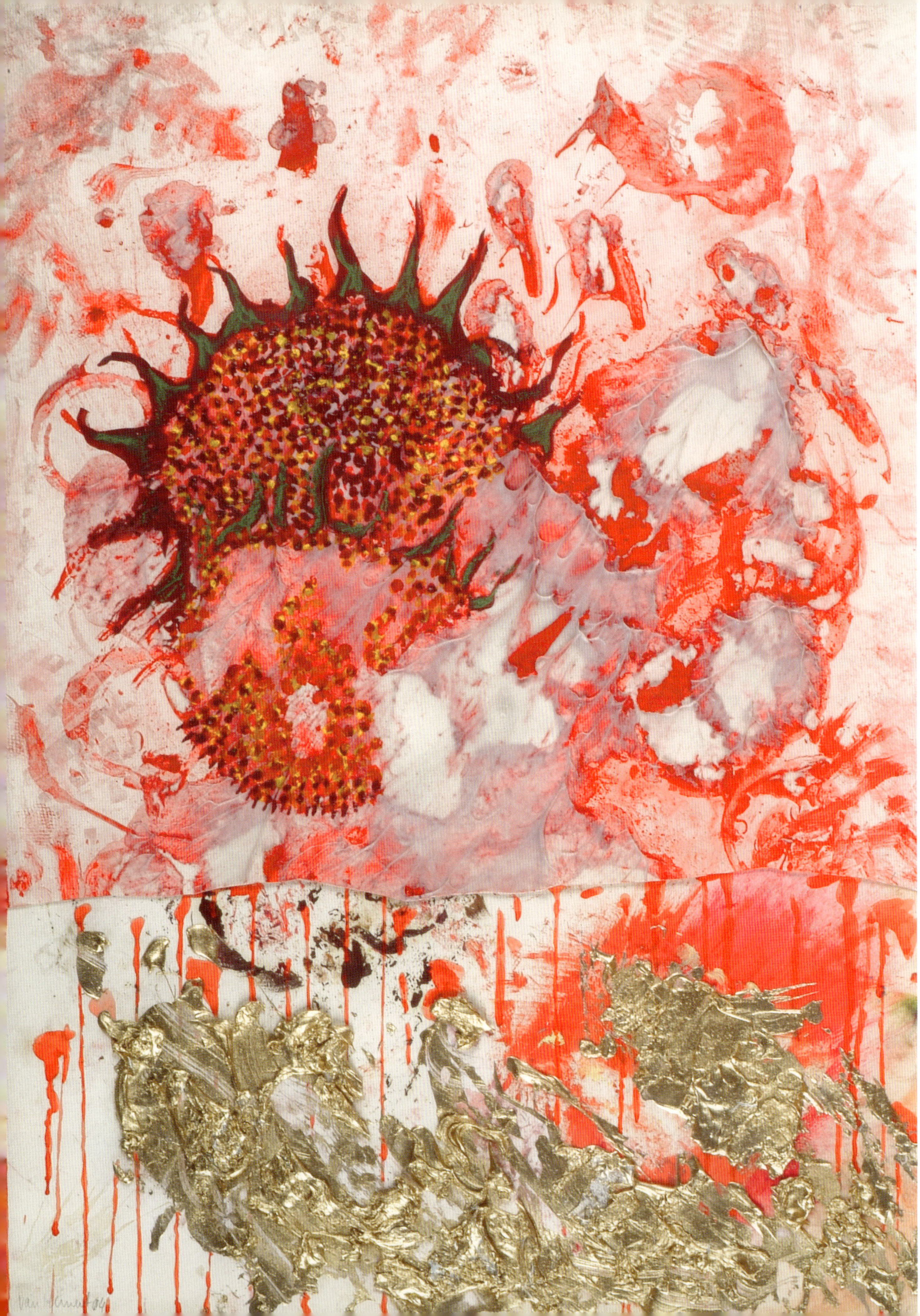

UND DIE FRAUEN WARTEN....

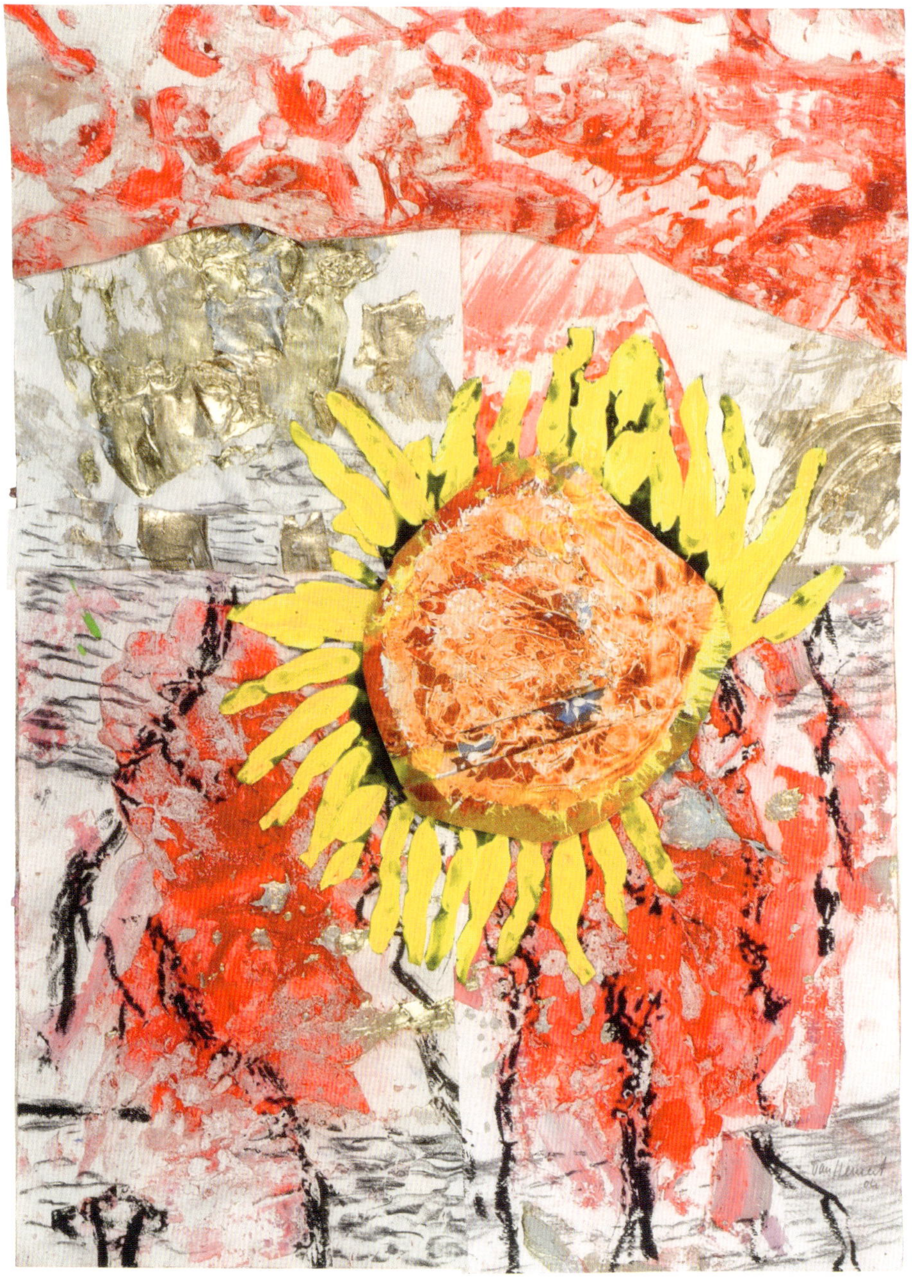

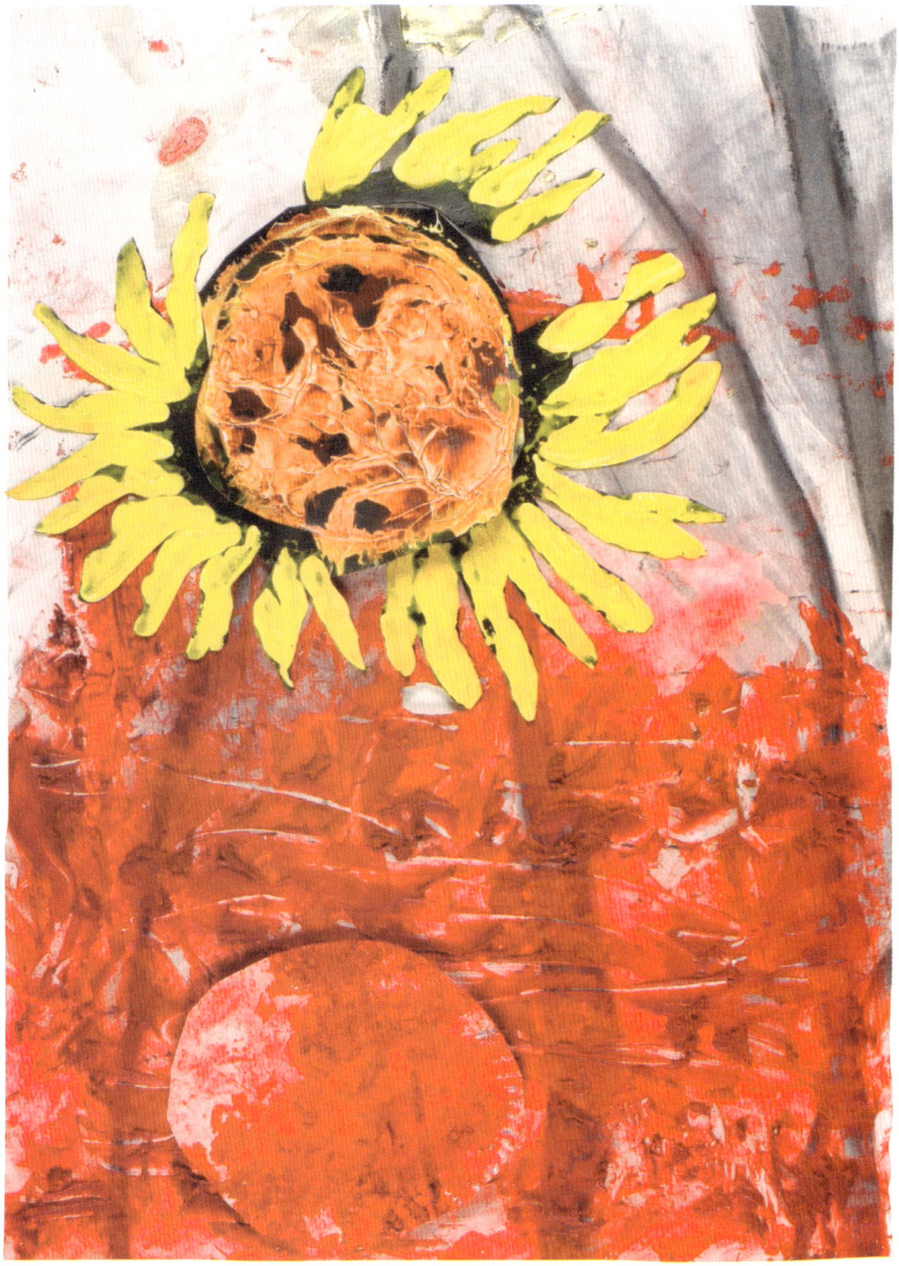

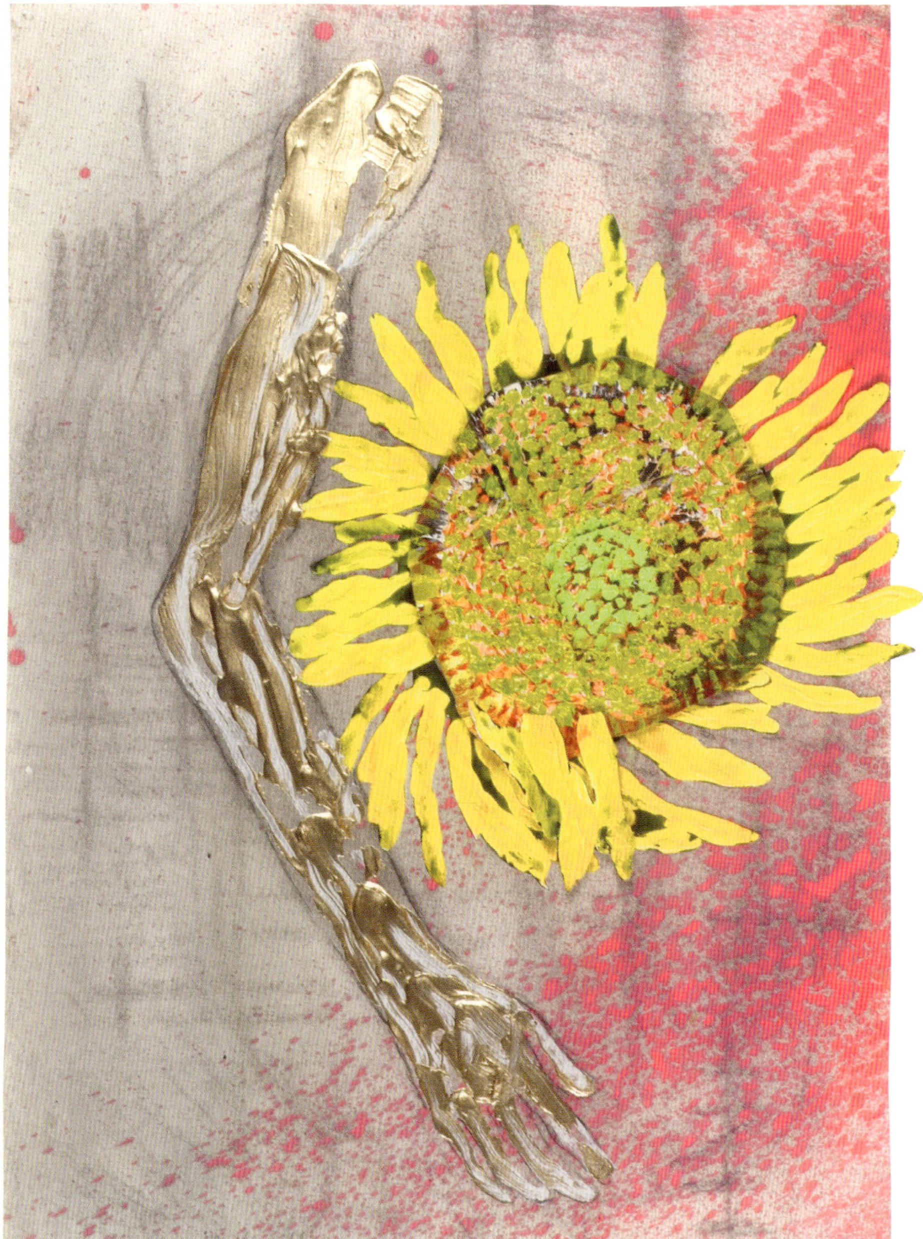

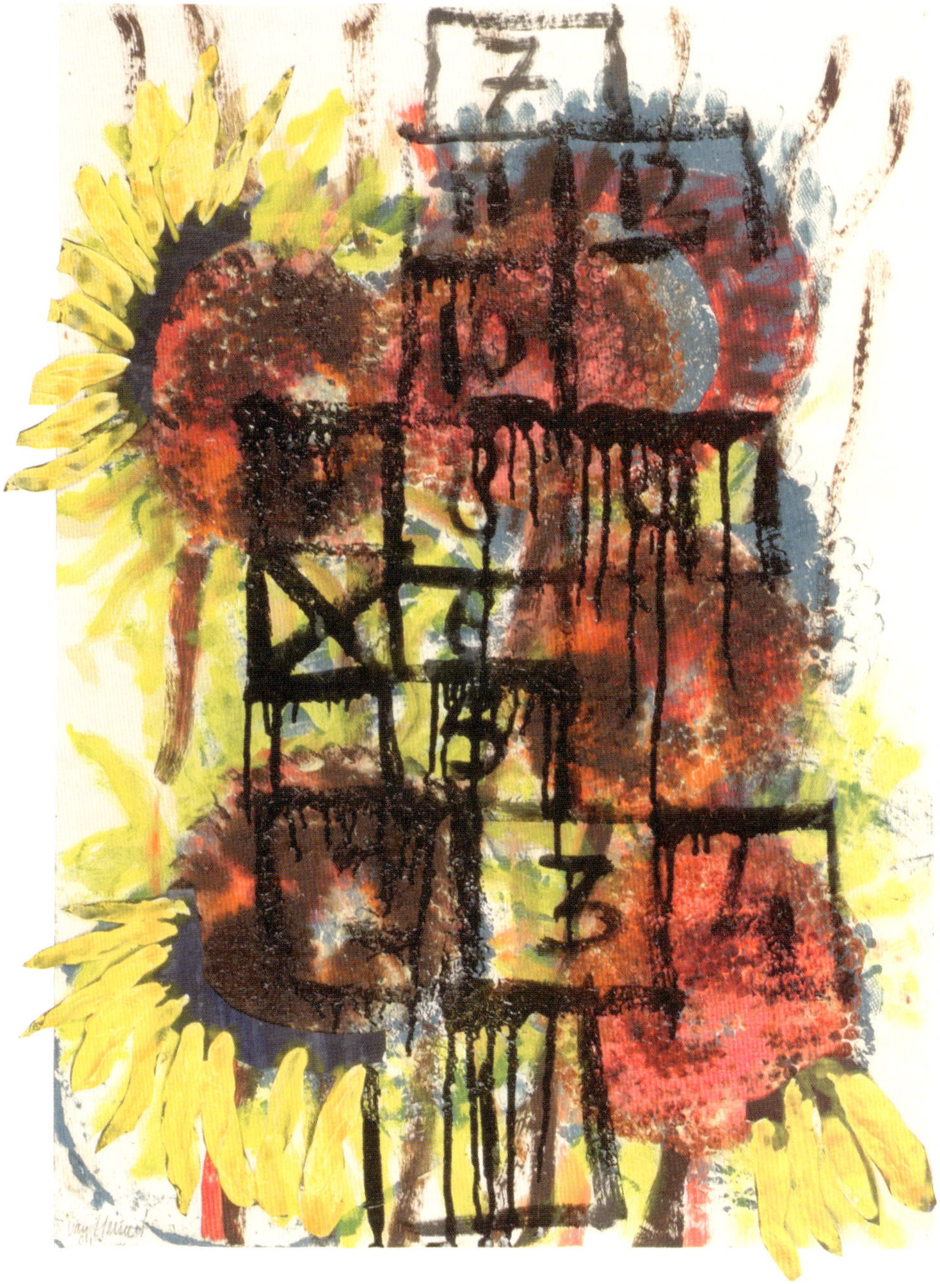

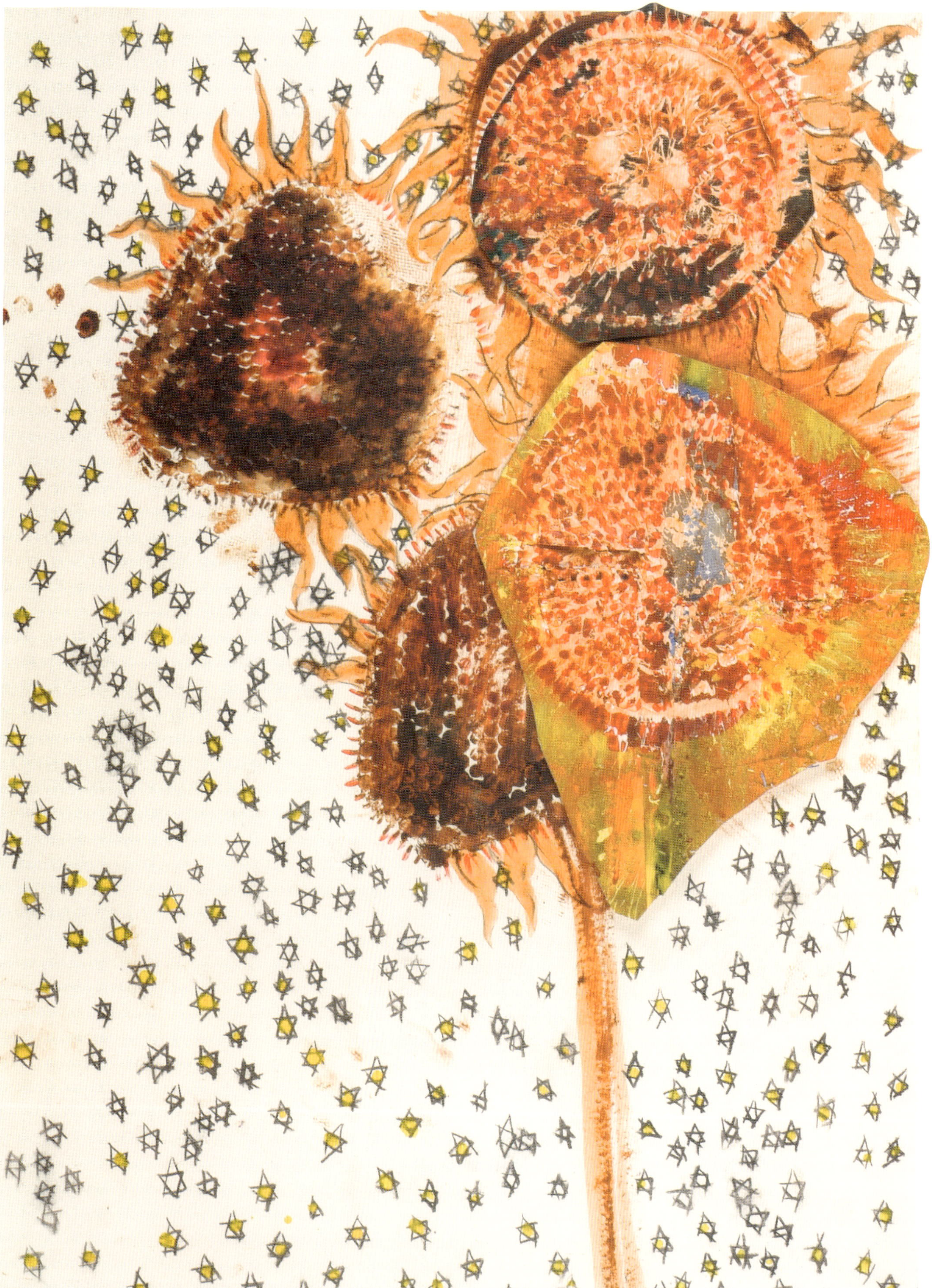

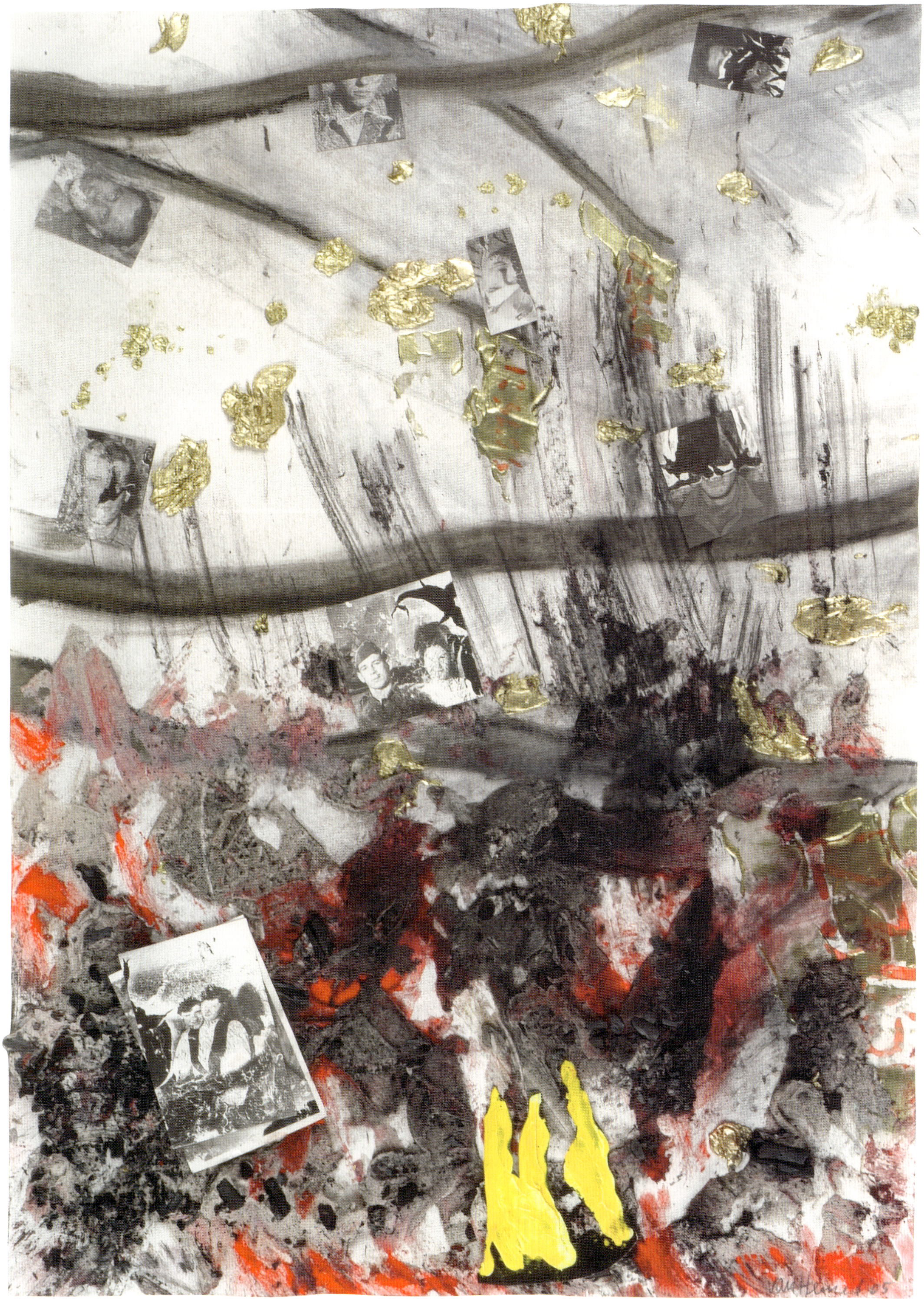

ENGEL

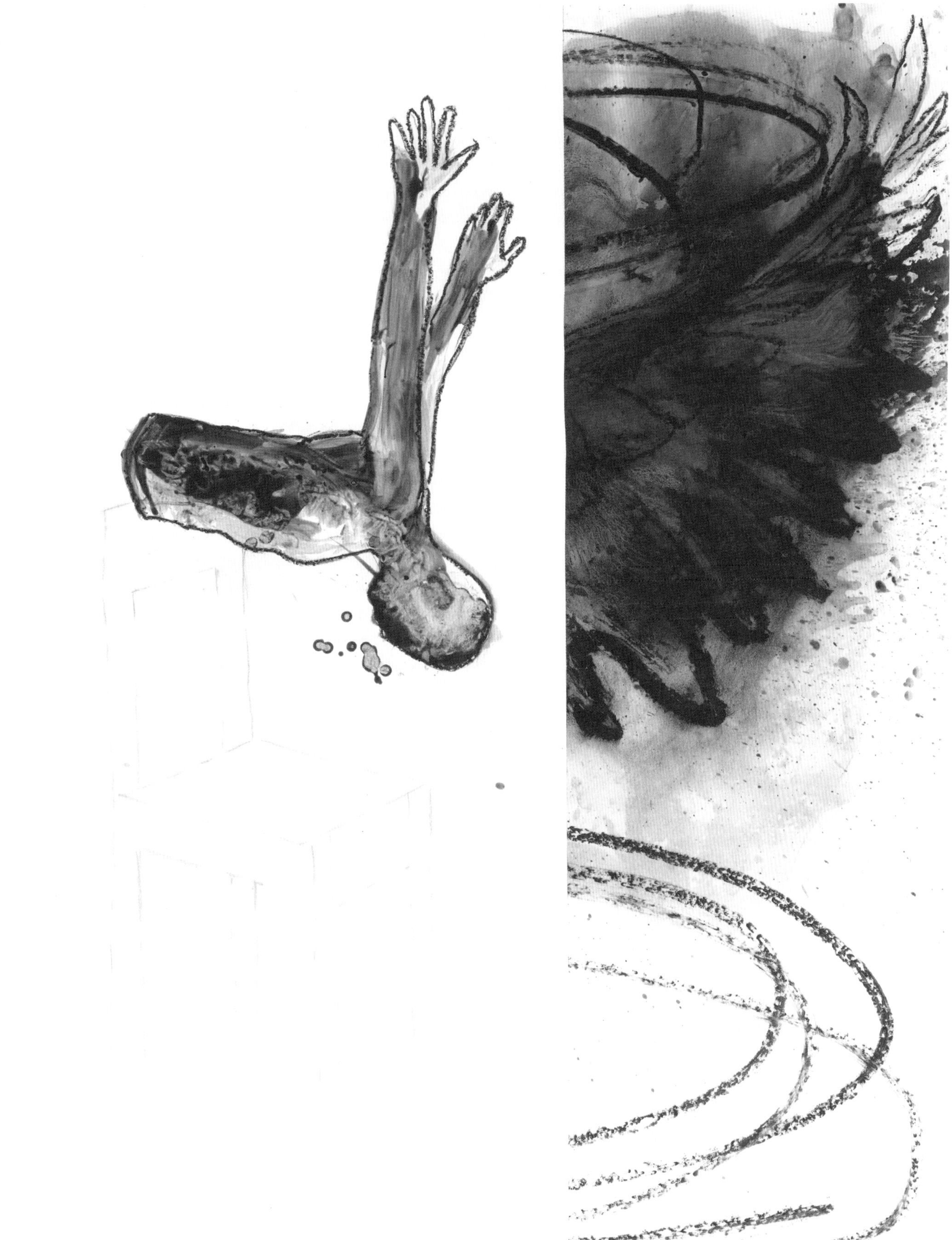

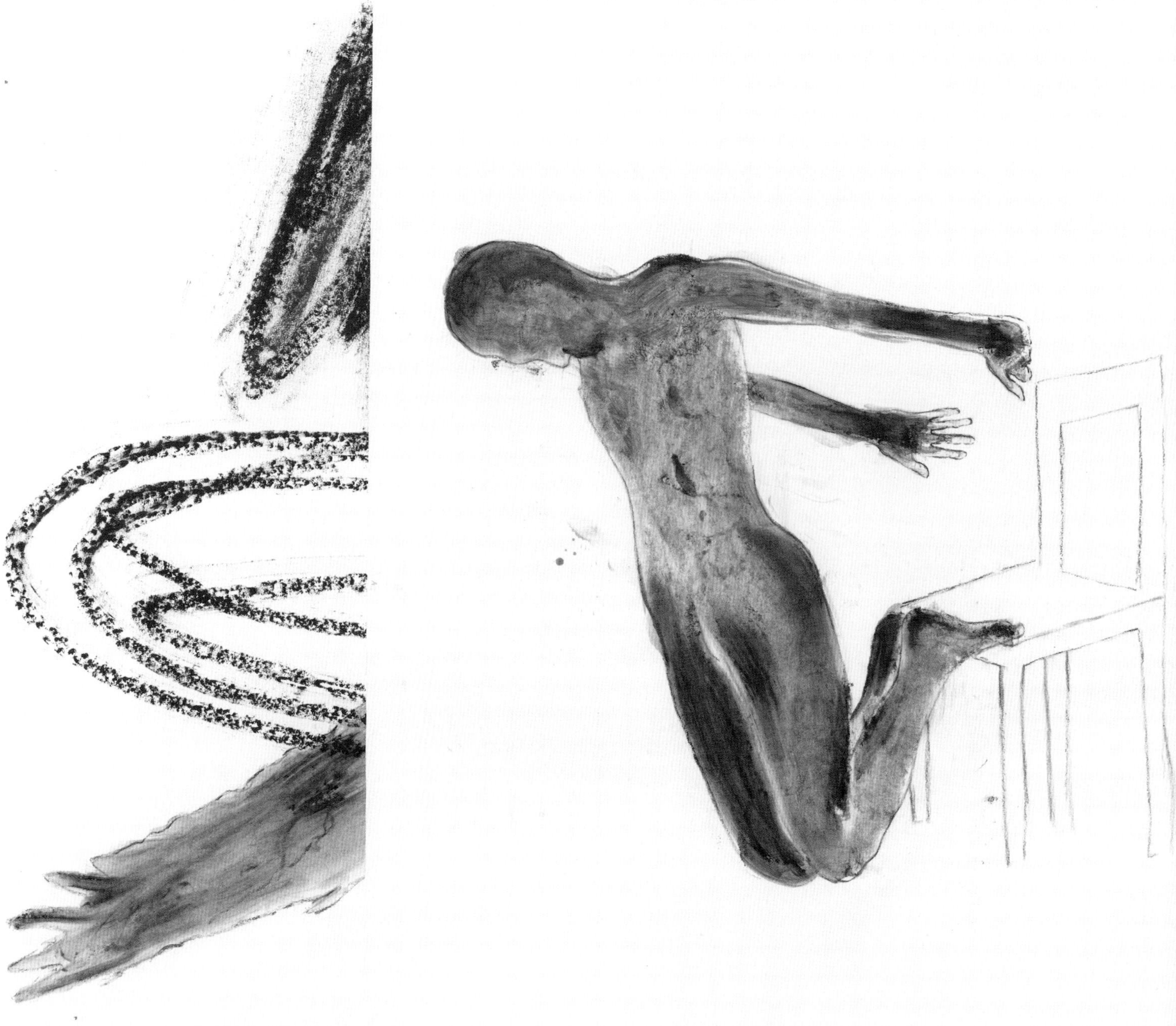

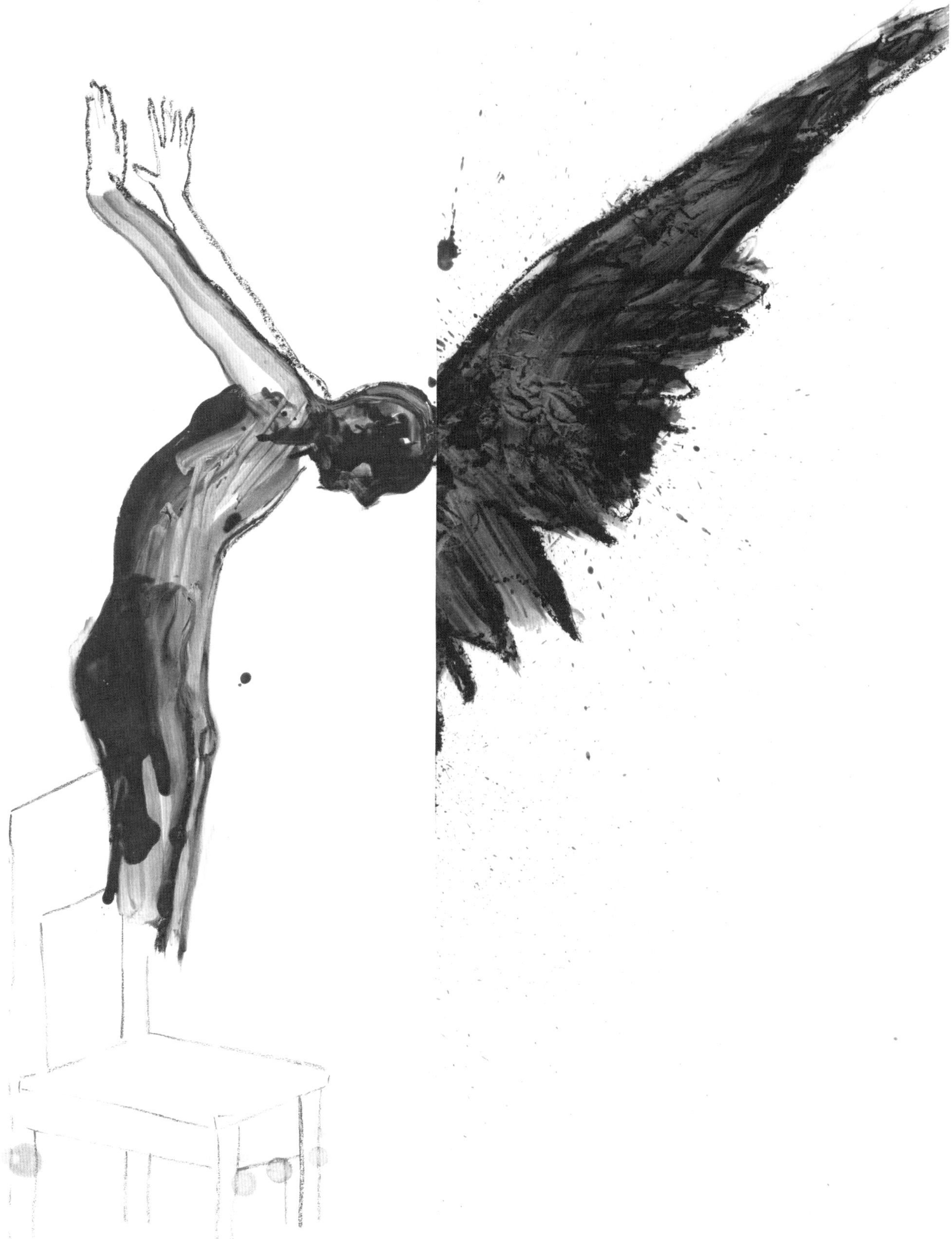

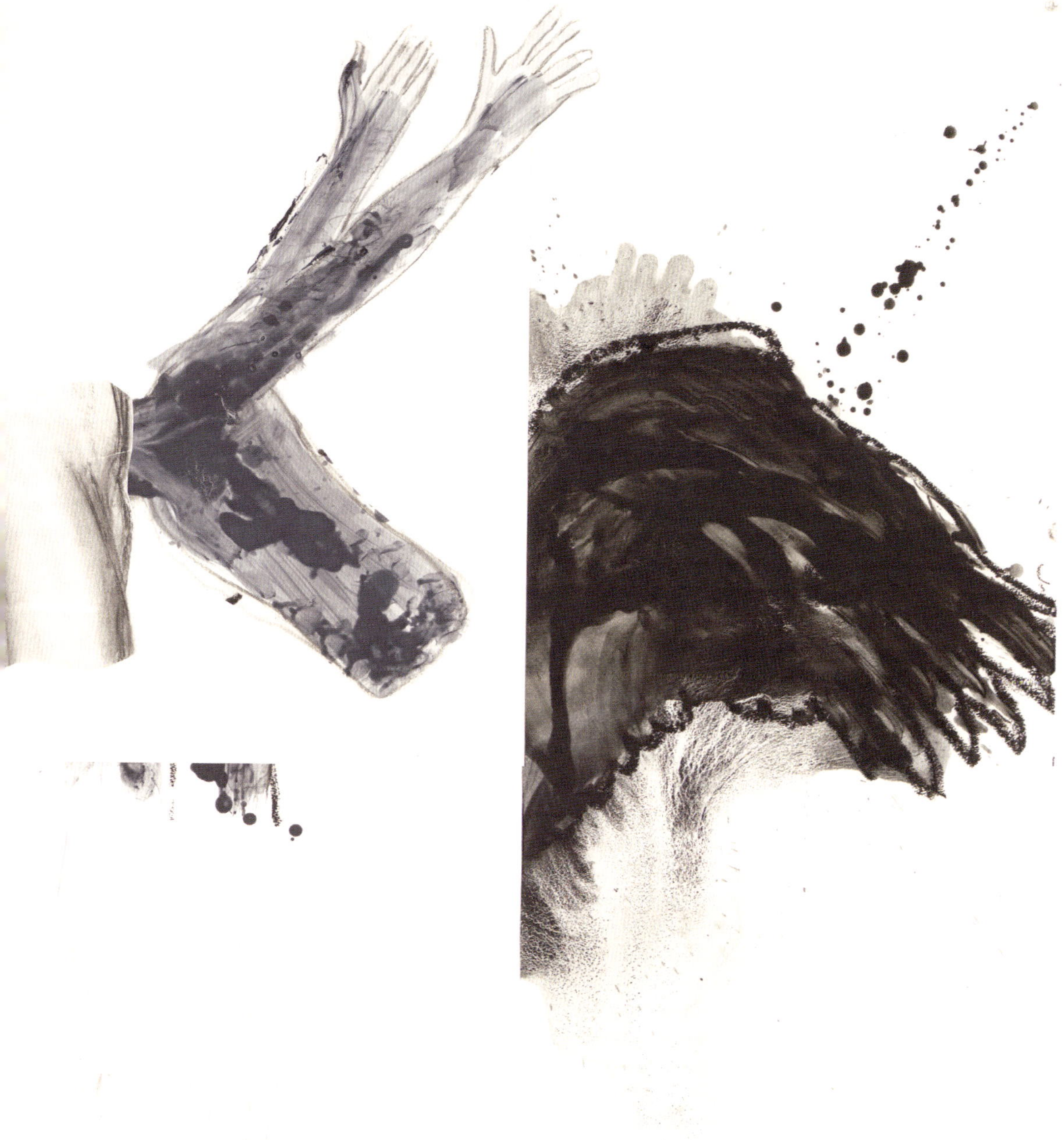

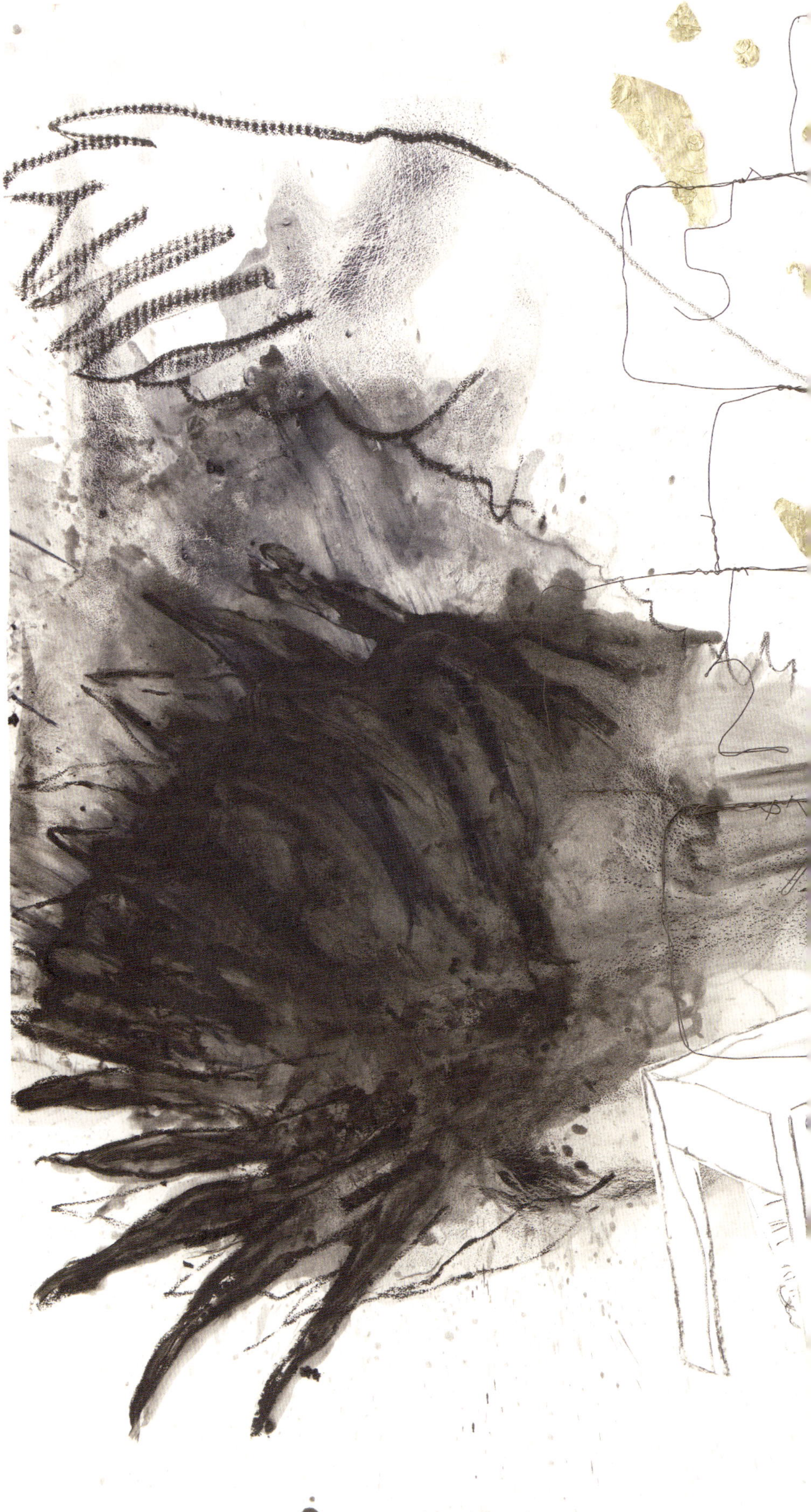

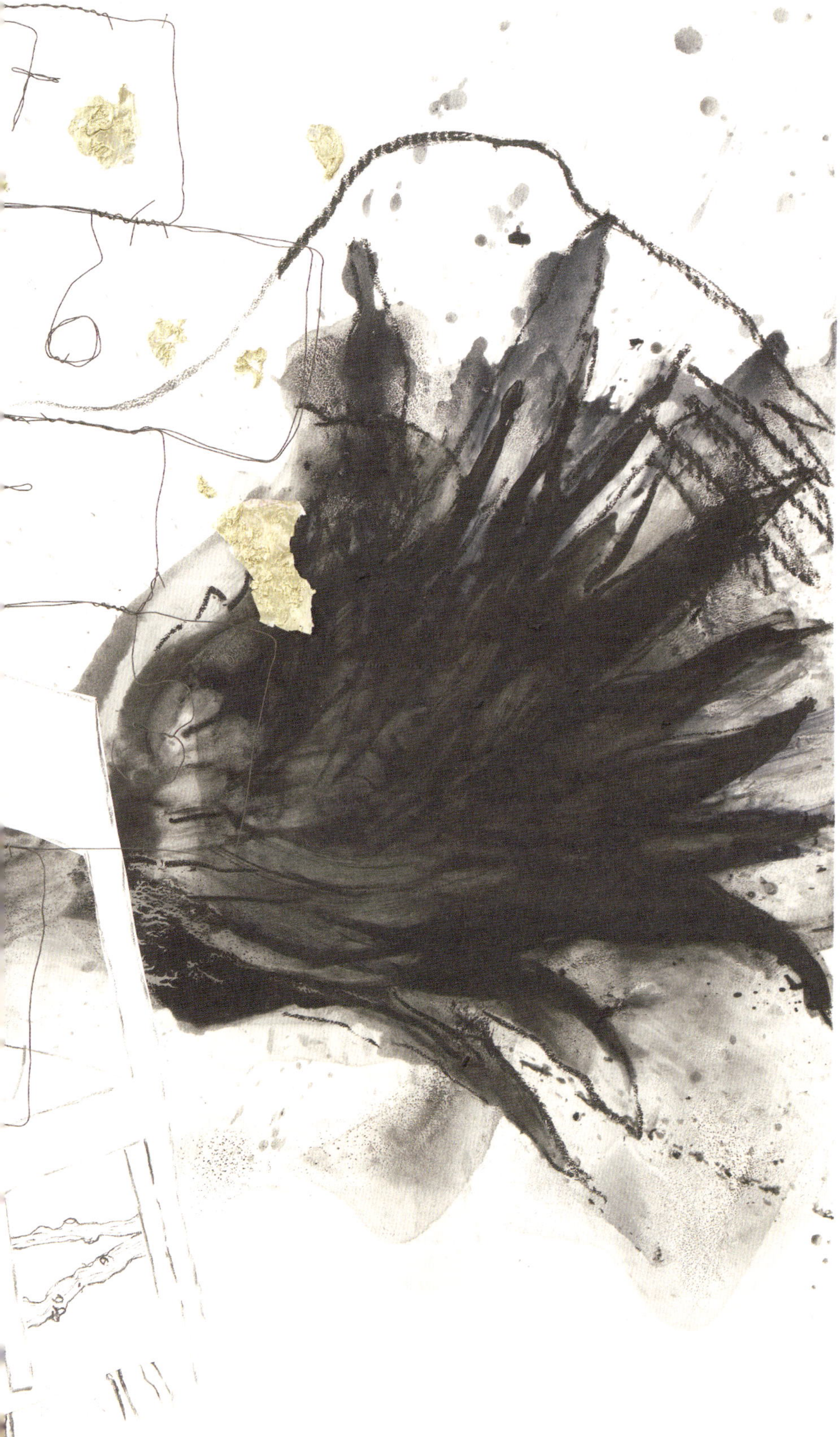

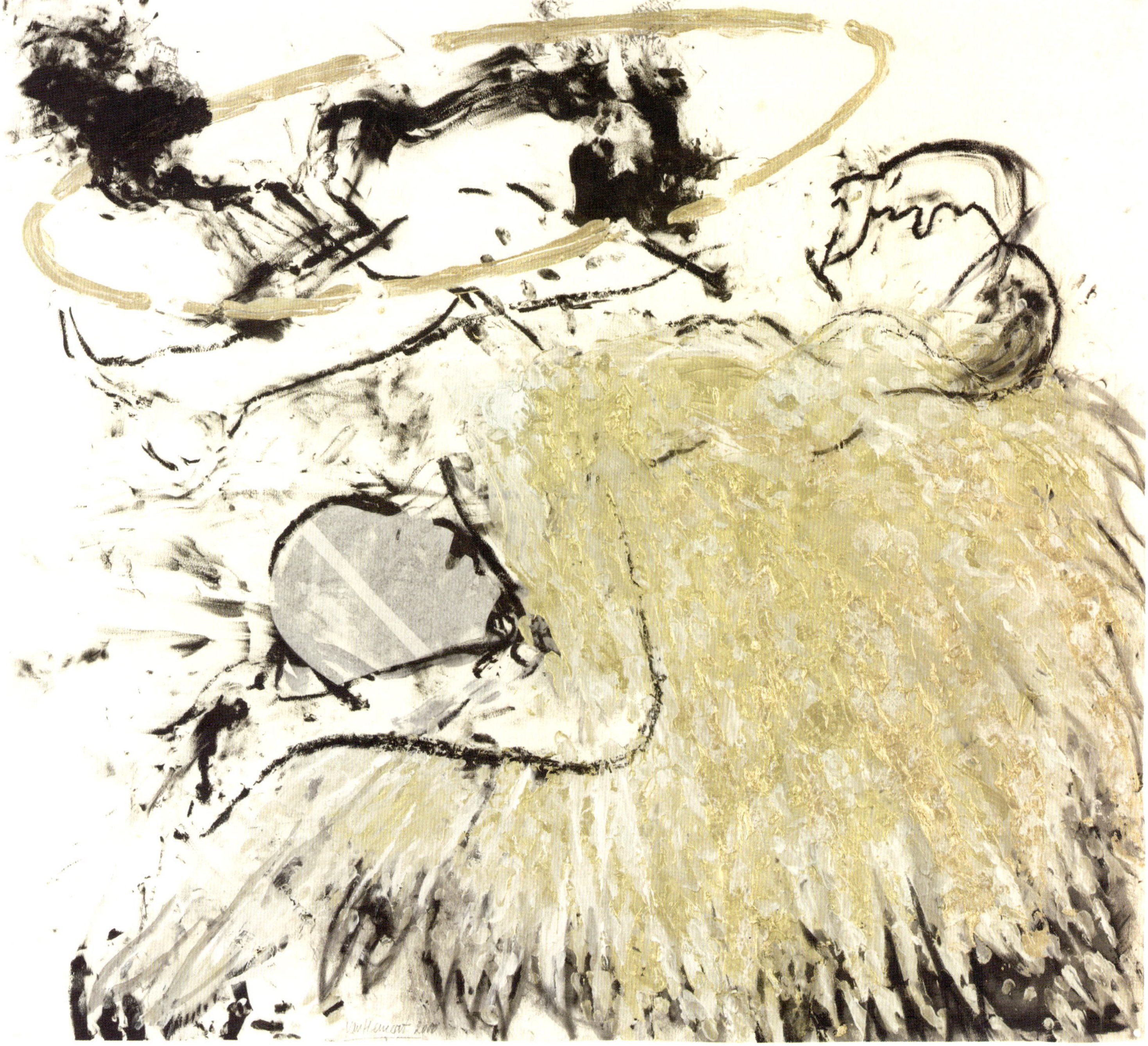

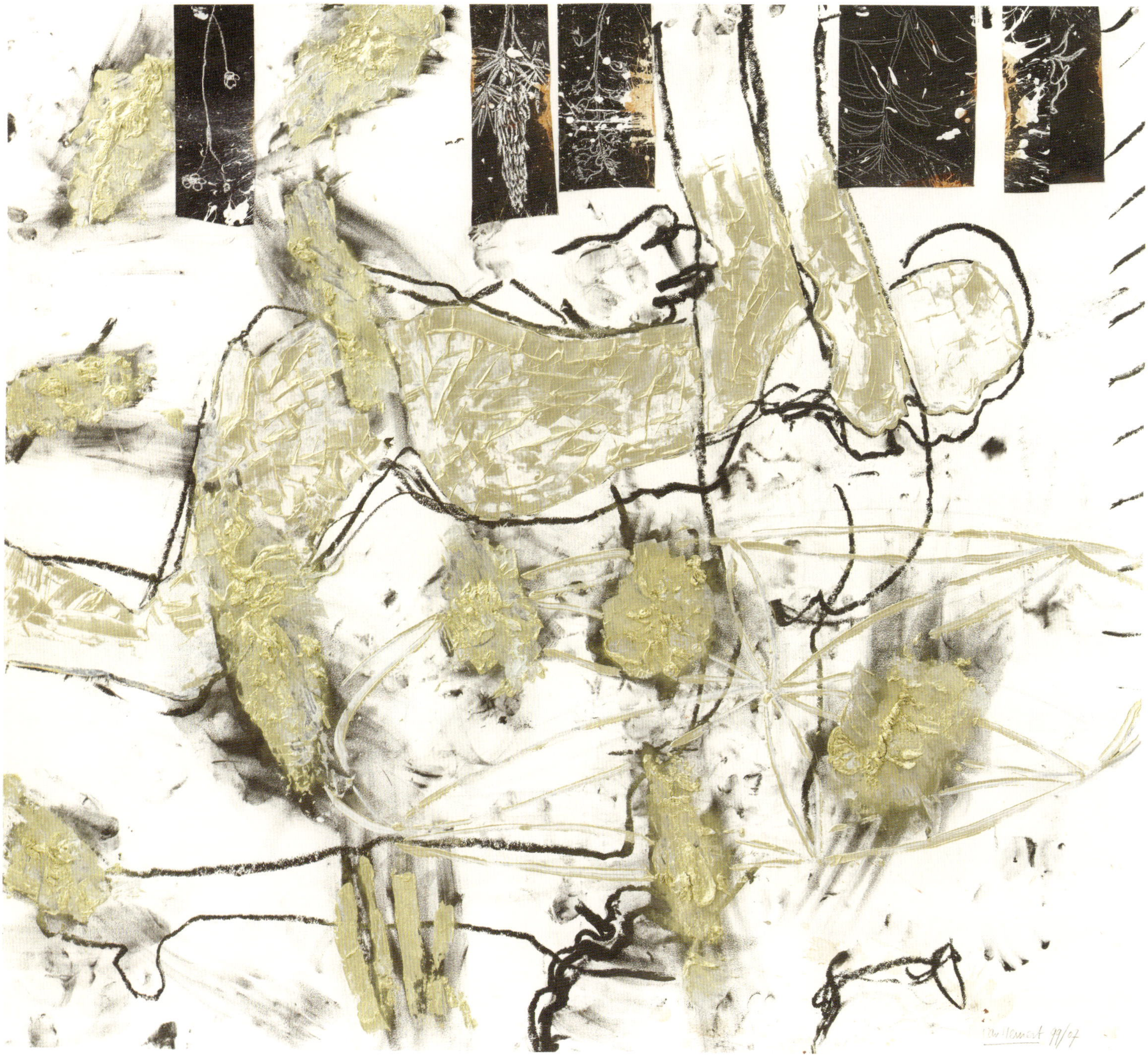

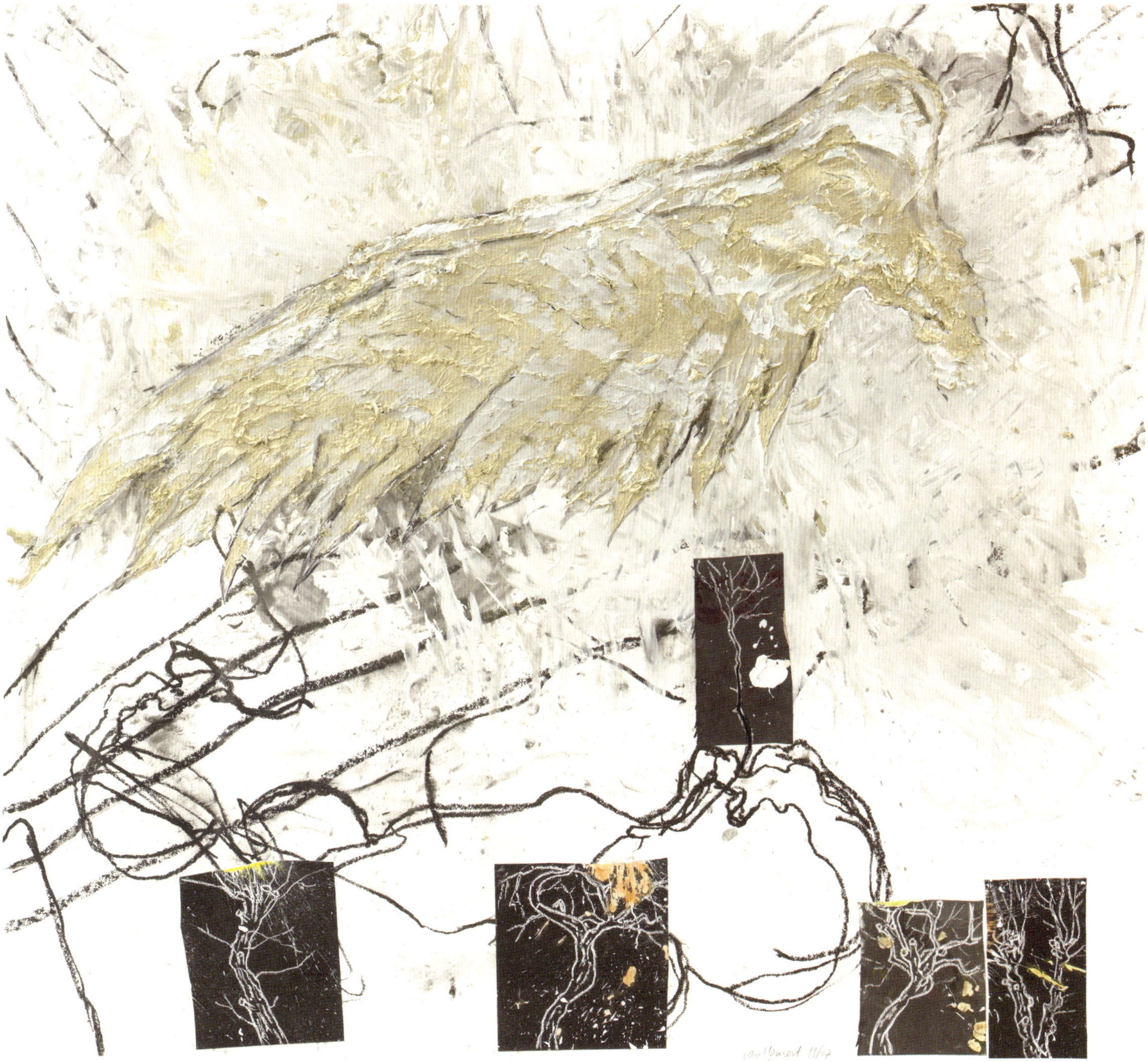

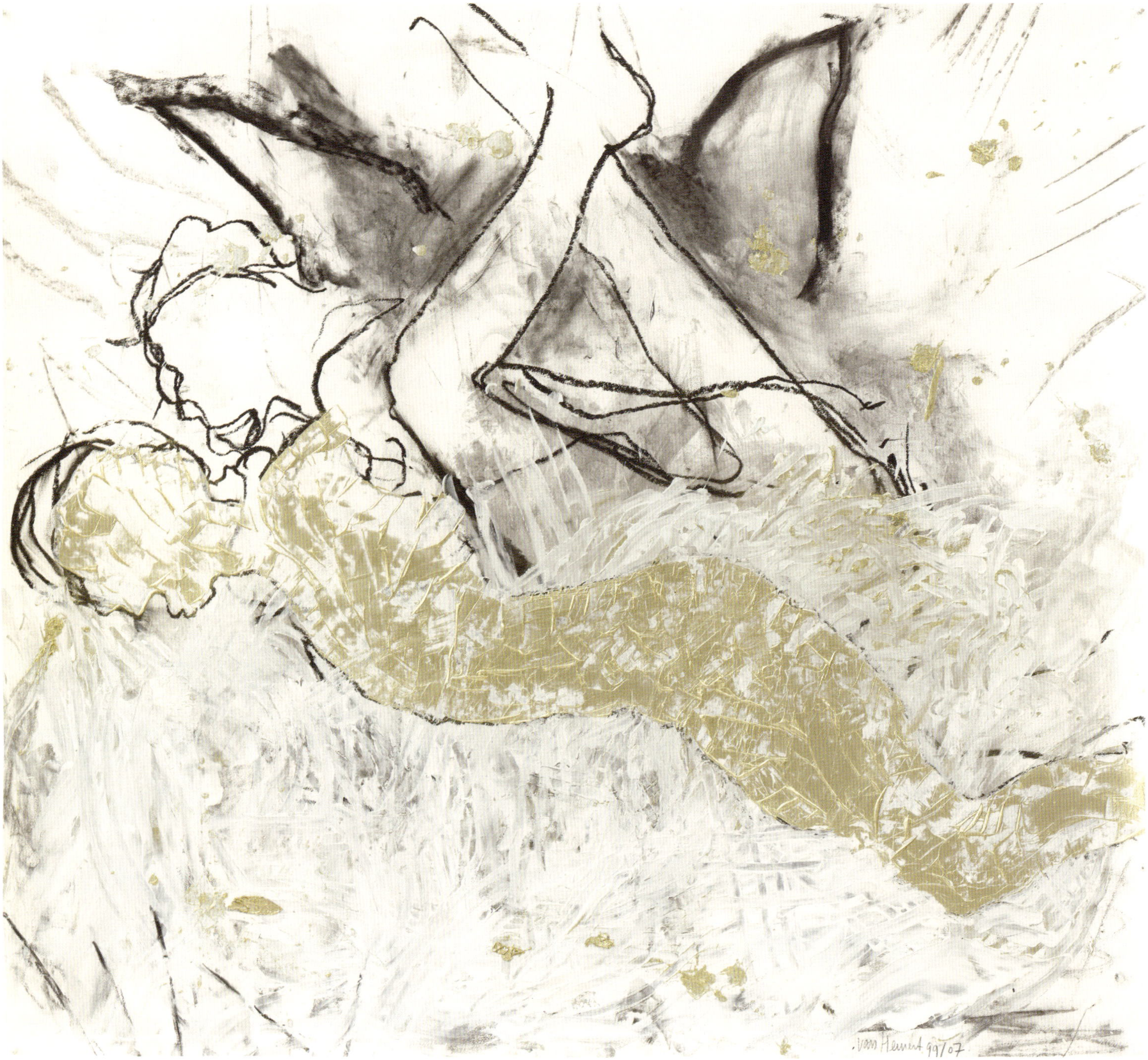

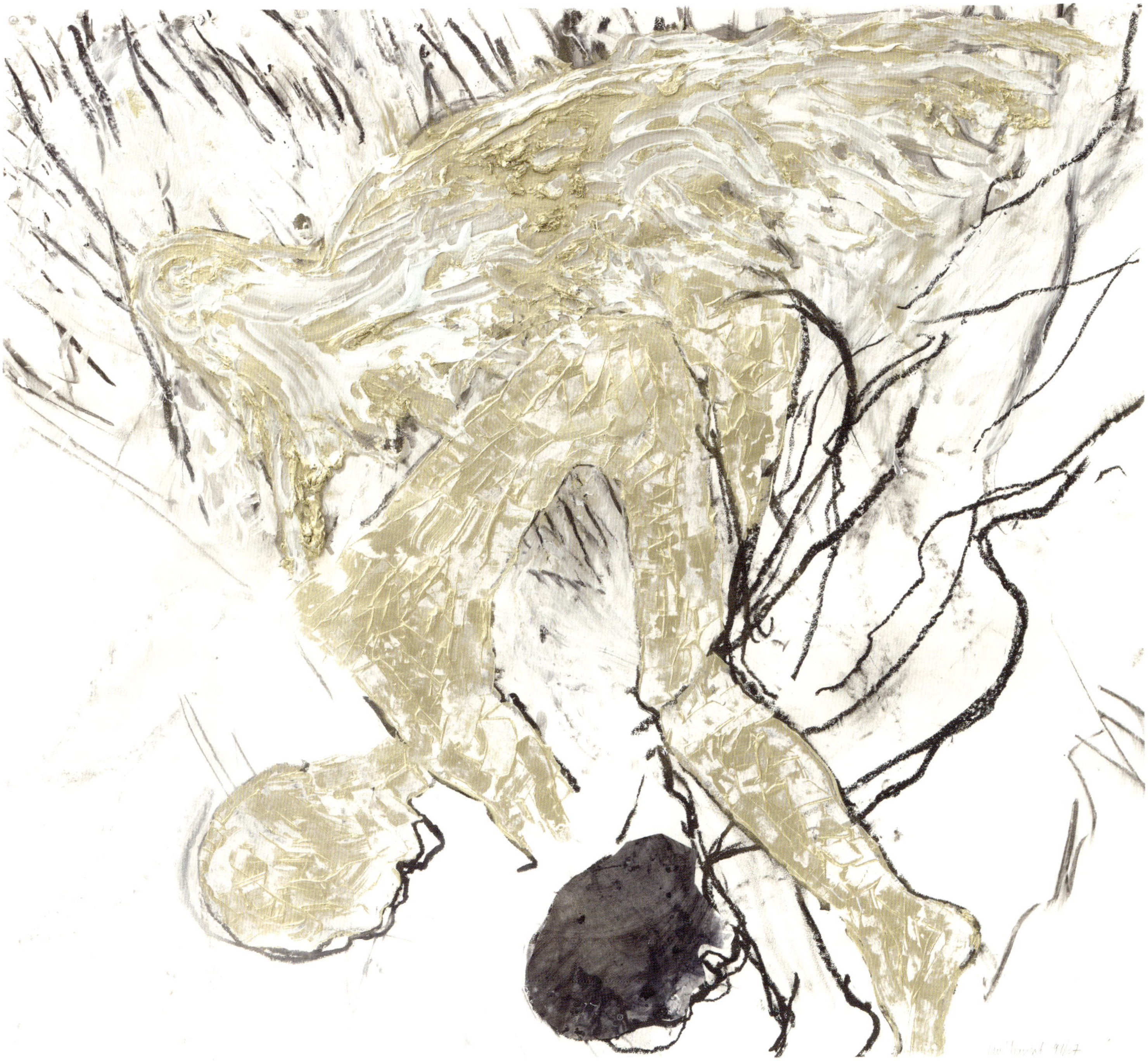

LA PETITE MORT

LA PETITE MORT

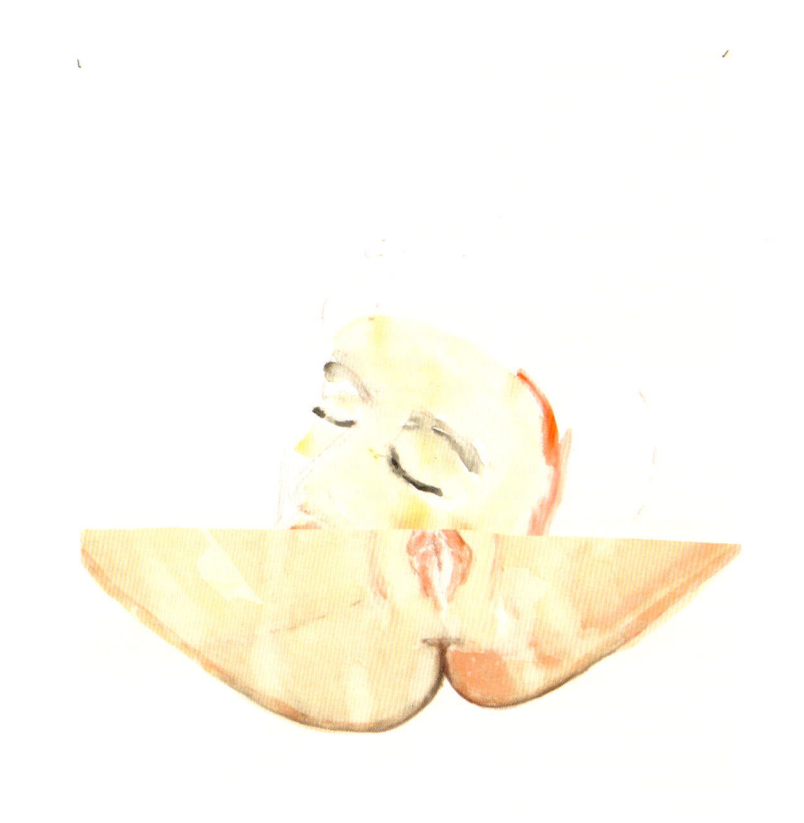

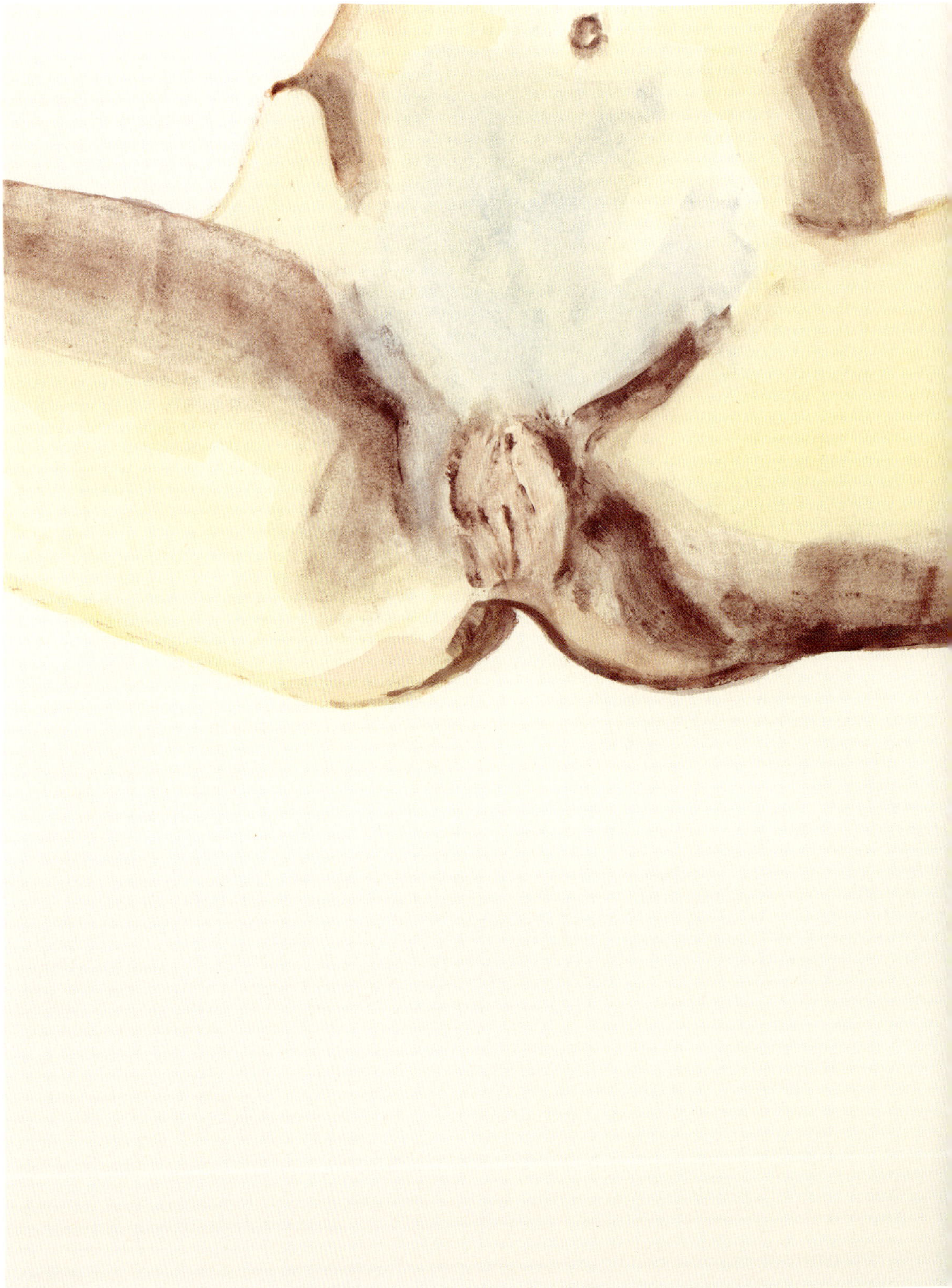

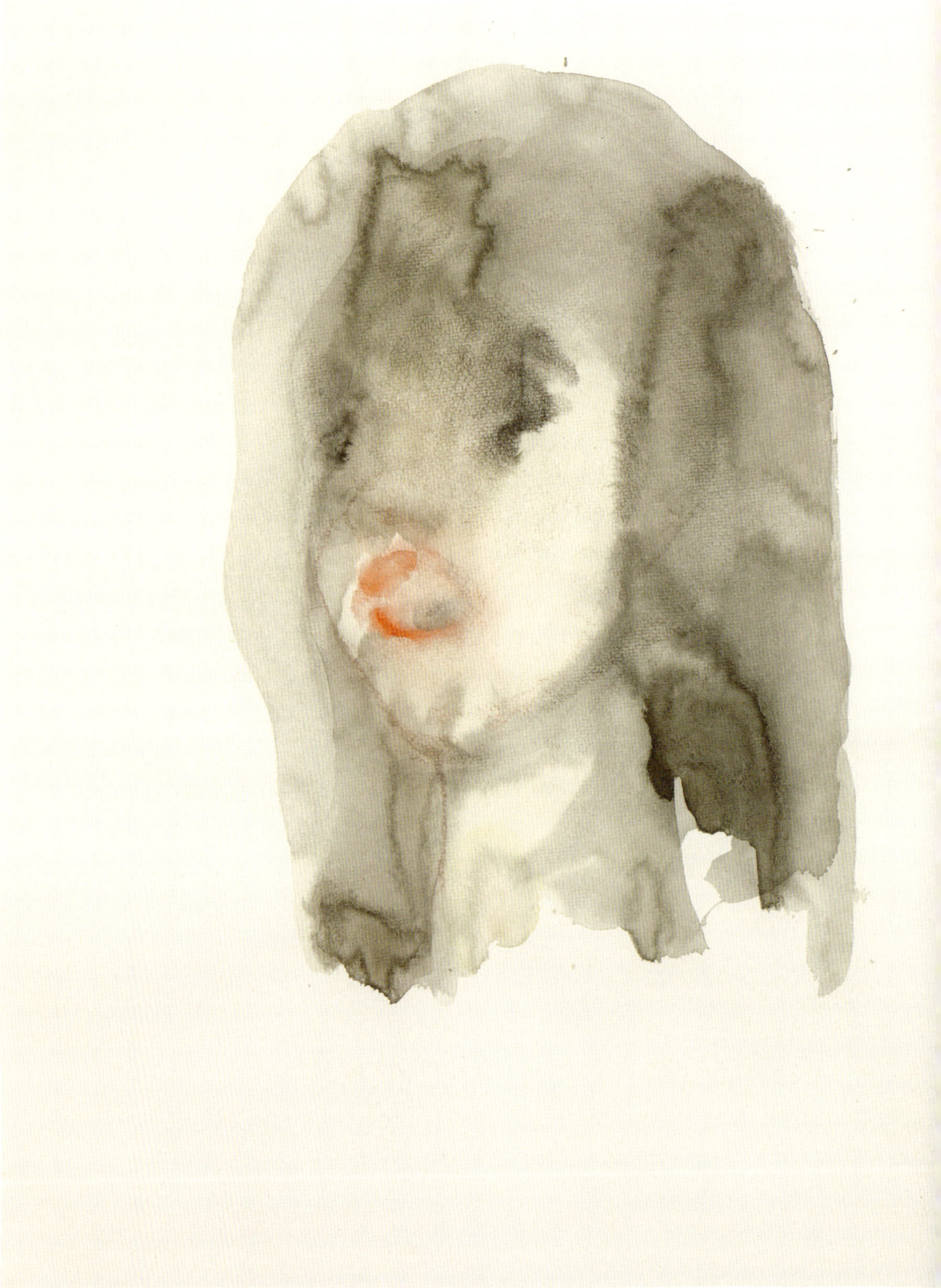

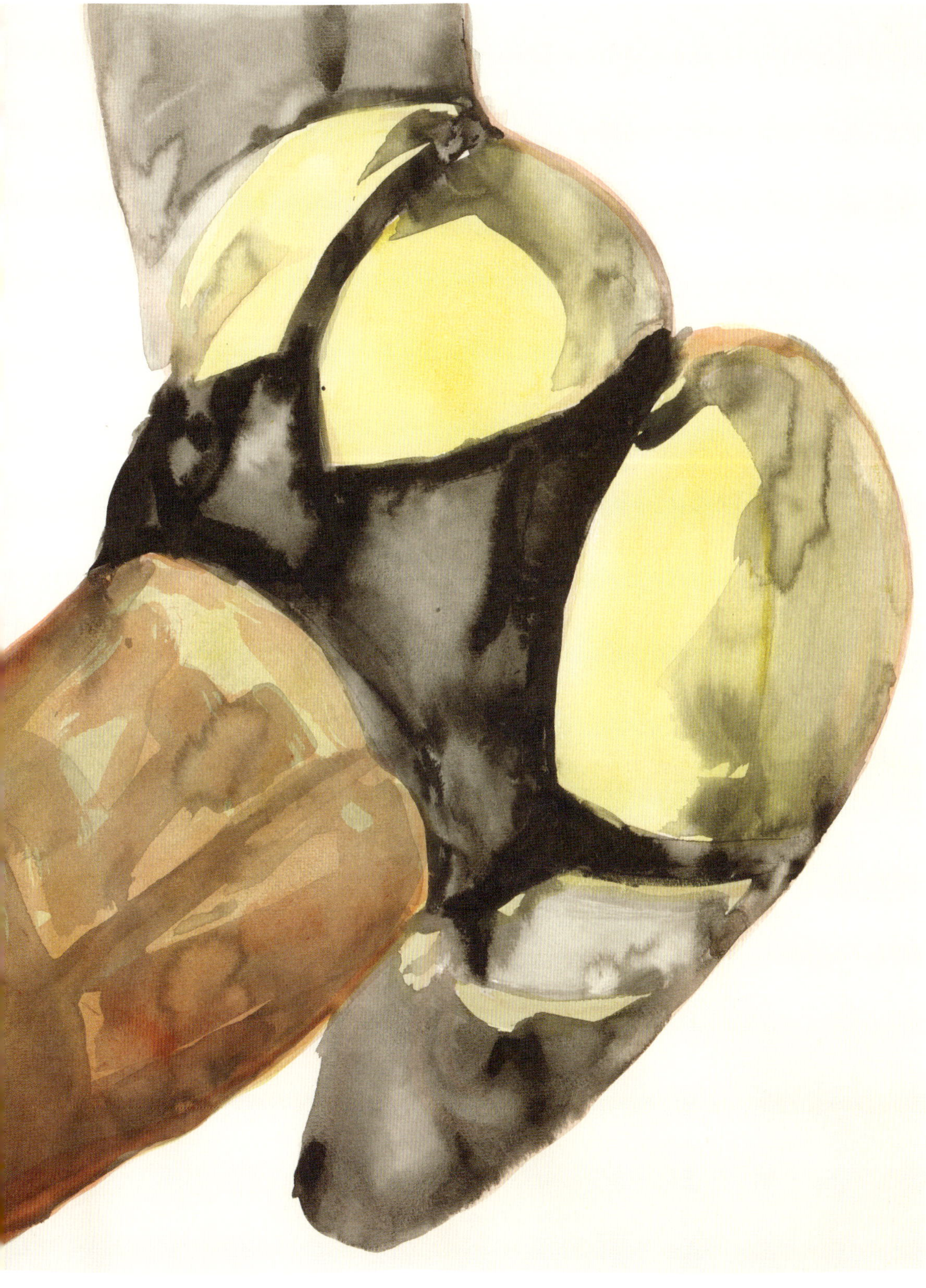

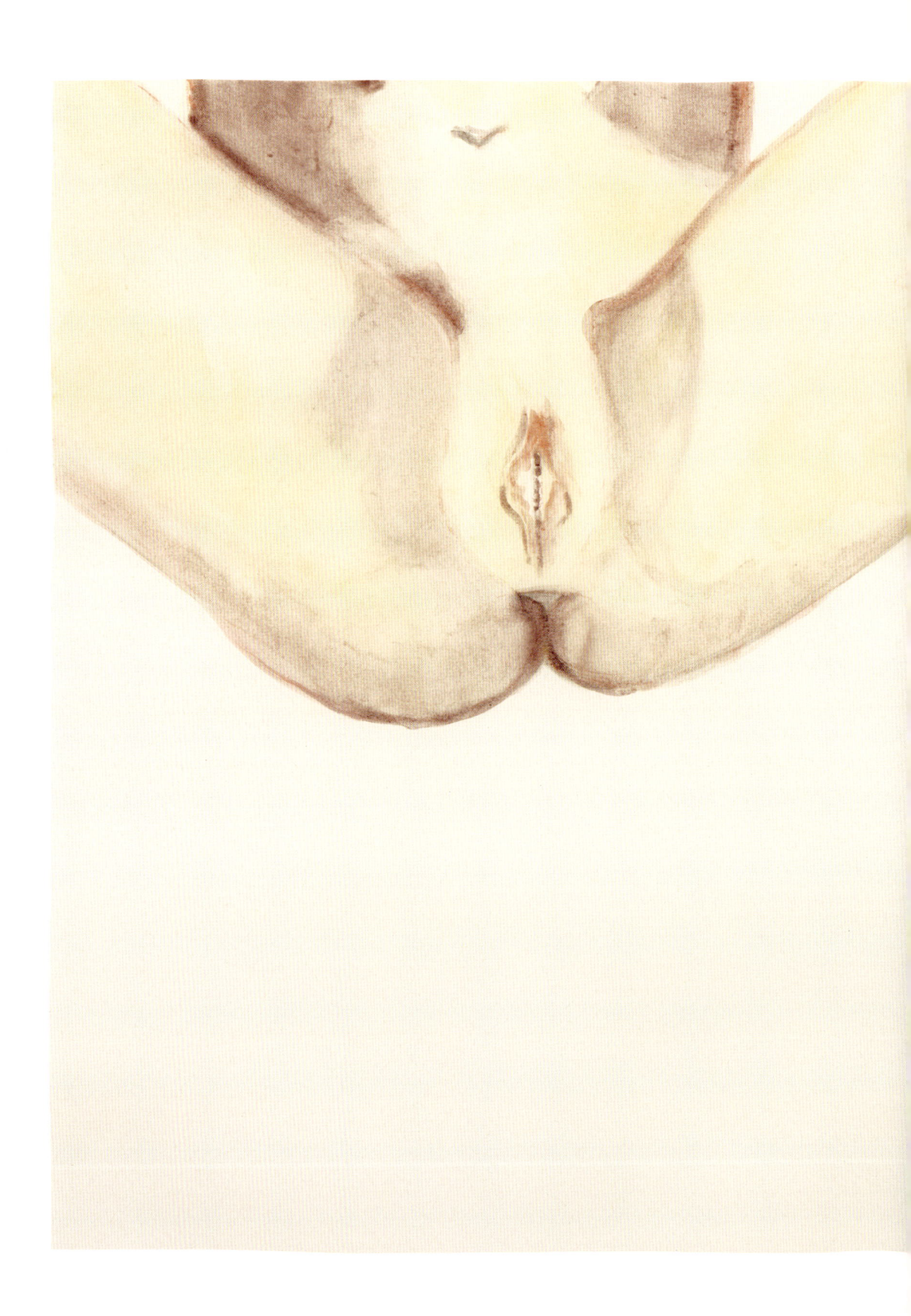

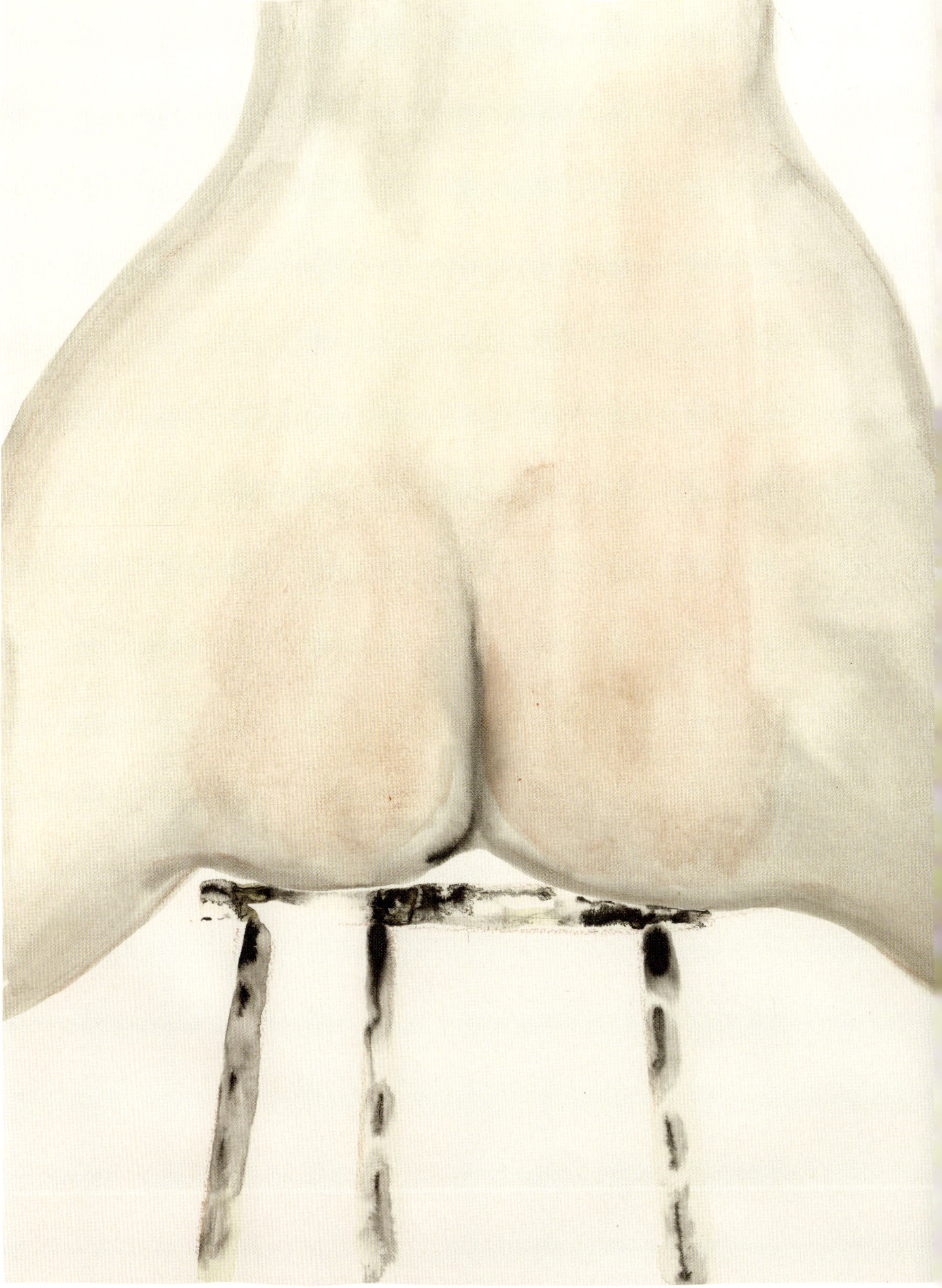

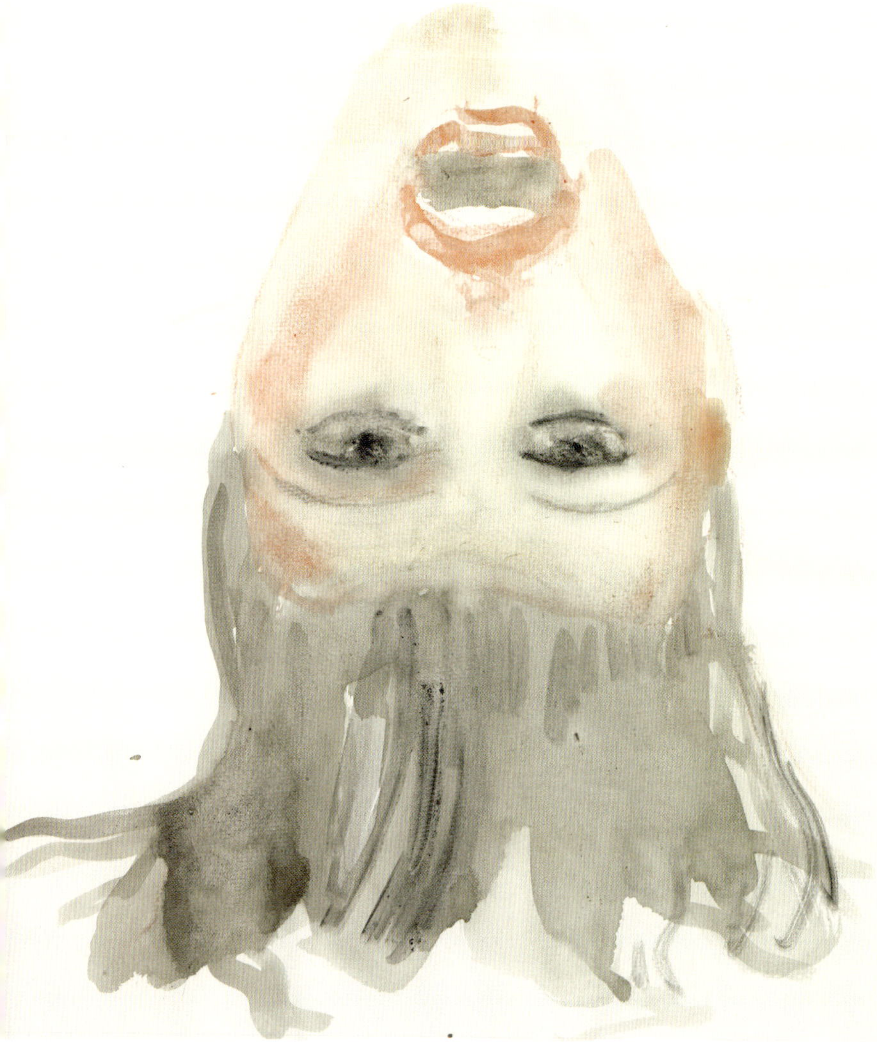

126

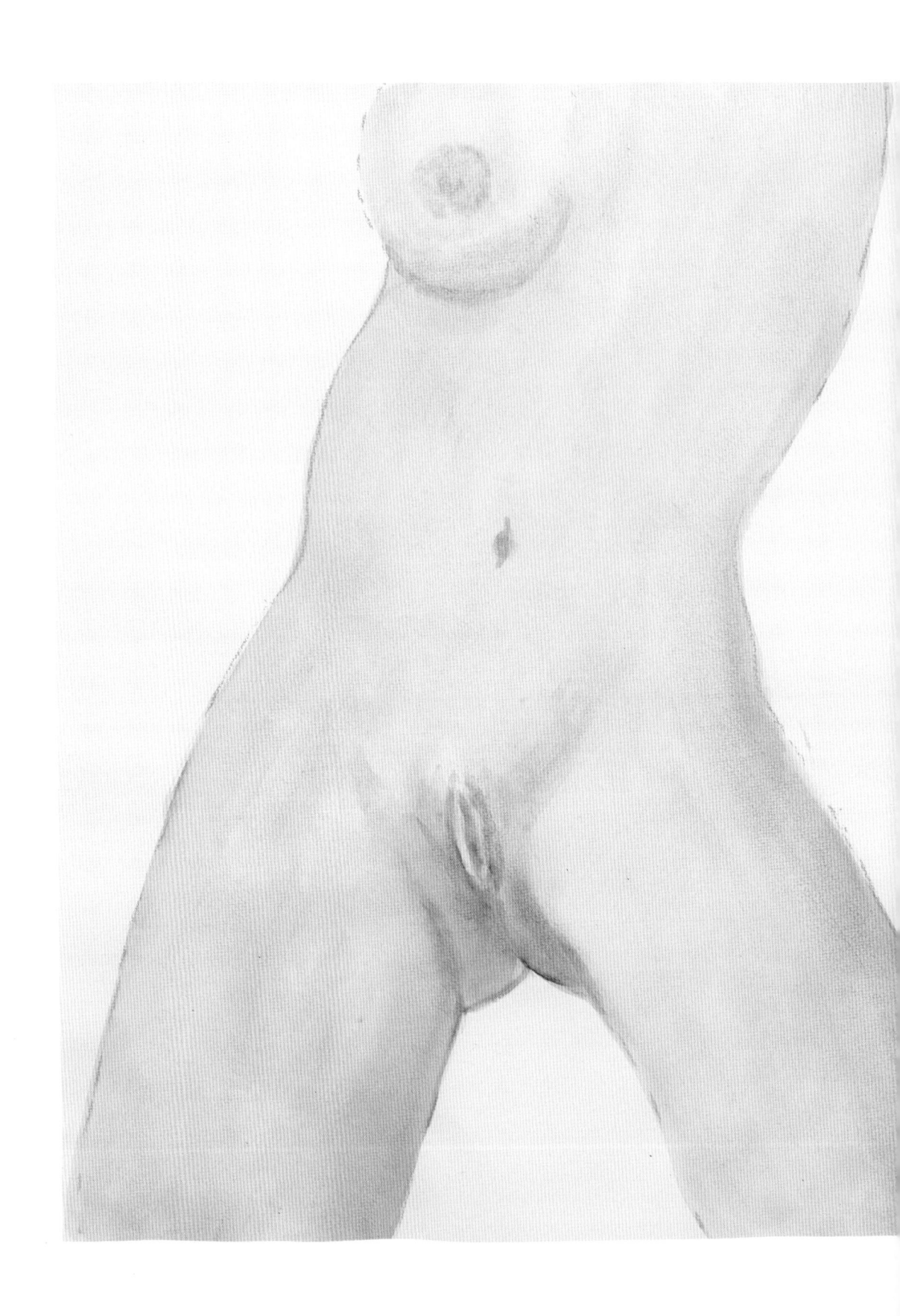

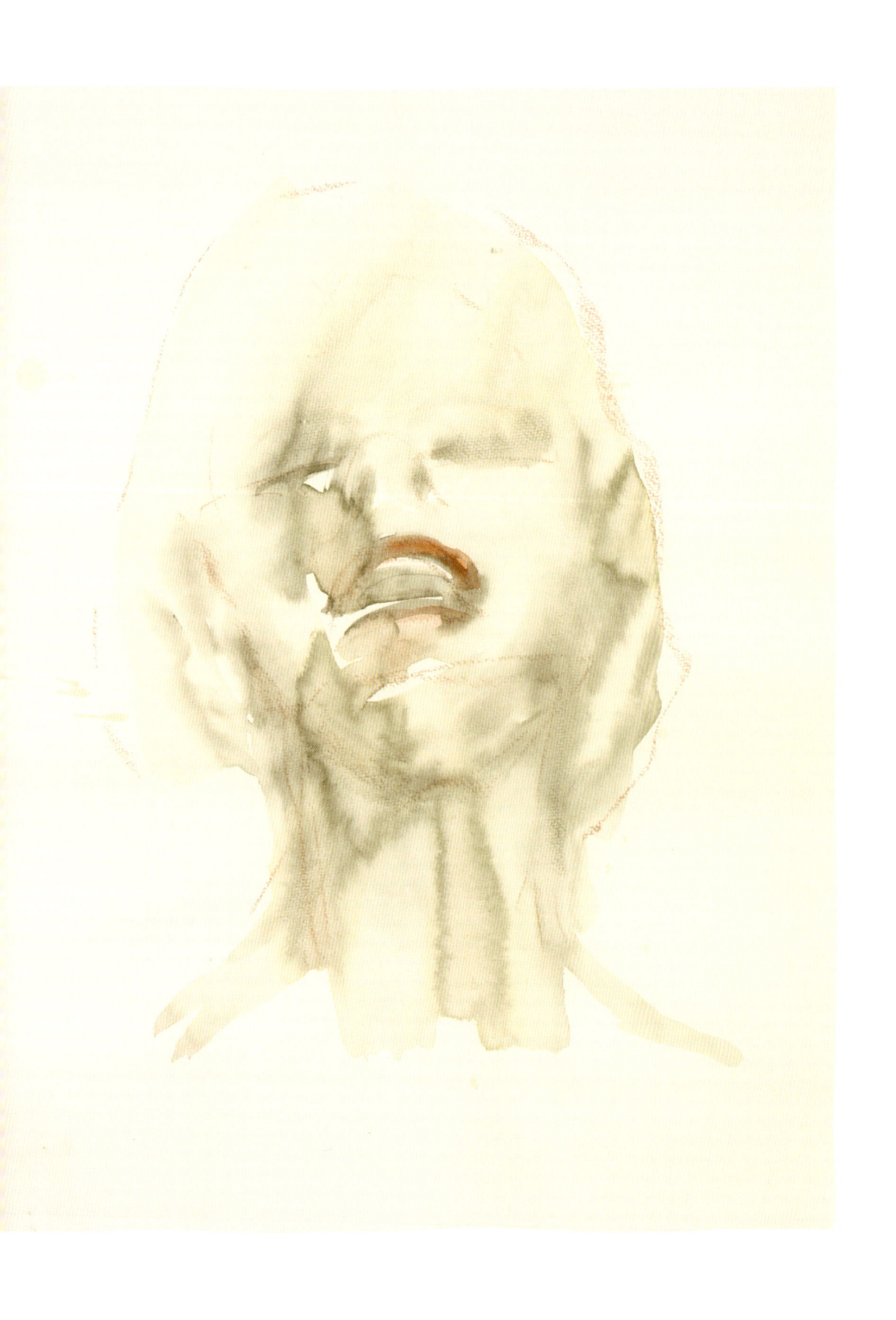

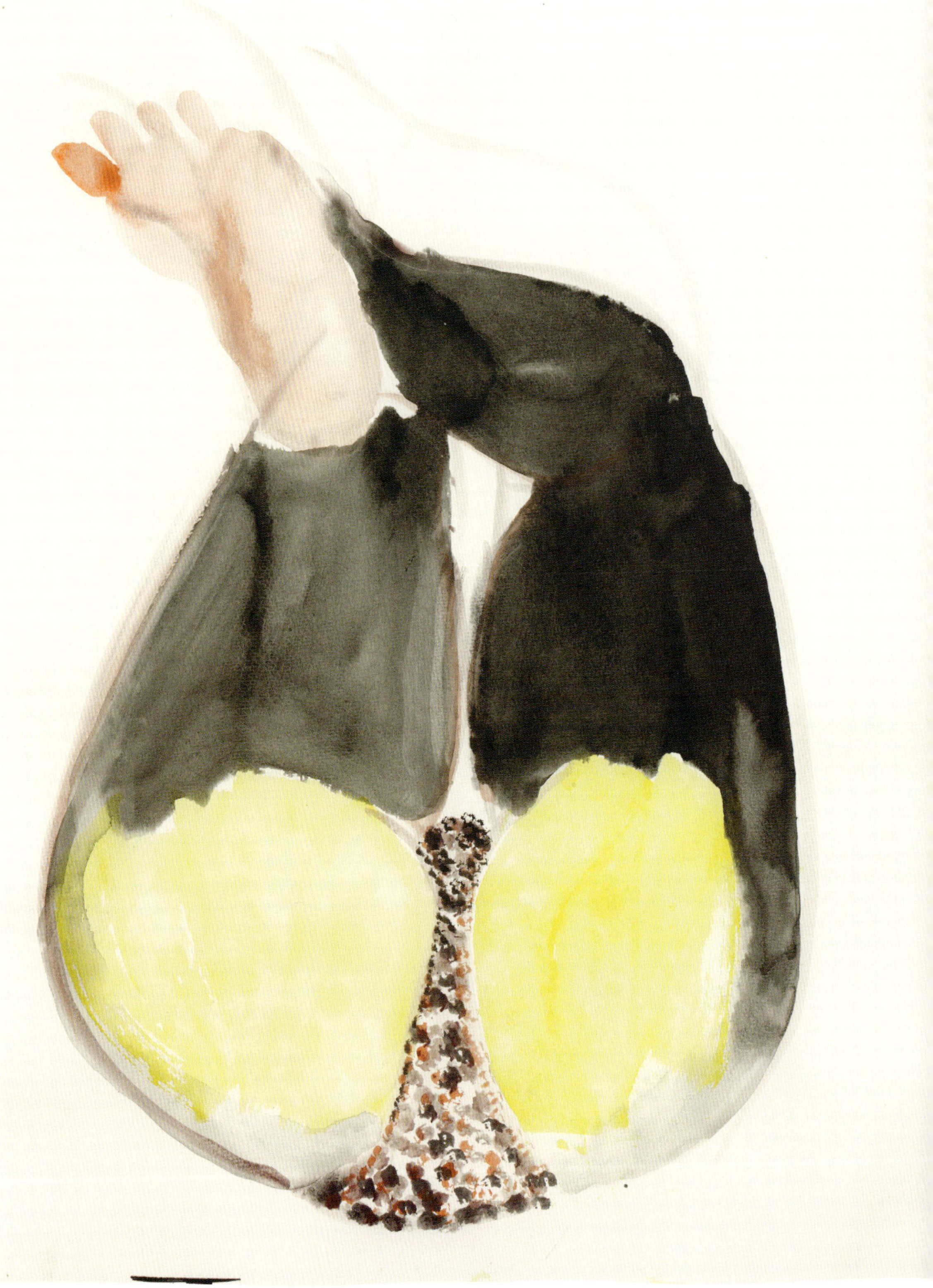

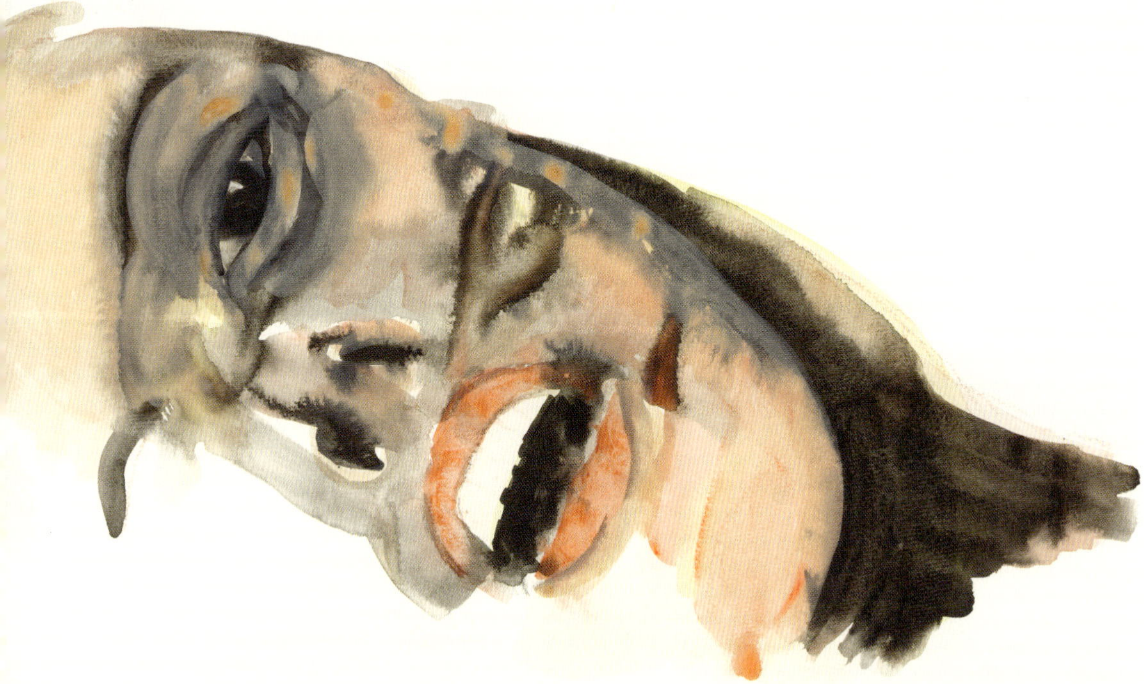

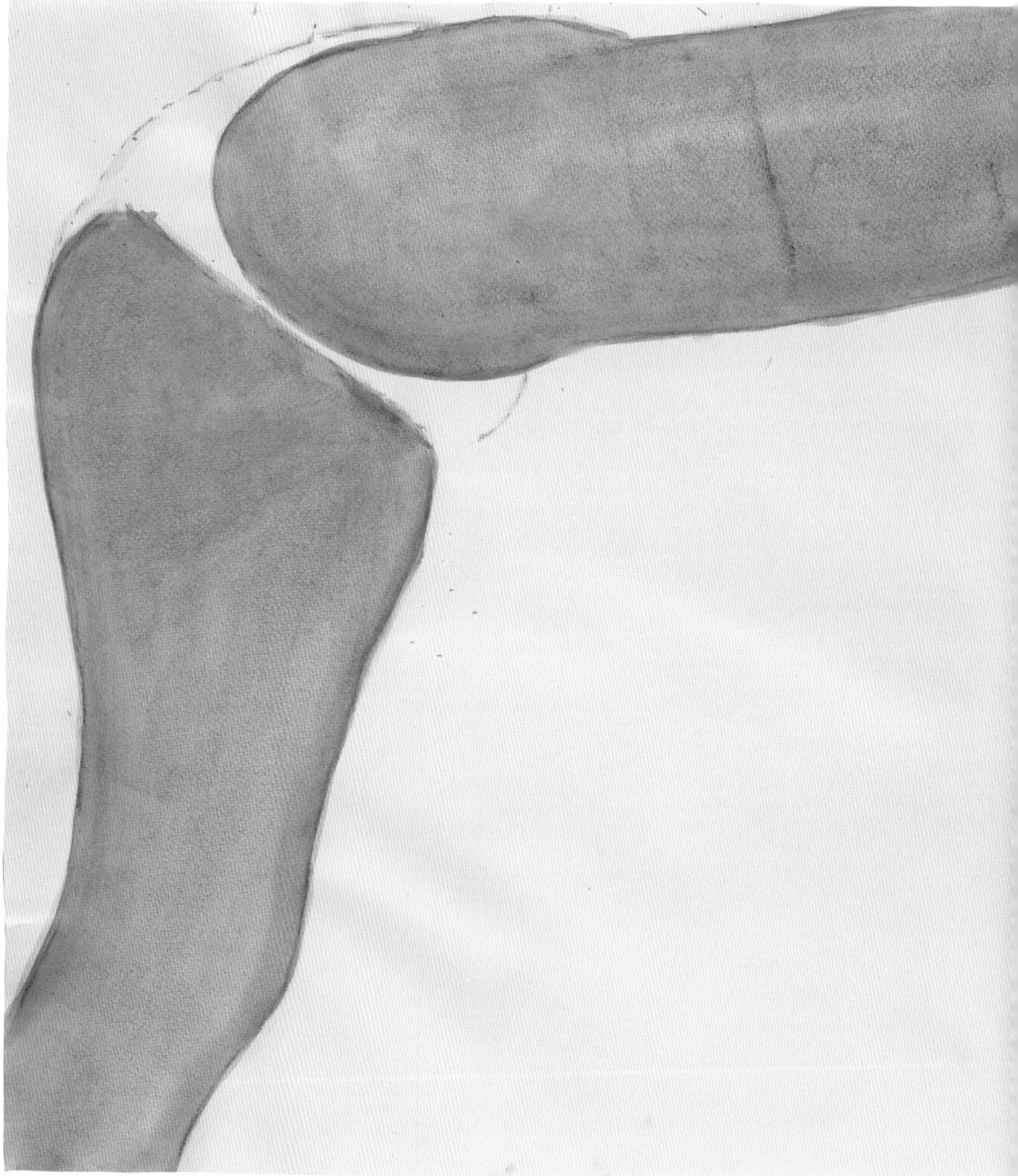

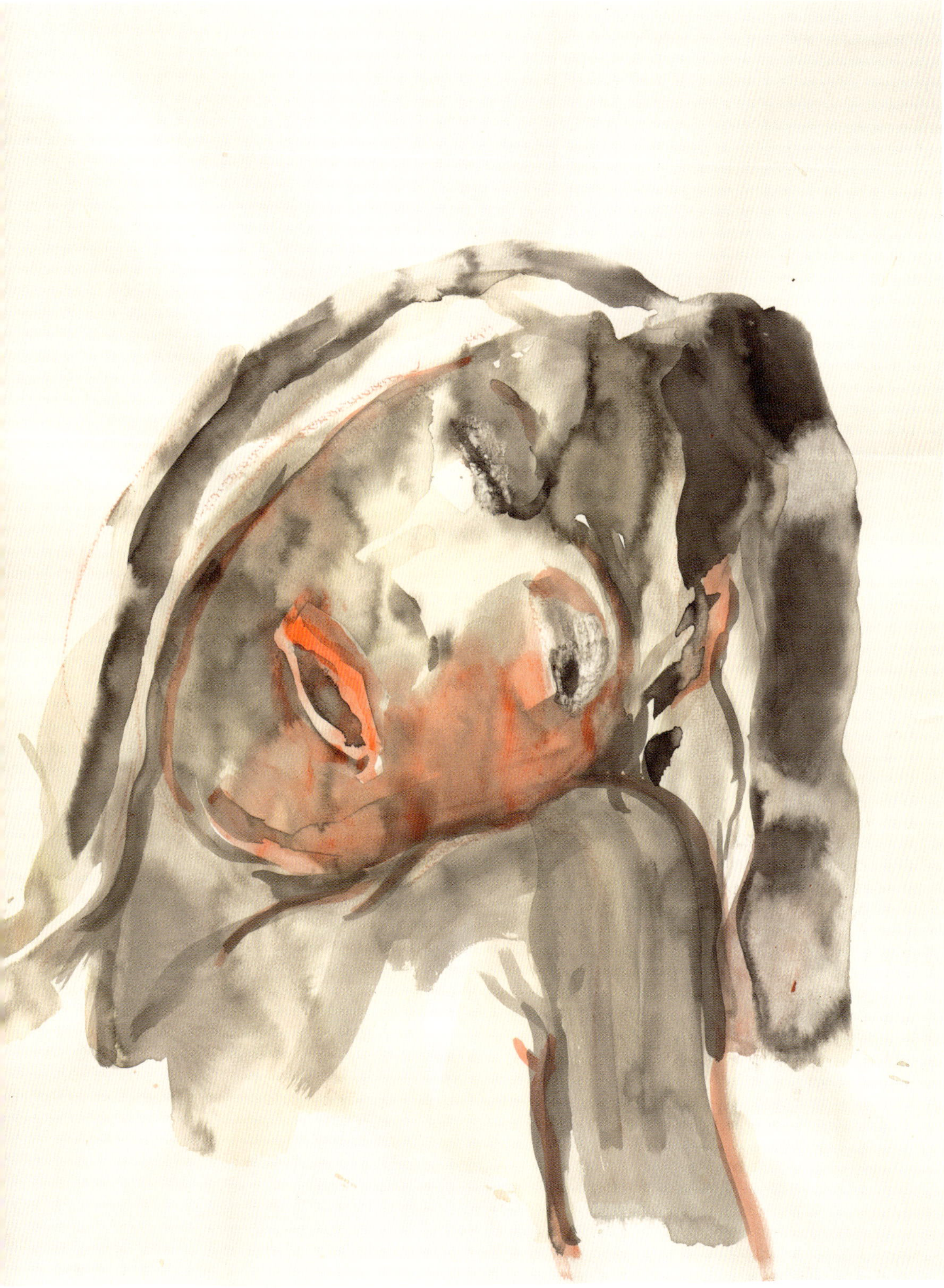

Niemand

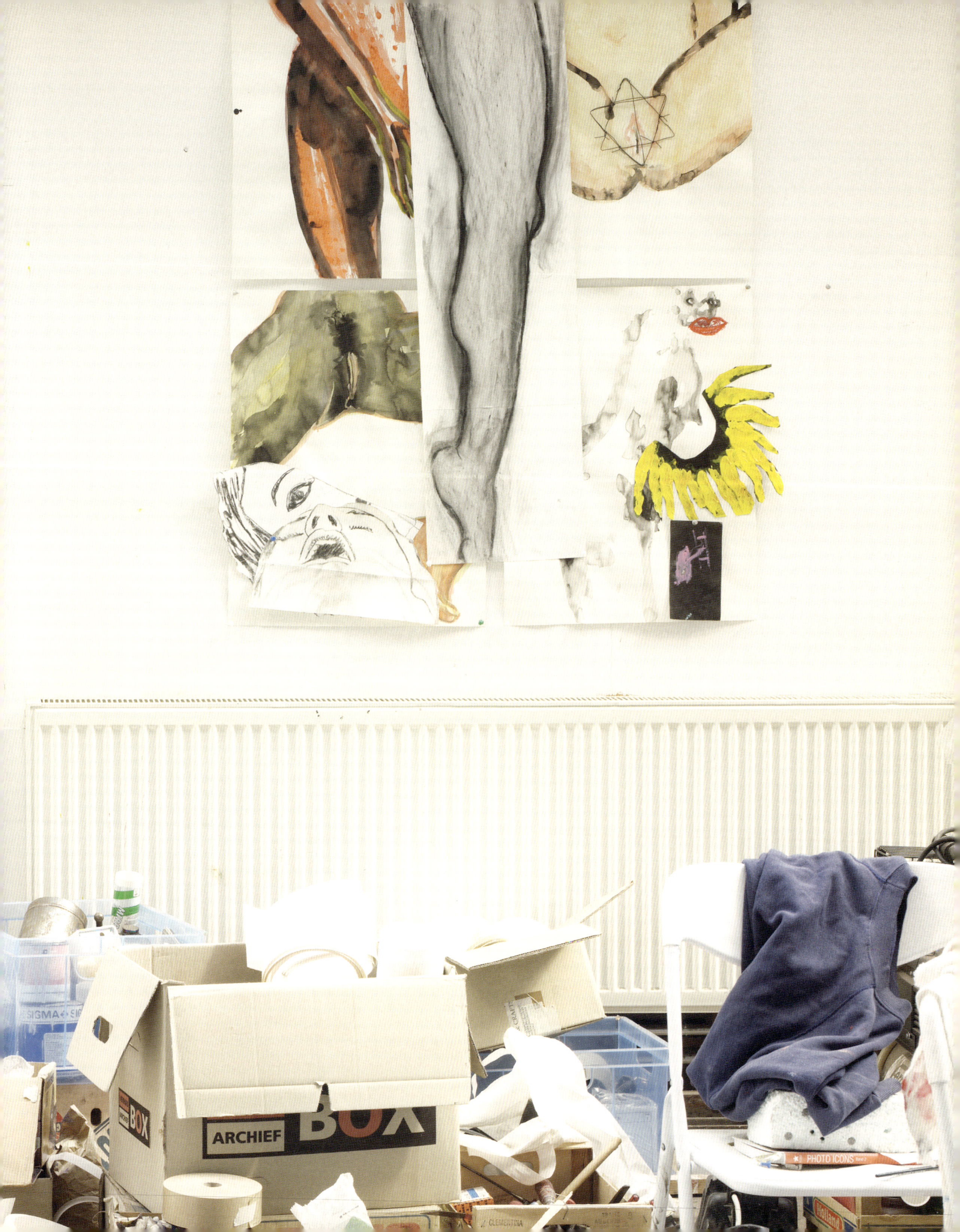
ARCHIEF
BOX
PHOTO ICONS

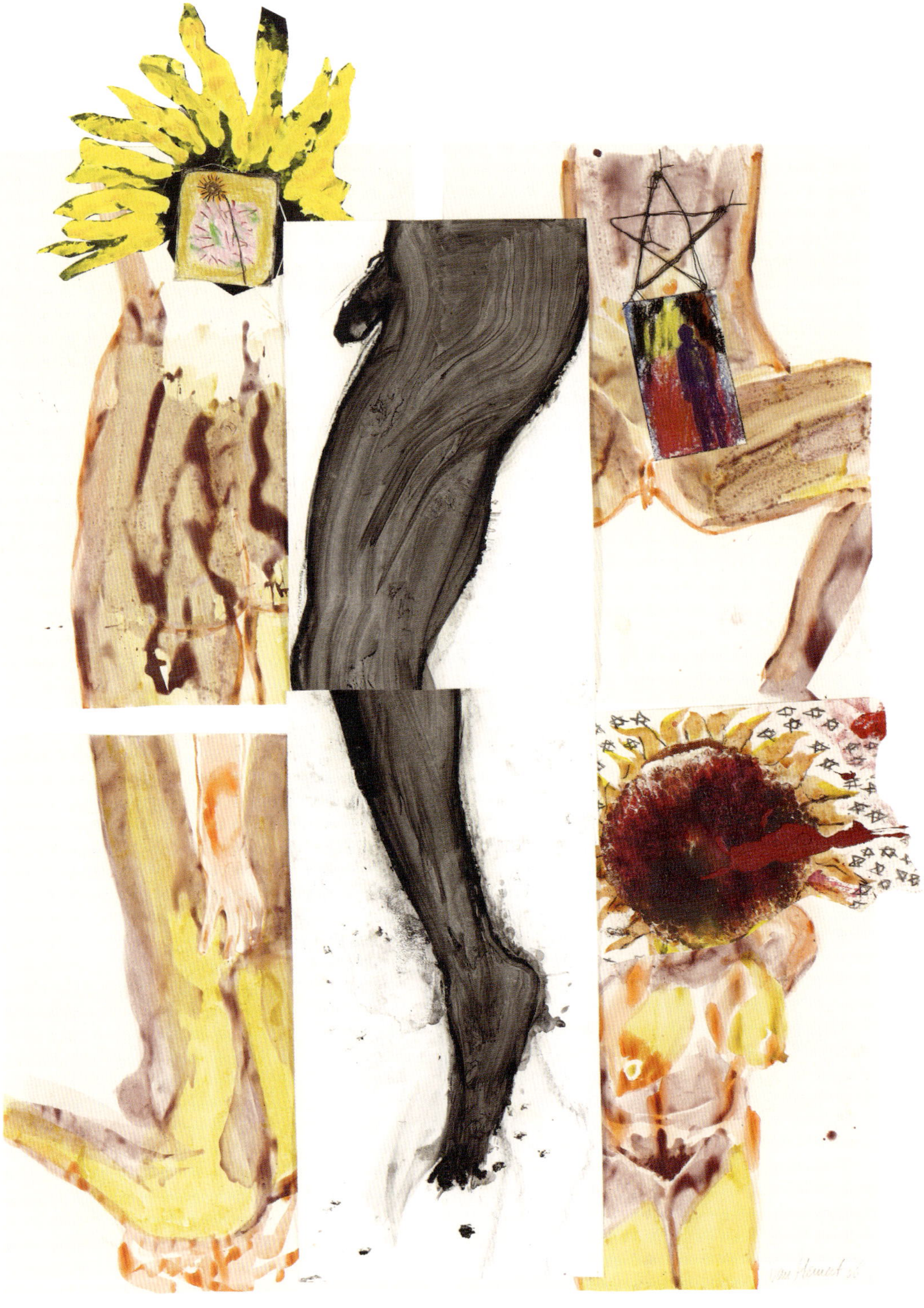

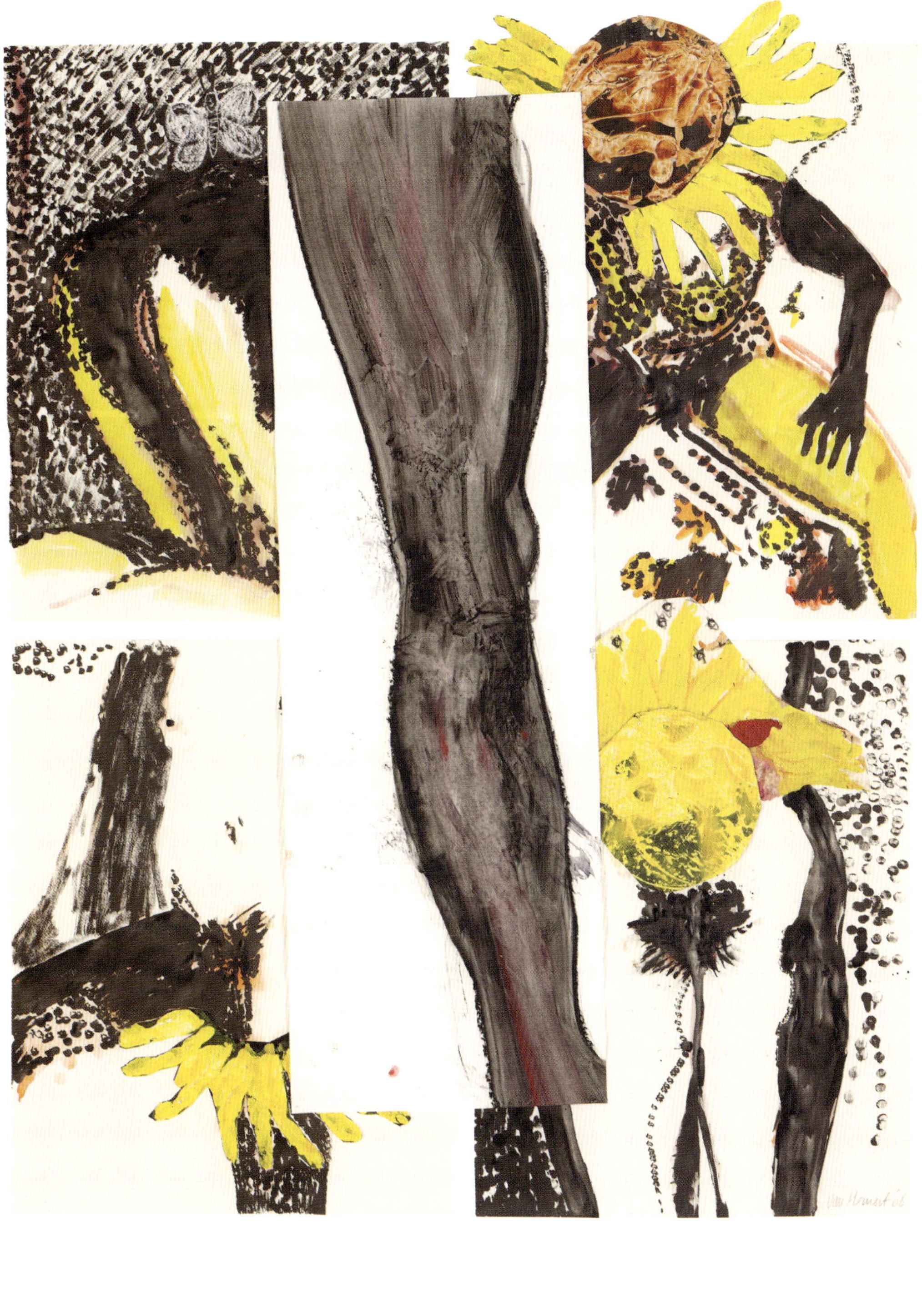

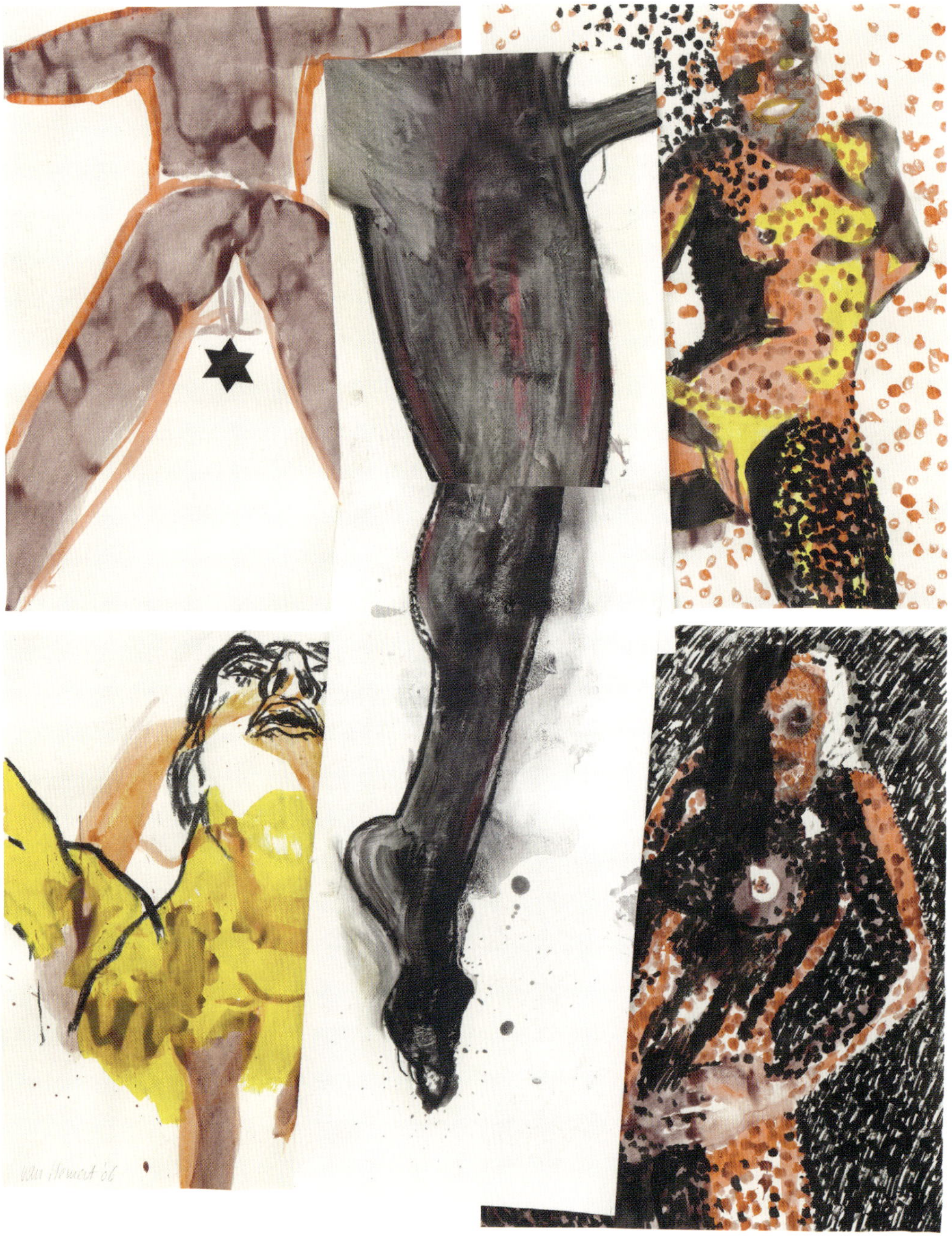

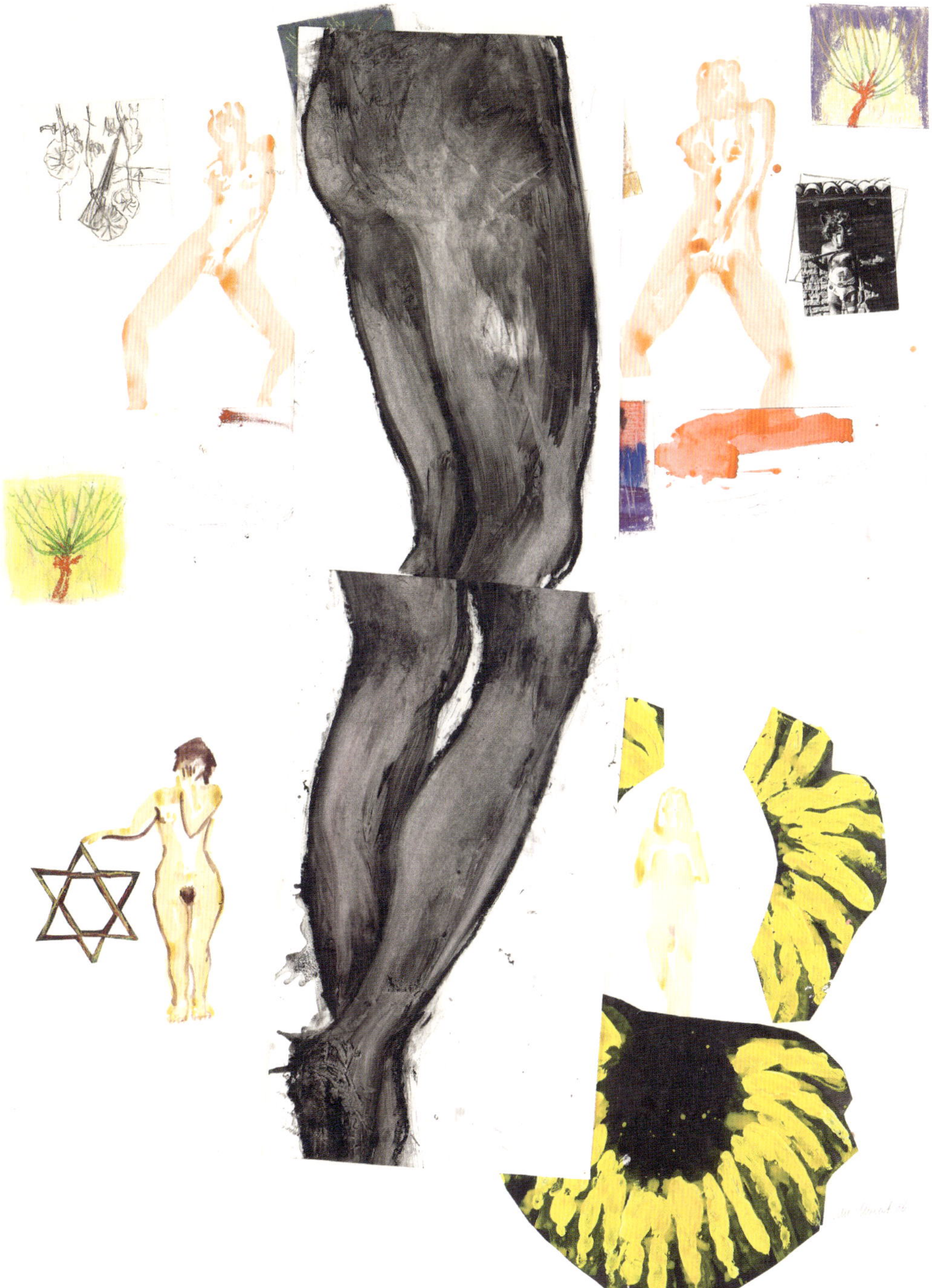

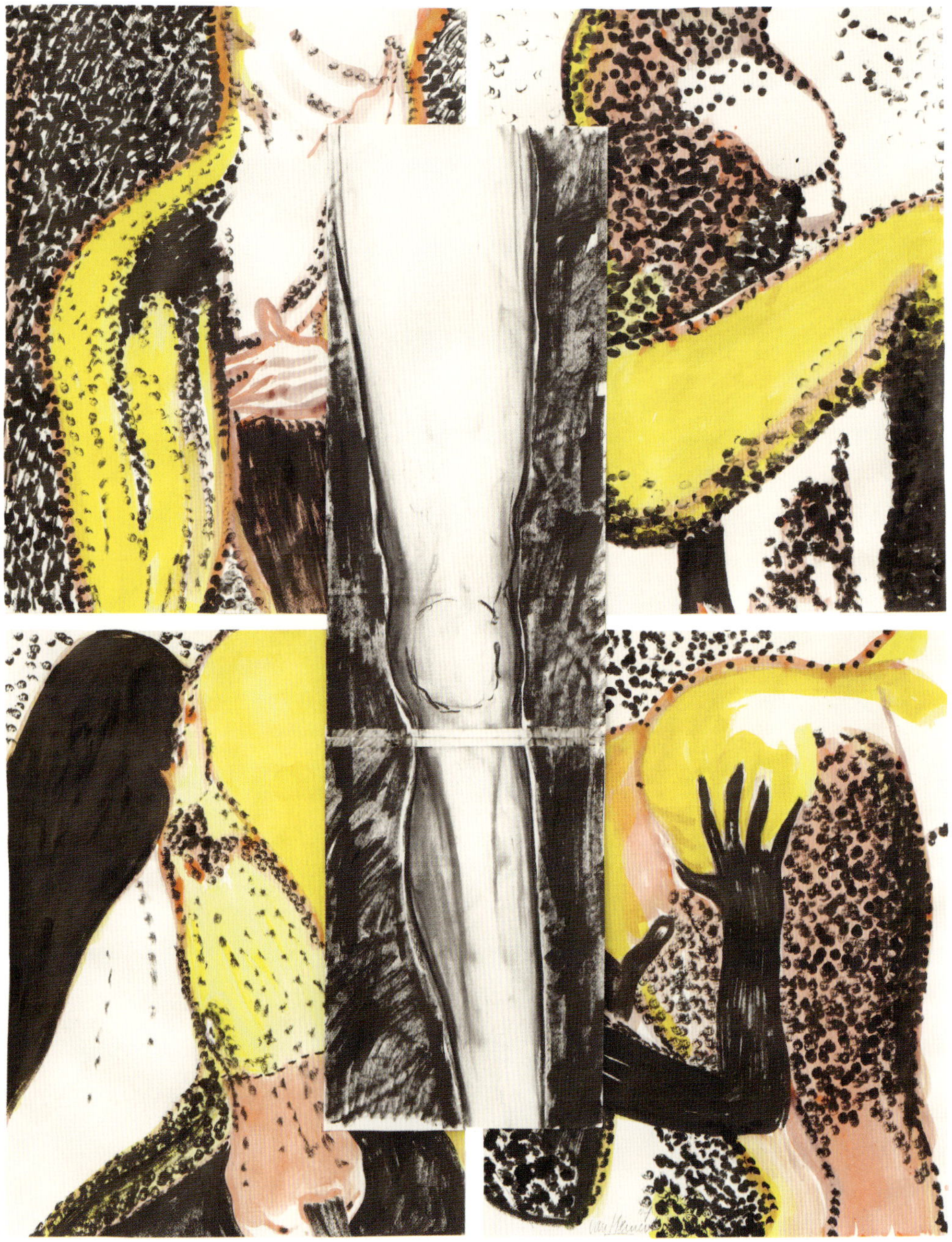

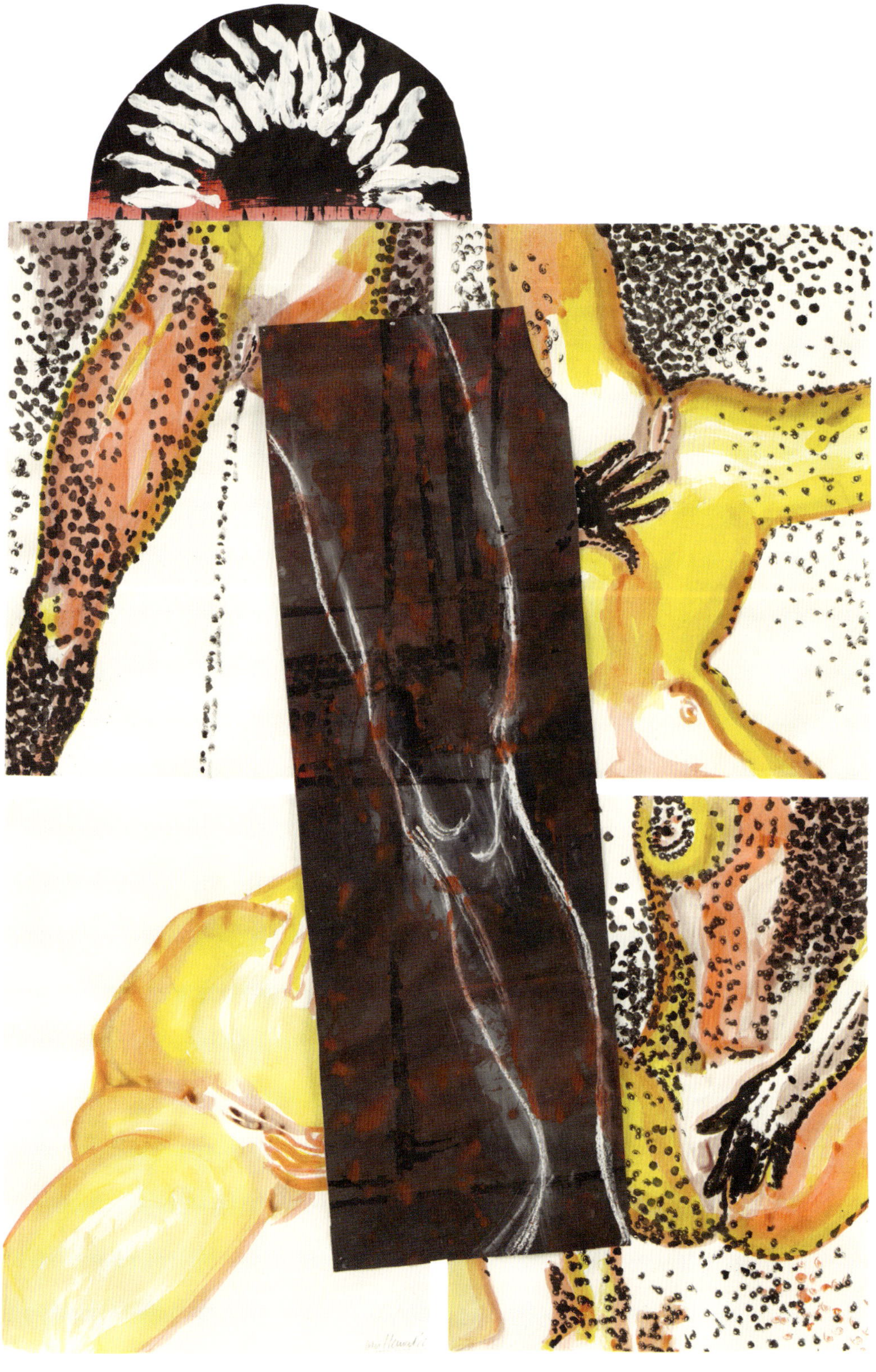

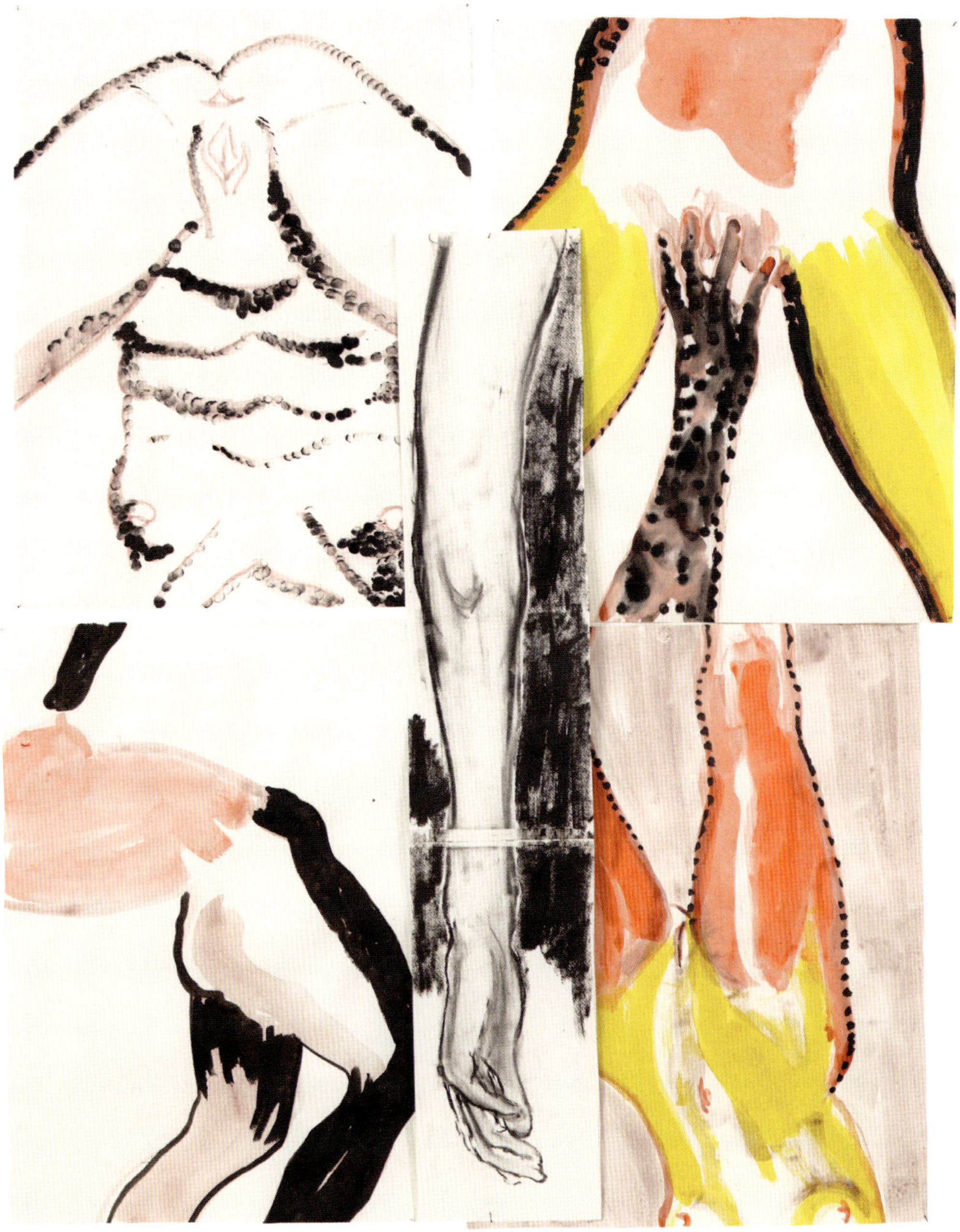

KRUISIGING

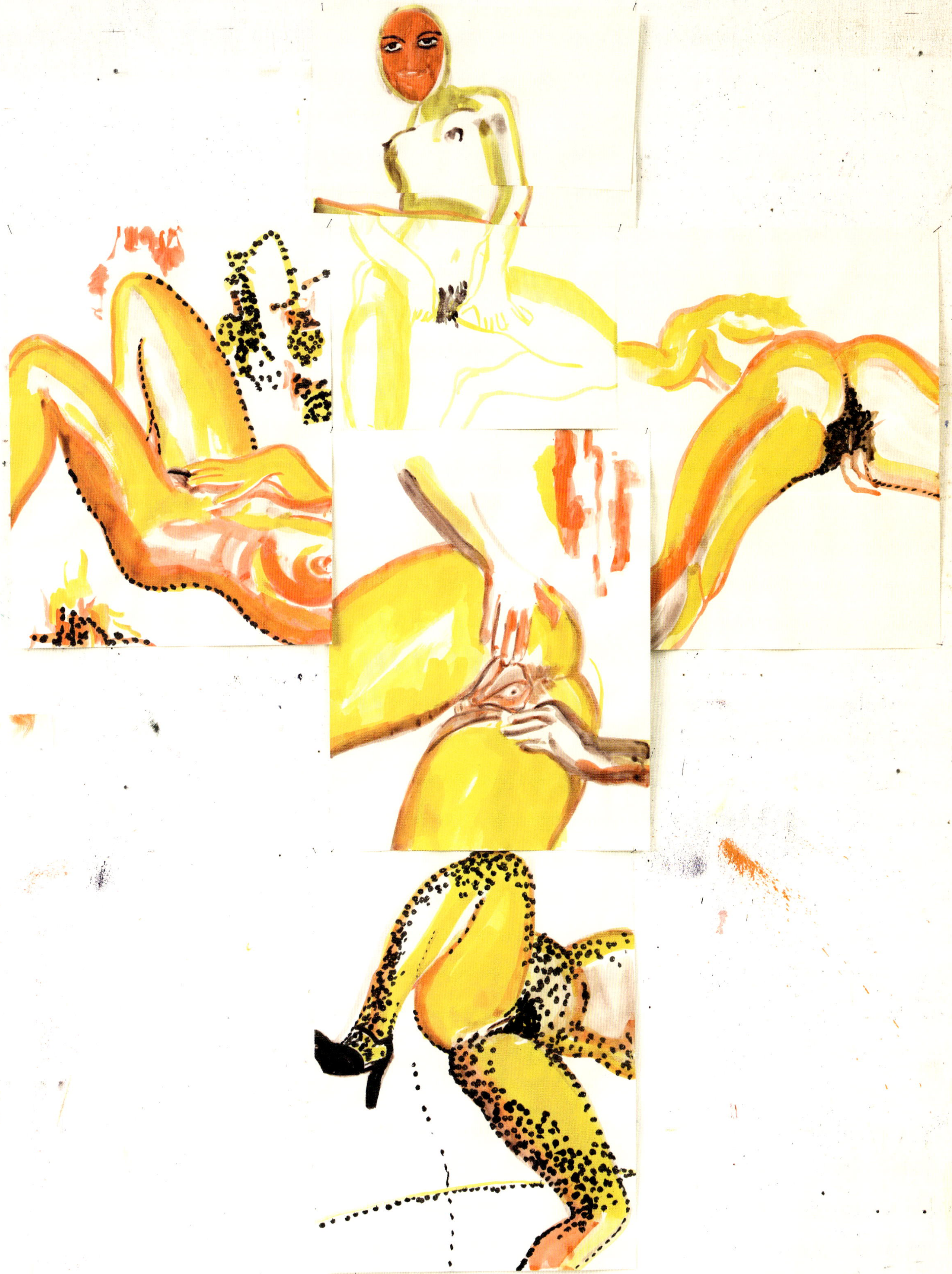

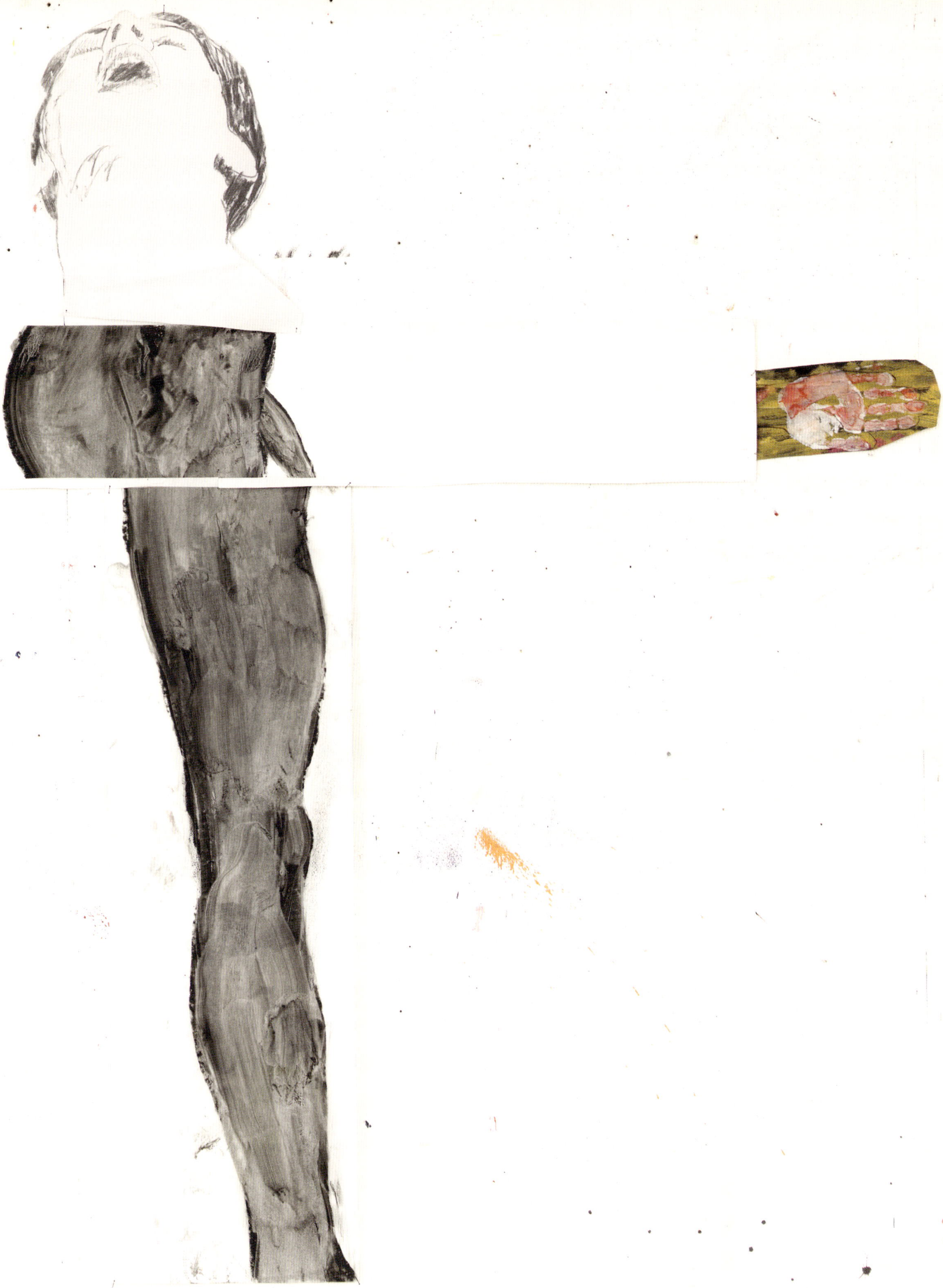

Hölderlintürme **Met punaises op een stuk karton geprikt stond tegen een wand van het atelier deze tekening van een fors formaat. Waarom is zij mij bijgebleven, wat kan ik daarover onder woorden brengen?**

Hölderlintürme **An eine Wand des Ateliers gelehnt, stand diese mit Reißzwecken auf einem Karton befestigte großformatige Zeichnung. Warum denke ich noch immer an sie, was kann ich über sie sagen?**

Een factor is ongetwijfeld haar kracht. De afgebeelde foto laat daarvan in mijn beleving nog voldoende zien om die mede daarom steeds weer te willen bekijken.

Maar wat betekent eigenlijk 'kracht', wanneer dit woord een eigenschap benoemt van de dingen die getekend zijn? Hoe moeten 'lichamelijk', 'licht' en 'bewogen' worden begrepen, woorden die mij eveneens te binnen schieten zodra ik probeer te verduidelijken wat ik in het atelier zag en in de afbeelding in zekere zin opnieuw ervaar?

Ein Faktor ist zweifelsohne ihre Kraft. Auf der Abbildung ist meines Erachtens noch so viel davon zu erkennen, dass man sie unter anderem deswegen immer wieder anschauen möchte.

Doch was bedeutet „Kraft" eigentlich, wenn damit eine Eigenschaft der dargestellten Dinge gemeint ist? Was ist unter „körperlich", „hell", „leicht", und „bewegt" zu verstehen, Worte, die mir auch immer gleich einfallen, wenn ich mir darüber klar zu werden versuche, was ich im Atelier gesehen habe und auf der Abbildung gewissermaßen erneut empfinde?

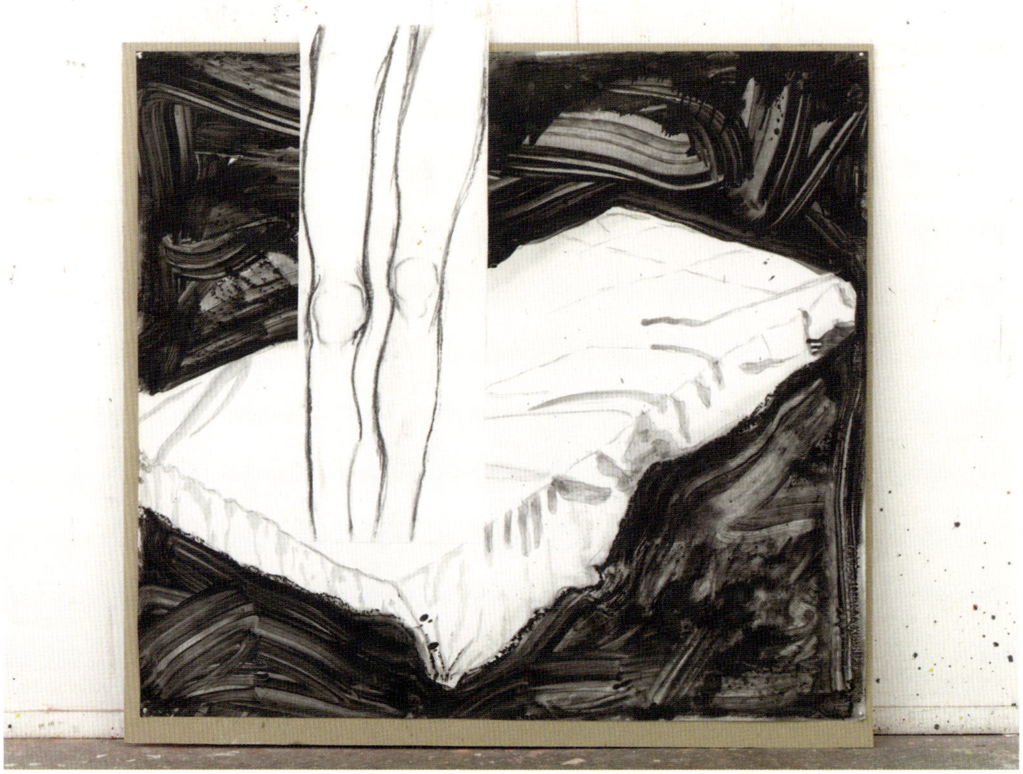

Voordat op deze vragen wordt ingegaan, wil ik eerst de indruk van de tekening die de afbeelding geeft zo concreet mogelijk maken.

De direct herkenbare twee benen en het bed zijn uitgebeeld met behulp van houtskool en oliekrijt. Er is gewerkt op papier. Het bed in zijn donkere omgeving verschijnt op een groot vel van 142 x 155,8 centimeter. De benen staan op een aparte strook van 110 x 40 centimeter, die daaroverheen is geplakt en er 5,5 centimeter bovenuit steekt.

 Dat er sprake is van een tekening komt door het papier en de houtskoollijnen van de benen. Het bed en zijn omgeving doen zich veeleer voor als geschilderd. Hier is het oliekrijt gebruikt, waarbij dit met terpentine werd verdund tot een soort verf. De behoedzame articulatie van het bed en krachtige omwoeling van het donker, suggereren misschien de hantering van een penseel en kwast. In feite is het vloeibaar gemaakte krijt neergezet met de vingers en geveegd met de zijkant van de hand.

 De tekening is te groot voor een prentenkabinet en zal het beste tot haar recht komen in een ruime tentoonstellingszaal. Aan haar forse aanwezigheid draagt bij de overzichtelijke eenvoud van de voorstelling.

Wat zeggen nu de woorden, die zo nadrukkelijk naar voren komen zodra ik mij rekenschap geef van waarom de tekening mij niet loslaat?

Wel, voor mij heeft de 'kracht' van de tekening, te maken met het in één oogopslag kunnen herkennen van de uitgebeelde dingen. Dit in samenhang met hun zich zelfverzekerd groot en duidelijk vertonen. Er is een sterk gevoel dat het wezenlijk is dat deze benen, dit bed en dit donker zó en niet anders zichtbaar zijn.

Het gaat om zeggingskracht, toch is een fysieke dimensie niet afwezig. Daartoe behoort de inspanning waarnaar met name de brede vegen van de hand verwijzen. En 'lichamelijk' zijn vanzelfsprekend bovendien de hoog oprijzende benen. Het contrast tussen deze twee heel verschillende vormen van lichamelijkheid creëert beeldspanning.

Opvallend is de buitensporige lengte van de benen, zowel op zichzelf bekeken als in verhouding tot het bed. Zij zijn ook uitgesproken tenger en hebben behalve een benigheid die als mannelijk overkomt, een wat vrouwelijke zachtheid. Het laatste wordt onderstreept door de rulheid van de houtskoollijnen. De ongelijke hoogte van de knieën sluit in de beeldordening aan op de contour van het bed, en maakt in het rechtovereind staan een begin van een beweging kenbaar.

Bevor ich näher auf diese Fragen eingehe, möchte ich den ersten Eindruck, den man dank der Abbildung von der Zeichnung gewinnen kann, möglichst konkret beschreiben.

Die beiden sofort als solche zu erkennenden Beine und das Bett werden in Holzkohle und Ölkreide wiedergegeben. Es handelt sich um eine Arbeit auf Papier. Das Bett in seiner dunklen Umgebung erscheint auf einem 142 x 155,8 cm großen Bogen. Die Beine stehen auf einem gesonderten Papierstreifen, der 110 x 40 cm groß und auf den größeren Bogen aufgeklebt ist, aber 5,5 cm darüber hinausragt.

 Dass man von einer Zeichnung sprechen kann, hat mit dem Papier und mit den mit Holzkohle gezogenen Linien der Beine zu tun. Das Bett und seine Umgebung wirken hingegen wie gemalt. Dafür wurde Ölkreide verwendet, die mit Terpentin zu einer Art Farbe verdünnt wurde. Die zurückhaltende Artikulation des Bettes und das stark aufgewühlte Dunkel legen die Verwendung eines oder mehrerer Pinsel nahe. Tatsächlich aber handelt es sich um flüssig gemachte Kreide, die mit den Fingern aufgetragen und mit der Handkante verwischt wurde.

 Die Zeichnung fällt für ein Kupferstichkabinett zu groß aus und wird wohl in einem großen Ausstellungssaal am besten zu ihrem Recht kommen. Die übersichtliche Einfachheit des Dargestellten trägt zu ihrer starken Präsenz bei.

Was besagen nun die Worte, die derart eindringlich in mir entstehen, sobald ich mir bewusst zu machen versuche, wieso mich die Zeichnung nicht loslässt?

Für mich hat die „Kraft" der Zeichnung etwas damit zu tun, dass die dargestellten Dinge mit einem Blick zu erkennen sind. Und dass sich diese Dinge ganz selbstsicher groß und deutlich zeigen. Ein starkes Gefühl in mir sagt, dass es von wesentlicher Bedeutung ist, dass diese Beine, dieses Bett und dieses Dunkel so und nicht anders sichtbar sind.

Es geht um Überzeugungskraft, auch wenn die physische Dimension nicht ganz fehlt. Dazu gehört die Anstrengung, auf die insbesondere mit den breiten Bewegungen der zerstreichenden Hand hingewiesen wird. Und „körperlich" sind außerdem selbstverständlich die hoch aufragenden Beine. Der Kontrast zwischen diesen beiden ganz verschiedenen Ausdrucksweisen von Körperlichkeit kreiert Bildspannung.

Die ungeheure Länge der Beine springt ins Auge, sowohl für sich genommen als auch im Verhältnis zum Bett. Darüber hinaus sind sie ausgesprochen dünn; sie zeichnen sich nicht nur durch eine Knochigkeit aus, die männlich wirkt, sondern auch durch eine eher feminine Sanftheit. Letzteres wird von der Lockerheit der Holzkohlelinien hervorgehoben. Die ungleiche Höhe der Knie passt sich in der Bildordnung dem Umriss des Bettes an und lässt in der aufrechten Haltung den Beginn einer Bewegung erkennen.

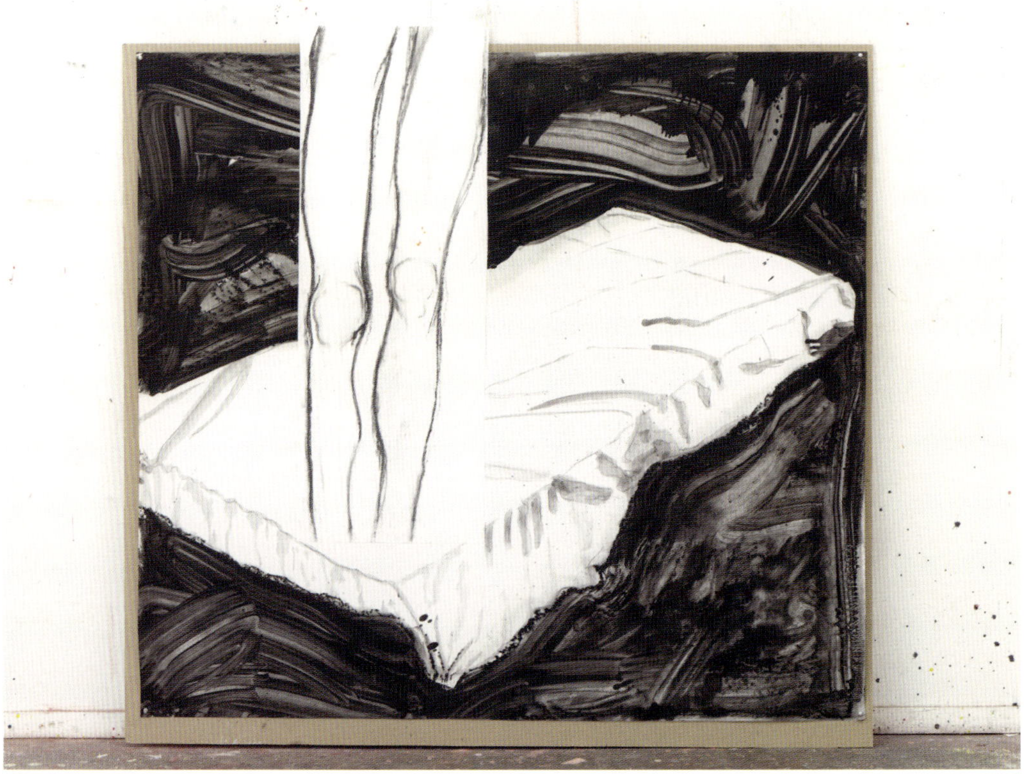

Ik zie een fragment van een lichaam, maar mis de voeten en andere ontbrekende lichaamsdelen eigenlijk niet. De benen doen zich aan mij voor als een compleet beeldteken. Zij staan als een 'pars pro toto' voor een heel mens. Daarbij is niet zozeer een persoon in het geding als wel een samenvattende menselijke aanwezigheid. In die zin valt op zijn plaats, dat het evengoed de benen van een mannelijke vrouw kunnen zijn als van een vrouwelijke man.

Het bed staat niet los van de benen en heeft evenzeer een samenvattende betekenis. De blik erop schuin van boven vestigt de aandacht op zijn oppervlak, en voor elk bed is dat zijn essentie. De tekening lijkt te zeggen dat voor de mens het bed een grondslag is. Zij toont het daaruit opstaan of oprijzen, waarvan het belang wordt geaccentueerd door de prominente verschijningsvorm van de benen en het verhoudingsgewijs kleiner zijn van het bed.

Het zwart van het vloeibaar gemaakte en geveegde oliekrijt roept een nachtelijk donker op. Ten opzichte daarvan ervaar ik het wit van het bed en de benen - in feite het daar onbewerkt gebleven papier - als 'licht'. Het bed licht in het donker op en de benen verschijnen, zo komt mij voor, in een zuil van licht.

Maar met betrekking tot de tekening begrijp ik 'licht' niet alleen als belicht, oplichtend en doorschijnend, nog een andere betekenis van dit woord dient zich aan: licht in de zin van zonder veel soortelijk gewicht. Zoals zij in de voorstelling als globale beeldtekens functioneren, is het bed nauwelijks een concreet ding en hebben de benen een hoge mate van gewichtloosheid. Vooral ook vanwege het ontbreken van een duidelijke verbinding met een grondvlak bij het bed en van de voeten bij de benen, vormen zij samen een licht geheel dat schijnt te zweven.

Een wonderlijk gegeven is dat onmiskenbaar het turbulente donker substantiever en zwaarder lijkt. Wanneer ik dit ten volle tot mij laat doordringen, is het alsof het invoelbare zweven niet ín maar óp het donker plaatsvindt en meer een drijven is.

Zoals gezegd, het woord 'bewogen' dringt zich bij het bekijken eveneens aan mij op. Het duidt beweging aan, doch in het bijzonder ook emotie.

Ik zie iets van het ontstaan van de tekening, hoe de hand daarbij bewoog: bijna voorzichtig bij de lange houtskoollijnen en in verschillende gradaties van heftigheid bij het werken met het oliekrijt. Er is tegelijkertijd het in beweging zijn van de uitgebeelde dingen: het omwoelen van het donker, het zweven of drijven van bed en benen, en van de benen tevens het oprijzen en naar voren toe in gang komen. Beide typen van beweging vallen in de beeldspanning van het totaalbeeld samen met een emotioneel bewogen zijn, dat in wezen alle hier van toepassing zijnde betekenissen van 'kracht, 'lichamelijk' en 'licht' omvat.

Wat tot bewogenheid komt - de uitdrukking - benadrukt de paradoxale spanning tussen het alledaagse, aardse aspect van deze benen en dit bed, en hun toch ook verschijnen als in een droom. Nauw daarmee verbonden is wat ik te weten ben gekomen over de titel van de tekening: *Hölderlintürme*.

Ich sehe ein Fragment eines Körpers, ohne jedoch die Füße oder andere fehlende Körperteile zu vermissen. Die Beine wirken auf mich wie ein komplettes Bildzeichen. Sie symbolisieren als „pars pro toto" einen ganzen Menschen. Dabei handelt es sich aber nicht so sehr um eine konkrete Person, sondern vielmehr um eine menschliche Allgegenwärtigkeit. In diesem Sinne fügt es sich, dass sie ebenso gut die Beine einer maskulinen Frau sein können wie die eines femininen Mannes.

Das Bett kann nicht isoliert von den Beinen betrachtet werden und hat eine ebenso umfassende Bedeutung. Der Blick von schräg oben lenkt die Aufmerksamkeit auf seine Oberfläche, die das Wesen eines jeden Bettes ausmacht. Die Zeichnung will anscheinend sagen, dass das Bett eine Basis des Menschen darstellt. Sie zeigt das Aufstehen oder Sicherheben von einem Bett, dessen Stellenwert durch die herausragende Erscheinungsform der Beine und die Tatsache hervorgehoben wird, dass das Bett im Verhältnis zu diesem kleiner ist.

Das Schwarz der verflüssigten und verwischten Ölkreide löst Assoziationen mit der Dunkelheit der Nacht aus. Im Kontrast dazu empfinde ich das Weiß des Bettes und der Beine - also das an diesen Stellen unbearbeitet gebliebene Papier - als „hell". Das Bett leuchtet im Dunkel auf und die Beine erstrahlen, so kommt es mir vor, in einer Lichtsäule.

Doch in Bezug auf die Zeichnung spielt nicht nur der Aspekt „Helligkeit" im Sinne von „beleuchtet", „aufgehellt" oder „transparent" eine Rolle - ein weiterer Aspekt drängt sich mir auf: „leicht" im Sinne von „geringem spezifischem Gewicht". Als globale Bildzeichen fungiert das Bett wohl kaum als Konkretum, während die Beine über ein hohes Maß an Gewichtslosigkeit verfügen. Vor allem wegen des Fehlens einer deutlichen Verbindung des Bettes zu einer Grundfläche und der Beine zu Füßen bilden sie zusammen ein leichtes Ganzes, das zu schweben scheint.

Sonderbar ist der Umstand, dass das turbulente Dunkel unübersehbar selbstständiger und schwerer wirkt. Wenn ich mir dies im tiefsten Innern bewusst mache, scheint dieses nachvollziehbare Schweben nicht *in*, sondern *auf* dem Dunkel stattzufinden und mehr ein Dahintreiben zu sein.

Wie bereits erwähnt, drängt sich mir beim Anschauen auch das Wort „bewegt" auf. Es deutet Bewegung an, vornehmlich aber auch Gefühl.

Ich sehe eine Andeutung vom Beginn der Zeichnung, davon, wie sich die Hand bewegt hat: beinahe vorsichtig bei den langen Holzkohlelinien und in unterschiedlichen Heftigkeitsabstufungen beim Arbeiten mit der Ölkreide. Daneben gibt es die Bewegung der dargestellten Dinge: das Aufgewühlte des Dunkels, das Schweben oder Treiben von Bett und Beinen sowie das Aufragen und der Beginn der Vorwärtsbewegung der Beine. Beide Bewegungsarten überschneiden sich in der Bildspannung des Gesamtbildes mit einem emotionalen Bewegtsein, das im Grunde alle hier zutreffenden Bedeutungen von „Kraft, „körperlich", „hell" und „leicht" umfasst.

Was zum Bewegtsein gelangt - der Ausdruck -, betont die paradoxe Spannung zwischen dem alltäglichen, irdischen Aspekt dieser Beine und dieses Bettes einerseits und der Tatsache andererseits, dass ihr Erscheinen doch auch etwas Traumähnliches hat. In engem Zusammenhang damit steht, was ich über den Titel der Zeichnung erfahren habe: *Hölderlintürme*.

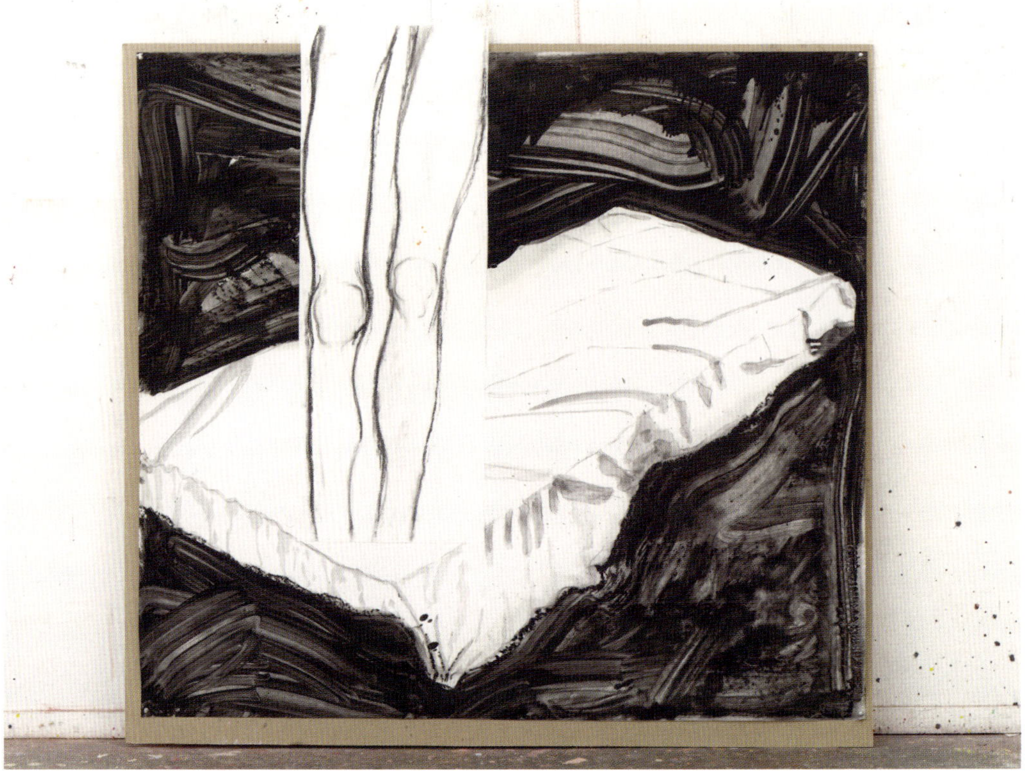

Op het atelier ligt altijd bij de hand de in 1988 door uitgeverij Ambo te Baarn uitgegeven tweetalige editie: 'Paul Celan Gedichten, Keuze uit zijn poëzie met commentaren door Paul Sars en vertalingen door Frans Roumen.' In het gedicht Tübingen, Jänner dat daarin te vinden is, heeft Celan het over 'schwimmende Hölderlintürme'.

Het betreft hier de dichter Friedrich Hölderlin (1770-1843), die vanaf 1807 tot aan zijn dood eenzaam, grotendeels zwijgend en volgens velen in waanzin leefde. Hij werd verzorgd door een meubelmaker in Tübingen. Diens huis had een toren waaronder de rivier de Neckar stroomde. Die toren is bekend geworden als de Hölderlinturm omdat Hölderlin daarin een kamer had. Het commentaar bij het gedicht vertelt ondermeer dat Hölderlin daar "… in alle stilte de tweede helft van zijn leven voorbij liet duisteren, hoopvol wachtend op de komst van de nieuwe Christus, de mens."

Celans aanduiding 'schwimmende' verwijst naar de rivier onder de toren, en het meervoud 'Hölderlintürme' in plaats van 'Hölderlinturm' lijkt door hem bedoeld om het 'hoopvol wachten' van Hölderlin tot een algemeen gegeven te maken.

Eerst was er het getroffen zijn door de 'schwimmende Hölderlintürme' in het gedicht, is mij verteld, vervolgens genereerde dit de tekening. In haar titel is 'schwimmende' weggelaten maar het kan doorklinken in het uitgebeelde donker dat dan golvend en klotsend water wordt, waarop het geheel van bed en benen inderdaad niet zweeft doch drijft. Zoals het 'hoopvol wachten op de nieuwe mens' kan worden geassocieerd met het in licht zich manifesterende droombeeld van de uit het lege bed oprijzende twee benen.

Begin 2007 werd 'Hölderlintürme' voltooid. In die tijd kreeg in andere werken erotiek en dood gestalte. Bij het bekijken kan ik ook dat laten doorklinken, evenals trouwens dat in het oeuvre het bed begon als doodsbed van een laatste slaapkamer en de benen onder andere ook een rol spelen in verbeeldingen van verborgen of geheime vormen van overleven.

Hans Locher, mei 2007

Im Atelier liegt, immer in Reichweite, die 1988 im Ambo-Verlag, Baarn, erschienene zweisprachige Ausgabe mit Gedichten von Paul Celan, Keuze uit zijn poëzie met commentaren door Paul Sars en vertalingen door Frans Roumen (Auswahl aus seinem poetischen Werk, zusammengestellt von Paul Sars und übertragen von Frans Roumen). In einem der darin aufgenommenen Gedichte, Tübingen, Jänner, spricht Celan von „schwimmenden Hölderlintürmen".

Gemeint ist der Dichter Friedrich Hölderlin (1770-1843), der die Jahre von 1807 bis zu seinem Lebensende einsam verbrachte, größtenteils schweigend und der Ansicht vieler zufolge dem Wahnsinn verfallen. Ein Tübinger Schreinermeister kümmerte sich um ihn. Dessen Haus hatte einen Turm, unter dem der Neckar entlang floss. Dieser Turm hat als „Hölderlinturm" Berühmtheit erlangt, da der Dichter dort ein Zimmer bewohnte. Im Kommentar zu dem Gedicht heißt es unter anderem, dass Hölderlin dort „in aller Stille seine zweite Lebenshälfte vorbeidämmern ließ, hoffnungsvoll auf das Kommen des neuen Christus, des Menschen, wartend."

Celans Hinzufügung „schwimmende" bezieht sich auf den Fluss unterhalb des Turms, während der Plural „Hölderlintürme" statt des Singulars „Hölderlinturm" wohl so gemeint ist, dass er aus Hölderlins „hoffnungsvollem Warten" eine allgemeine Tatsache machen will.

Zuerst sei, so wurde mir erzählt, die Rührung ob der „schwimmenden Hölderlintürme" im Gedicht da gewesen, die dann in diese Zeichnung gemündet sei. Beim Titel wurde das Adjektiv „schwimmende" weggelassen, obwohl dies im dargestellten Dunkel anklingt, das dann zu wogendem und gluckerndem Wasser wird, auf dem das aus Bett und Beinen bestehende Ganze in der Tat nicht schwebt, sondern treibt. So wie sich das „hoffnungsvolle Warten auf den neuen Menschen" mit dem im Licht sich manifestierenden Traumbild der aus dem leeren Bett aufragenden zwei Beine assoziieren lässt.

Anfang 2007 wurde „Hölderlintürme" fertiggestellt. Zur gleichen Zeit wurde in anderen Arbeiten Erotik und Tod Form verliehen. Beim Betrachten kann ich auch das anklingen lassen, ebenso wie die Tatsache übrigens, dass das Bett im Oeuvre als Totenbett eines letzten Schlafzimmers begann und die Beine unter anderem auch in Phantasien von verborgenen oder geheimen Formen des Überlebens eine Rolle spielen.

Hans Locher, im Mai 2007

HÖLDERLINTÜRME

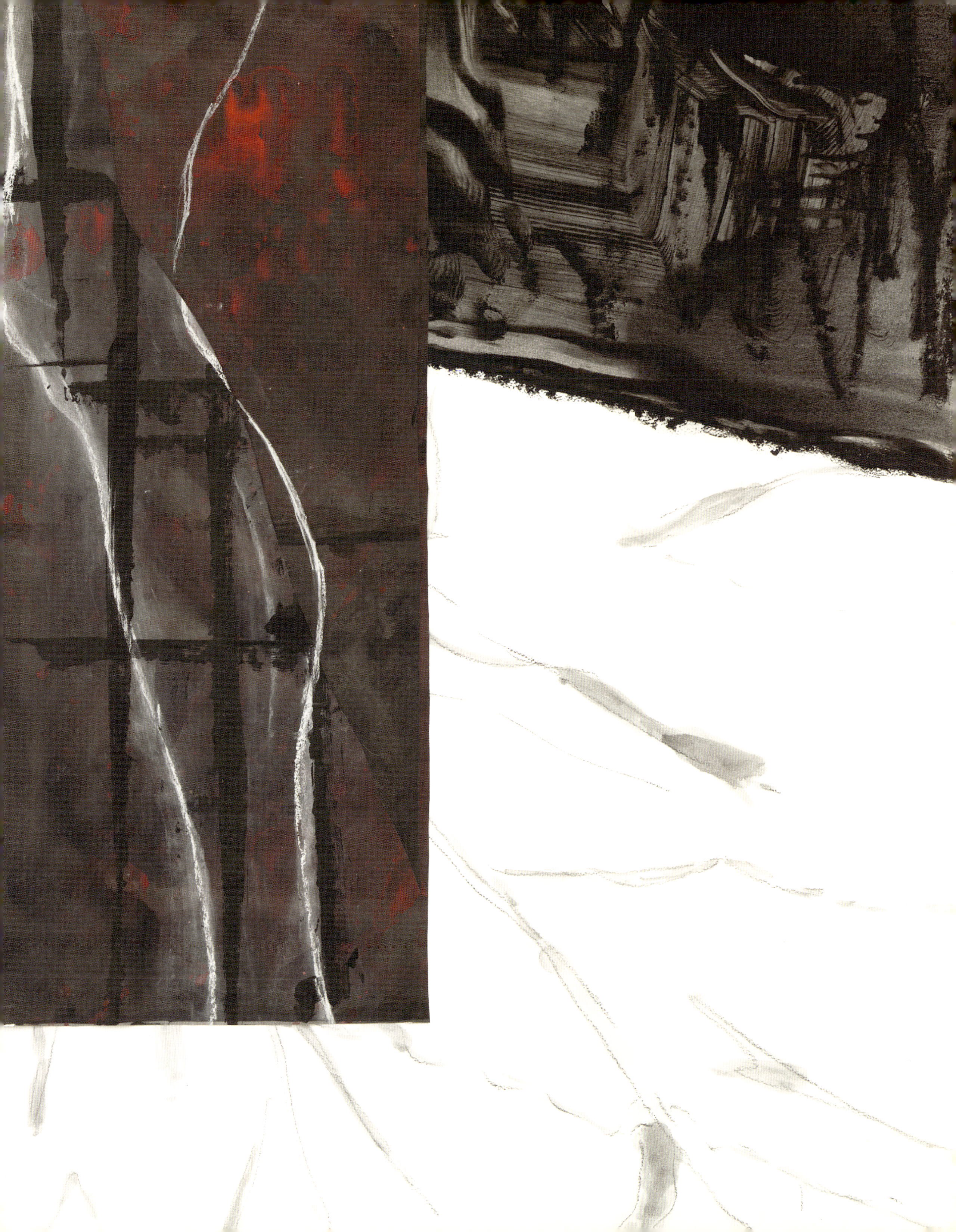

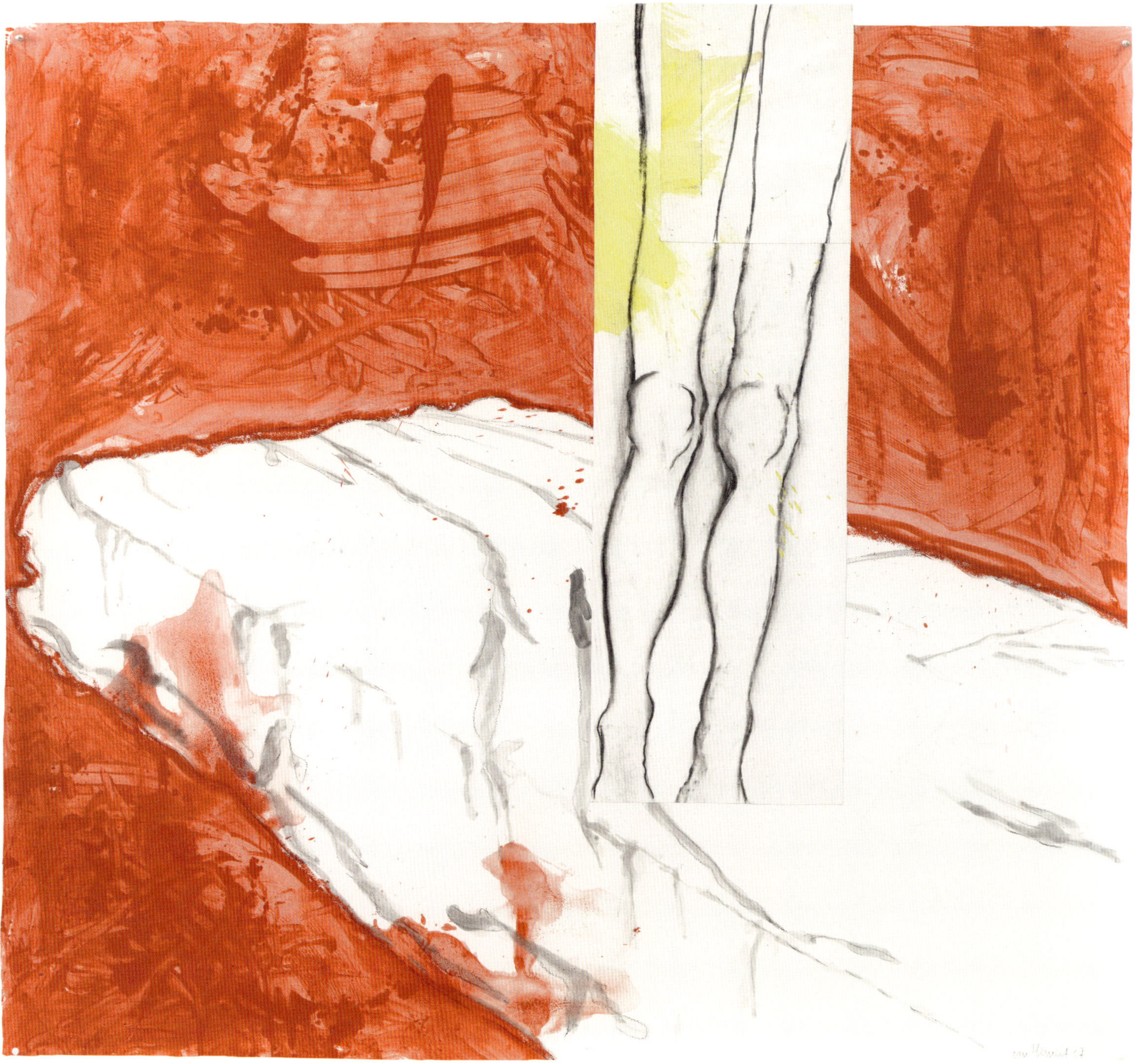

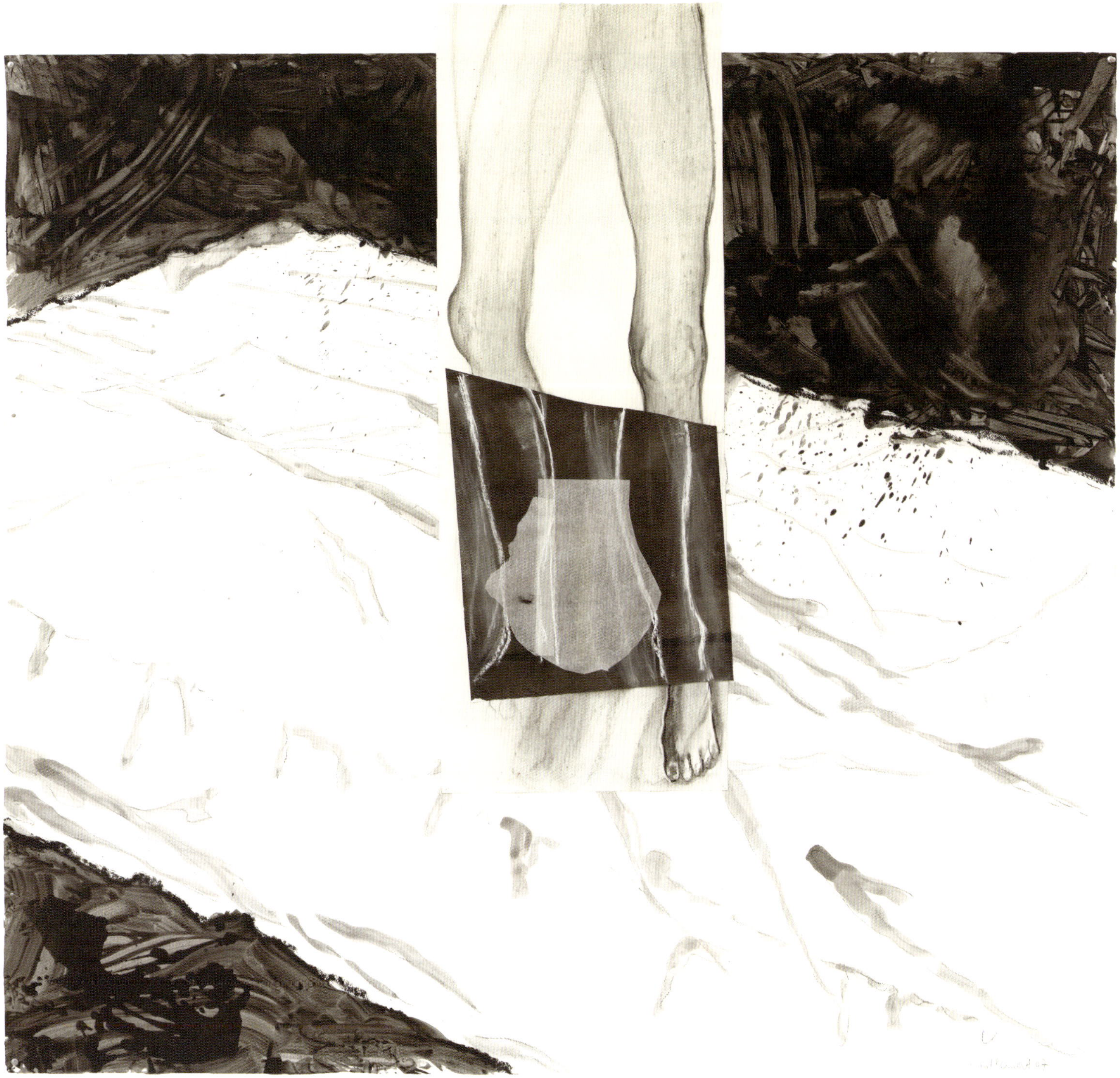

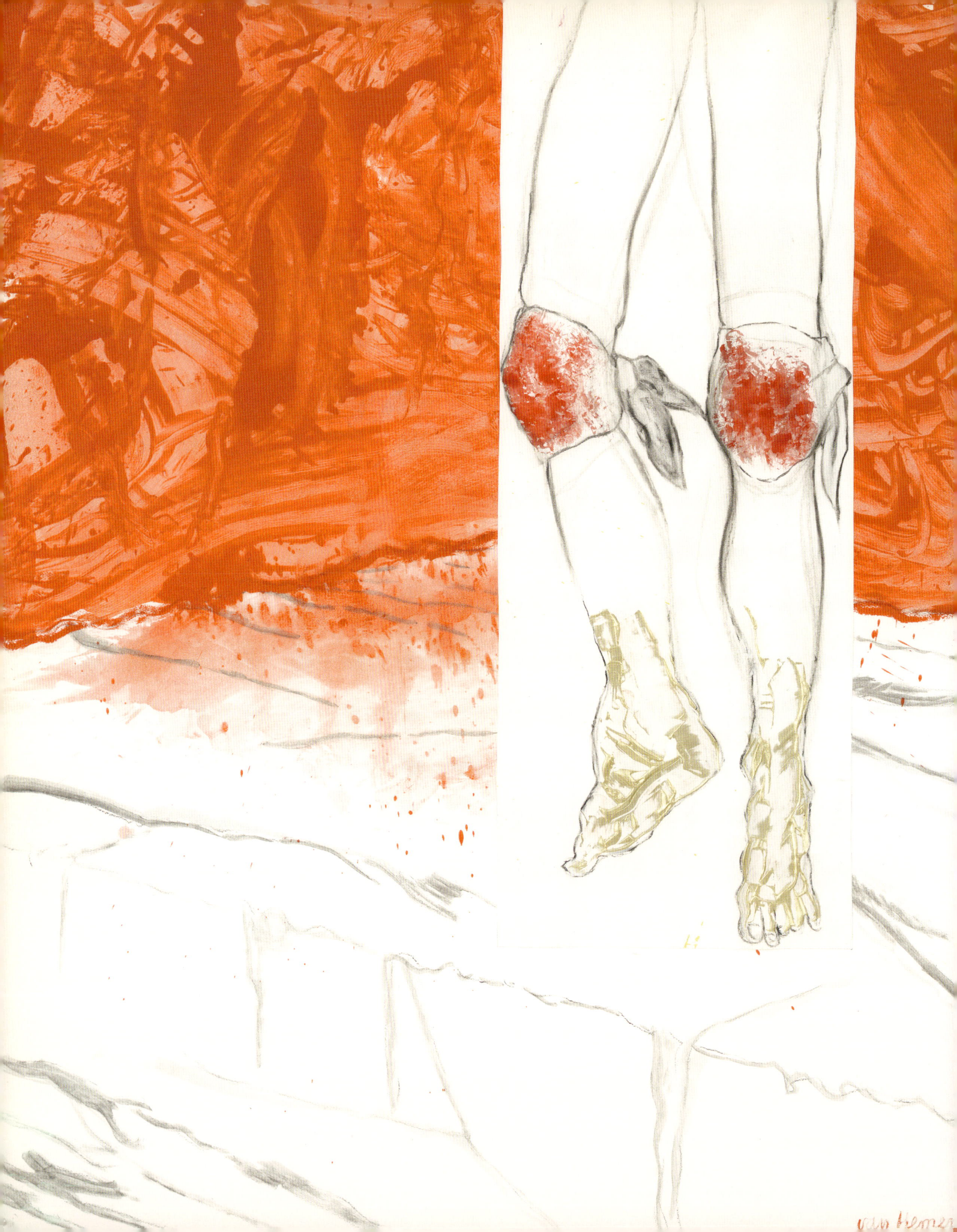

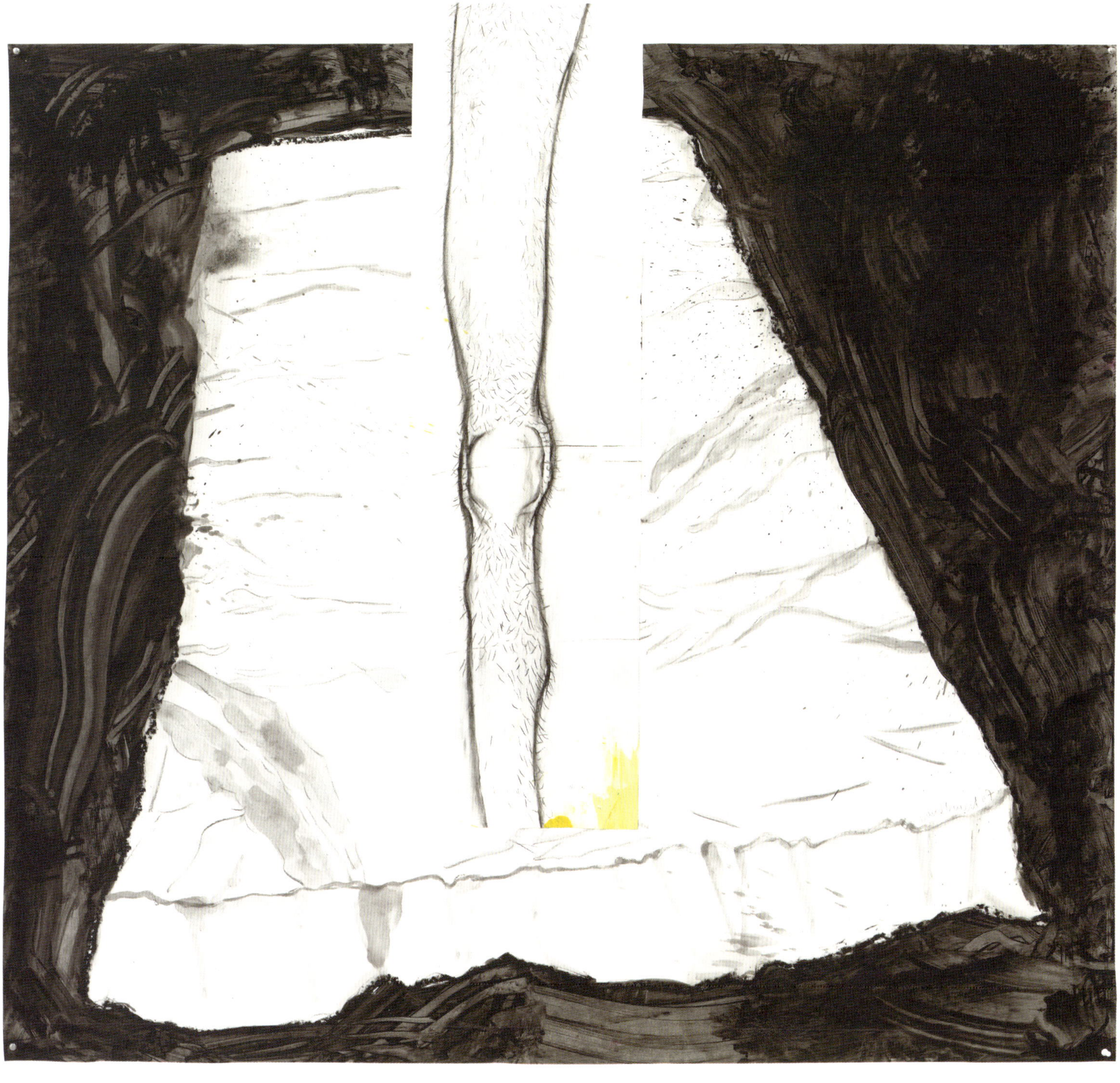

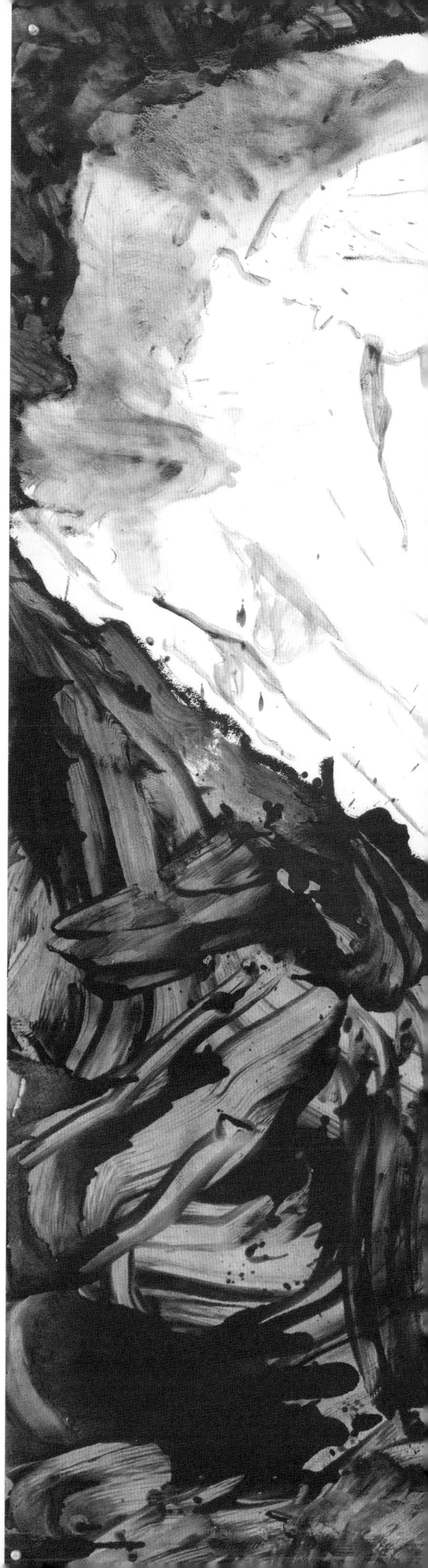

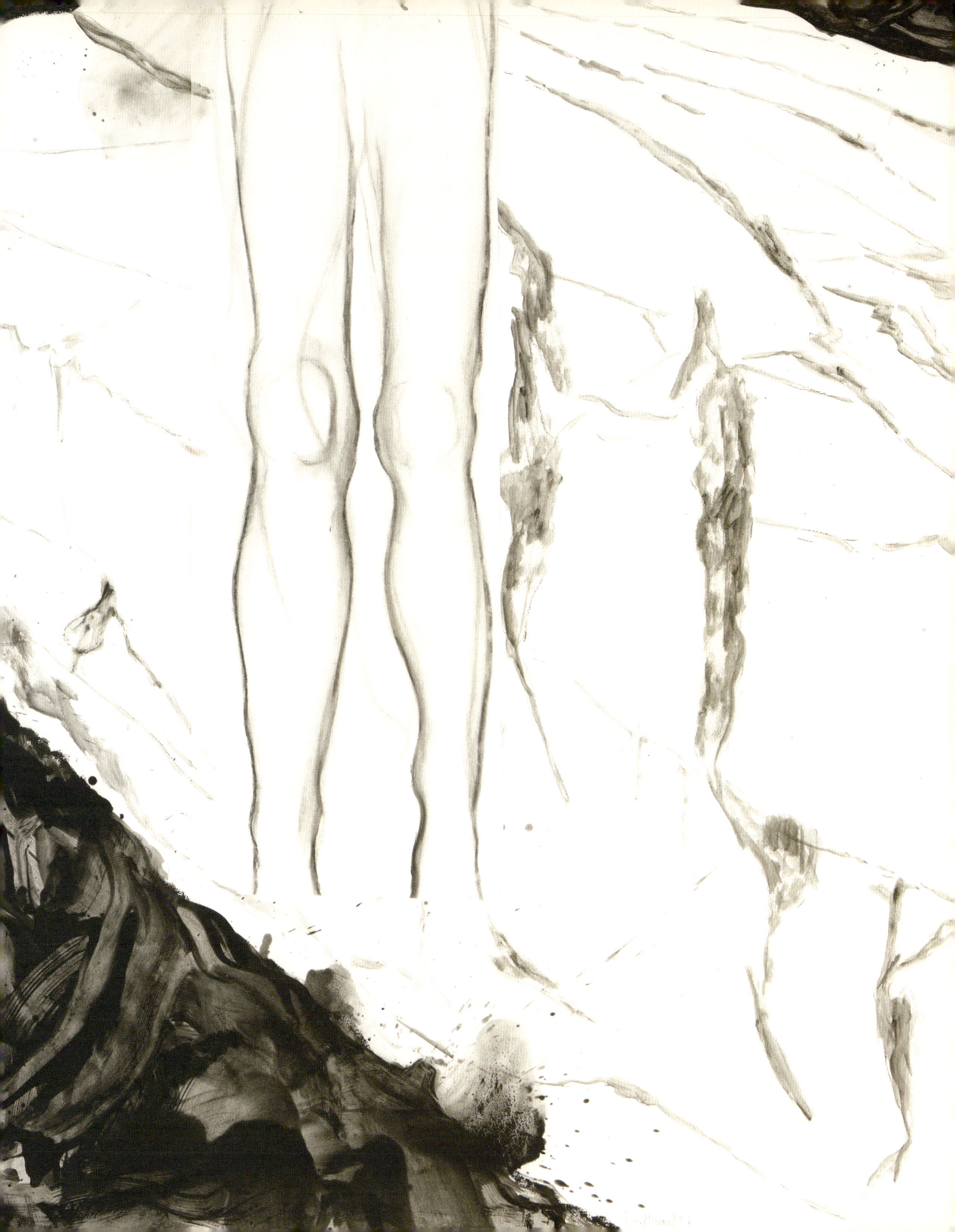

Bijschriften
Bildunterschriften

1 **Ohne Namen, 1981**
Collage, pigment en
vetkrijt op papier,
260 x 435 cm
Collectie Dibbets

2 **Hand, 1985**
Houtskool op papier,
24 x 36 cm
Collectie Becht

3 **Hand, 1985**
Houtskool en pastel
op papier, 36 x 24 cm
Collectie Becht

4 **Hand, 1985**
Houtskool, vetkrijt
en aquarel op papier,
36 x 24 cm
Collectie Becht

5 **Afscheidsbrief (detail),
1991** Olieverf op foto en
houtskool op jute, op hout,
26 x 33,5 cm
Tekst in beeld:
empty Bottles
Particuliere collectie

6 **Afscheidsbrief, 1991**
Olieverf op foto en
houtskool op jute, op hout,
26 x 33,5 cm
Tekst in beeld:
empty Bottles
Particuliere collectie

7 **Afscheidsbrief, 1991**
Olieverf op foto en
houtskool op jute, op hout,
26 x 33,5 cm
Tekst in beeld: give my
Saddle for a Song
Collectie Tordoir-
Kohschulte

8 **Afscheidsbrief, 1991**
Olieverf, foto, houtskool en
jute, op hout, 26 x 33,5 cm
Tekst in beeld: he had
a lot of money he had
a lot of fun
Verblijfplaats onbekend

9 **Afscheidsbrief, 1991**
Karton, olieverf, foto en
houtskool op jute, op hout,
26 x 33,5 cm
Particuliere collectie

10 **Afscheidsbrief, 1991**
Olieverf, foto, papier, jute
en houtskool op jute, op
hout, 26 x 33,5 cm
Gedicht: Paul Celan
Particuliere collectie

11 **Initiatie, 1992**
Houtskool op papier,
26,6 x 15 cm
Particuliere collectie

12 **Initiatie, 1992**
Houtskool op papier,
28,5 x 15,7 cm
Particuliere collectie

13 **Initiatie, 1992**
Houtskool op papier,
26 x 14,2 cm
Particuliere collectie

14 **Initiatie, 1992**
Houtskool op papier,
28,5 x 17 cm
Particuliere collectie

15 **Initiatie, 1992**
Houtskool op papier,
35 x 18,5 cm
Particuliere collectie

16 **Initiatie, 1992**
Houtskool op papier,
30,8 x 21 cm
Particuliere collectie

17 **Initiatie, 1992**
Houtskool op papier,
32,2 x 16 cm
Particuliere collectie

18 **Initiatie, 1992**
Houtskool op papier,
32,5 x 17,2 cm
Particuliere collectie

19 **Wond (uit: Initiatie),
1992** Pastel, inkt en
pigment op papier,
(6x) 24,5 x 34,5 cm
(1x) 34,5 x 24,5 cm
Particuliere collectie

20 **Wond, 1992**
Pastel en inkt op papier,
25,5 x 35,5 cm
Particuliere collectie

21 **Wond, 1992**
Pastel en inkt op papier,
25,5 x 35,5 cm
Particuliere collectie

22 **Wond, 1992**
Pastel en inkt op papier,
25,5 x 35,5 cm
Particuliere collectie

23 **Wond, 1992**
Pastel en inkt op papier,
25,5 x 35,5 cm
Particuliere collectie

24 **Wond, 1992**
Pastel en inkt op papier,
25,5 x 35,5 cm
Particuliere collectie

25 **Birth Copulation Death,
1994** oilstick en krijt op
papier, 142 x 155 cm
Particuliere collectie

26 **Secret Survivors
(detail), 1995**
Oilstick op papier,
(15x) 142 x 155 cm
Zaalaanzicht Museum
Het Valkhof, Nijmegen
NOG Collectie van het
SNS REAAL Fonds, Utrecht

27 **Secret Survivors,
1994-1995**
Oilstick op papier,
(6x) 142 x 155 cm

28 **Secret Survivors,
1994-1995**
Oilstick op papier,
(6x) 142 x 155 cm
Collectie Latal-Fischer

29 **Secret Survivors, 1994**
Houtskool op papier,
33 x 27,5 cm
Tekst in beeld:
what is wrong with me
Particuliere collectie

30 **Secret Survivors, 1994**
Houtskool op papier,
32,5 x 24 cm
Tekst in beeld: embody me,
awake me, be me, beat me
Particuliere collectie

31 **Secret Survivors, 1994**
Houtskool op papier,
23,3 x 12 cm
Tekst in beeld: embody me,
awake me, be me, beat me
Particuliere collectie

32 **Secret Survivors, 1994**
Houtskool op papier,
33,7 x 24,2 cm
Tekst in beeld:
if you'd just cry
Particuliere collectie

33 **Secret Survivors, 1994**
Houtskool op papier,
36,5 x 25,2 cm
Tekst in beeld:
if you'd just cry
Particuliere collectie

34 **Secret Survivors, 1994**
Houtskool op papier,
34,8 x 22,6 cm
Tekst in beeld:
use me, abuse me
Particuliere collectie

35 **Secret Survivors, 1994**
Houtskool op papier,
31,5 x 24 cm
Tekst in beeld: empty me,
hit me, lick me, suck me,
blind me, rape me, answer
me, eat me
Particuliere collectie

36 **Secret Survivors, 1994**
Houtskool op papier,
37,2 x 29,2 cm
Tekst in beeld:
taste me, waste me
Particuliere collectie

37 **Secret Survivors, 1994**
Houtskool op papier,
32,3 x 24,7 cm
Particuliere collectie

38 **Secret Survivors, 1994**
Houtskool op papier,
35,4 x 26,2 cm
Particuliere collectie

39 Secret Survivors, 1994
Houtskool op papier,
32,3 x 26,3 cm
Tekst in beeld: please, cry
Particuliere collectie

40 Secret Survivors, 1994
Houtskool op papier,
37,5 x 23,4 cm
Tekst in beeld:
wing me, heal me
Particuliere collectie

41 Secret Survivors, 1994
Houtskool op papier,
48 x 31,5 cm
Tekst in beeld: injure me,
screw me, fuck me, dama-
ge me, hold me, deny me,
envy me, leave me, lick
me, hit me, shit me,
piss me, hold me
Particuliere collectie

42 Secret Survivors, 1994
Houtskool op papier,
37,8 x 23,9 cm
Tekst in beeld:
box me, fox me
Particuliere collectie

43 Secret Survivors, 1994
Collage, houtskool op
papier, 31,5 x 48 cm
Collectie Teylers Museum,
Haarlem

44 Secret Survivors, 1994
Houtskool op papier,
26 x 24,8 cm
Particuliere collectie

45 Secret Survivors, 1994
Houtskool op papier,
26,8 x 23,3 cm
Particuliere collectie

46 Secret Survivors, 1994
Collage, houtskool op
papier, 32,4 x 24,7 cm
Particuliere collectie

47 Secret Survivors, 1994
Collage, oilstick, houtskool
en aquarel op papier,
142 x 155 cm
Collectie Rijksmuseum
Twenthe, Enschede

48 Secret Survivors, 1995
Oilstick, houtskool en
aquarel op papier,
142 x 155 cm
Collectie De Bruin-Heijn

49 Secret Survivors, 1994
Collage, oilstick, houtskool
en aquarel op papier,
142 x 155 cm
Collectie Armando

50 Secret Survivors, 1994
Oilstick en aquarel op
papier, 155 x 142 cm
Particuliere collectie

51 Secret Survivors, 1995
Oilstick, houtskool,
pastel en aquarel op
papier, 155 x 142 cm

52 Secret Survivors, 1995
Oilstick, houtskool en
aquarel op papier,
142 x 155 cm

53 Secret Survivors
(detail), 1994-1995
Deel van tweeluik, inkt,
krijt en pastel op papier,
50 x 64,5 cm
Particuliere collectie

54 Secret Survivors, 1995
Inkt, krijt, pastel en
pigment op papier,
50 x 64,5 cm
Particuliere collectie

55 Secret Survivors, 1995
Inkt, krijt, pastel en
pigment op papier,
50 x 64,5 cm
Particuliere collectie

56 Secret Survivors, 1995
Inkt, krijt, pastel en
pigment op papier,
50 x 64,5 cm
Particuliere collectie

57 Secret Survivors, 1995
Inkt, krijt, pastel en
pigment op papier,
50 x 64,5 cm
Particuliere collectie

58 Secret Survivors, 1995
Inkt, krijt en pigment op
papier, 64,5 x 50 cm
Collectie De Zwarte Gijt

59 Secret Survivors, 1995
Inkt, krijt, pastel en
pigment op papier,
64,5 x 50 cm
Particuliere collectie

60 Secret Survivors, 1995
Inkt, krijt, pastel en
pigment op papier,
64,5 x 50 cm
Particuliere collectie

61 Secret Survivors, 1995
Inkt, krijt, pastel en
pigment op papier,
64,5 x 50 cm
Collectie De Heus-Zomer

62 Secret Survivors, 1995
Oilstick, krijt, pastel en
aquarel op papier,
142 x 155 cm
Tekst in beeld: shadow me
Collectie De Heus-Zomer

63 Secret Survivors, 1995
Oilstick, krijt, pastel en
aquarel op papier,
142 x 155 cm

64 Secret Survivors, 1995
Oilstick, krijt, pastel en
aquarel op papier,
142 x 155 cm

65 Hymn, 2000-2001
Collage, oilstick,
krijt en aquarel op papier,
142 x 155 cm
Particuliere collectie

66 You/Me, 1999
Oilstick, krijt, pastel
en aquarel op papier,
(12x) 97 x 150 cm
Zaalaanzicht Haags
Gemeentemuseum,
Den Haag

67 You/Me, 1998
Oilstick en aquarel op
papier, (6x) 142 x 155 cm
Collectie Museum van
Bommel van Dam, Venlo

68 You/Me, 1998
Oilstick en aquarel op
papier, (3x) 142 x 155 cm

69 You/Me, 1999
Oilstick, krijt, pastel en
aquarel op papier,
(12x) 97 x 150 cm

70 You/Me (detail), 1999
Oilstick, krijt, pastel
en aquarel op papier,
(12x) 97 x 150 cm

71 You/Me, 2000
Oilstick op papier,
(6x) 142 x 155 cm

72 I am you, 1999-2000
Oilstick op papier,
142 x 155 cm
Particuliere collectie

73 I am you, 1999-2000
Collage, acryl, oilstick,
inkt, pigment en
houtskool op papier,
(6x) 142 x 155 cm
Particuliere collectie

74 You/Me, 1998
Houtskool op papier,
49,8 x 32 cm
Particuliere collectie

75 You/Me, 1998
Houtskool op papier,
49,8 x 32 cm
Particuliere collectie

76 You/Me, 1998
Houtskool op papier,
49,8 x 32 cm
Collectie De Bruin-Heijn

77 You/Me, 1998
Houtskool op papier,
49,8 x 32 cm
Particuliere collectie

78 You/Me, 1998
Houtskool op papier,
49,8 x 32 cm
Particuliere collectie

79 You/Me, 1998
Houtskool op papier,
49,8 x 32 cm
Particuliere collectie

80 You/Me, 1998
Houtskool op papier,
49,8 x 32 cm
Particuliere collectie

81 You/Me, 1998
Houtskool op papier,
49,8 x 32 cm
Particuliere collectie

82 You/Me, 1998
Houtskool op papier,
49,8 x 32 cm
Particuliere collectie

83 You/Me, 2001
Acryl, pigment en aquarel
op papier, 155 x 142 cm
Collectie Ministerie van
Buitenlandse Zaken,
Den Haag

84 You/Me, 2002
Acryl, pigment en aquarel
op papier, 155 x 142 cm

85 You/Me, 2002
Acryl, pigment, jute
en houtskool op papier,
142 x 155 cm
Collectie De Heus-Zomer

86 You/Me, 2002
Acryl, pigment, ijzerdraad
en aquarel op papier,
142 x 155 cm
Tekst in beeld: Niemand
Collectie De Heus-Zomer

87 You/Me, 2001
Acryl, inkt, dakpan,
porselein en jute op papier,
142 x 155 cm
Collectie Mallée

88 You/Me, 2002
Collage, acryl, inkt,
pastel, oilstick en jute
op papier, 142 x 155 cm
Particuliere collectie

89 You/Me, 2002
Collage, acryl, pastel, inkt,
pigment, oilstick en jute
op papier, 142 x 155 cm
Particuliere collectie

90 You/Me, 2002
Acryl, oilstick, houtskool,
pigment, aquarel en jute
op papier, 155 x 142 cm
Collectie Rikken

**91 Birth Copulation Death
(detail), 2001-2002**
Acryl, pigment, aquarel
en veren op papier,
86 x 61 cm

**92 Flowers of Romance
(detail), 1996**
Pastel op papier,
26,8 x 37 cm
Particuliere collectie

**93 Flowers of Romance,
1996** Pastel, krijt en
houtskool op papier,
33,7 x 26,2 cm
Particuliere collectie

**94 Flowers of Romance,
1996** Pastel, krijt en
houtskool op papier,
37,5 x 23,4 cm
Particuliere collectie

**95 Flowers of Romance,
1996** Pastel en krijt op
papier, 37 x 26,1 cm
Particuliere collectie

**96 Flowers of Romance,
1996** Pastel en krijt op
papier, 32,7 x 24 cm
Particuliere collectie

**97 Flowers of Romance,
1996** Pastel en krijt op
papier, 26,2 x 33,2 cm
Particuliere collectie

**98 Flowers of Romance,
2003** Collage, acryl, inkt,
krijt en pigment op papier,
142 x 155 cm
Collectie Museum van
Bommel van Dam, Venlo

**99 Flowers of Romance,
2002** Collage, acryl, inkt,
krijt en pigment op papier,
142 x 155 cm
Particuliere collectie

**100 Flowers of Romance,
2002** Collage, acryl, inkt,
krijt en pigment op papier,
142 x 155 cm

**101 Flowers of Romance,
2002** Collage, acryl, inkt,
krijt en pigment op papier,
142 x 155 cm

**102 Flowers of Romance,
2002** Collage, acryl, inkt,
krijt en pigment op papier,
133 x 155 cm
Courtesy Galerie Willy
Schoots, Eindhoven

**103 Flowers of Romance,
2002** Collage, acryl, inkt,
krijt en pigment op papier,
142 x 155 cm
Particuliere collectie

**104 Und die Frauen
warten…, 2004** Collage,
acryl, pigment en aquarel
op papier, 86 x 61 cm
Particuliere collectie

**105 Und die Frauen
warten…, 2004** Collage,
acryl, oilstick, pigment en
krijt op papier, 86 x 61 cm
Particuliere collectie

**106 Und die Frauen
warten…, 2004** Collage,
acryl, oilstick, pigment en
krijt op papier, 86 x 61 cm
Particuliere collectie

Biografie
Biographie

Museale- en bedrijfscollecties
Sammlungen in Museen und Unternehmen
Particuliere collecties
Private Sammlungen

107 **Und die Frauen warten...**, 2004 Collage, acryl en houtskool op papier, 86 x 61 cm
Particuliere collectie

108 **Und die Frauen warten...**, 2004 Collage, acryl, olieverf en houtskool op papier, 86 x 61 cm
Particuliere collectie

109 **Und die Frauen warten...**, 2004 Acryl, olieverf en houtskool op papier, 86 x 61 cm
Collectie Bontje

110 **Und die Frauen warten...**, 2005 Collage, acryl, foto's en houtskool op papier, 86 x 61 cm

111 **Engel**, 1999-2007 Collage, oilstick en houtskool op papier, 142 x 155 cm

112 **Engel**, 1999 Collage, oilstick en houtskool op papier, 142 x 155 cm

113 **Engel**, 1999-2007 Collage, oilstick en houtskool op papier, 142 x 155 cm

114 **Engel**, 2000-2007 Collage, oilstick, houtskool en krijt op papier, 142 x 155 cm
Particuliere collectie

115 **Engel**, 1999-2007 Collage, oilstick, houtskool en ijzerdraad op papier, 142 x 155 cm

116 **Engel**, 1999-2007 Collage, acryl, oilstick, houtskool en pigment op papier, 155 x 142 cm
Collectie Galerie Dom'Arte, Rucphen

117 **Engel**, 1999-2007 Collage, acryl, oilstick, pigment, inkt en krijt op papier, 142 x 155 cm

118 **Engel**, 1999-2007 Collage, acryl, oilstick, pigment, inkt en krijt op papier, 142 x 155 cm

119 **Engel**, 1999-2007 Acryl, oilstick, houtskool en pigment op papier, 142 x 155 cm

120 **Engel**, 1999-2007 Collage, acryl, oilstick, houtskool en pigment op papier, 142 x 155 cm

121 **La Petite Mort**, 2006 Collage en aquarel op papier, 60 x 50 cm

122 **La Petite Mort**, 2006 Aquarel op papier, (2x) 60 x 50 cm

123 **La Petite Mort**, 2006 Aquarel op papier, (2x) 60 x 50 cm

124 **La Petite Mort**, 2006 Aquarel op papier, (2x) 60 x 50 cm

125 **La Petite Mort**, 2006 Aquarel op papier, (2x) 60 x 50 cm

126 **La Petite Mort**, 2006 Aquarel op papier, (2x) 60 x 50 cm

127 **La Petite Mort**, 2006 Aquarel op papier, (2x) 60 x 50 cm

128 **La Petite Mort**, 2006 Aquarel op papier, (2x) 60 x 50 cm
Collectie Teylers Museum, Haarlem

129 **La Petite Mort**, 2006 Collage, acryl, oilstick, houtskool, pastel, aquarel en ijzerdraad op papier, 132 x 105 cm
Collectie Galerie Espace Enny, Laag Keppel

130 **La Petite Mort**, 2006 Collage, acryl, oilstick, inkt en aquarel op papier, 126 x 102 cm
Particuliere collectie

131 **La Petite Mort**, 2006 Collage, oilstick, inkt en aquarel op papier, 122 x 102 cm

132 **La Petite Mort**, 2006 Collage, oilstick, inkt, aquarel, pastel en foto op papier, 132 x 102 cm

133 **La Petite Mort**, 2006 Collage, inkt, aquarel en houtskool op papier, 122 x 102 cm

134 **La Petite Mort**, 2006 Collage, acryl, inkt, aquarel en krijt op papier, 142 x 102 cm

135 **La Petite Mort**, 2006 Collage, inkt, aquarel en houtskool op papier, 122 x 102 cm

136 **Kruisiging**, 2006-2007 Collage, inkt en aquarel op papier, 180 x 147 cm

137 **Kruisiging**, 2006-2007 Collage, acryl, oilstick en houtskool op papier, 212 x 181 cm
Particuliere collectie

138 **Hölderlintürme (detail)**, 2007 Collage, oilstick, houtskool, krijt en inkt op papier, 142 x 155 cm

139 **Hölderlintürme**, 2007 Collage, acryl, oilstick en houtskool op papier, 142 x 155 cm

140 **Hölderlintürme**, 2007 Collage, oilstick, houtskool, krijt en inkt op papier, 142 x 155 cm

141 **Hölderlintürme**, 2007 Collage, acryl, oilstick en houtskool op papier, 142 x 155 cm
Particuliere collectie

142 **Hölderlintürme**, 2007 Collage, oilstick en houtskool op papier, 142 x 155 cm

143 **Hölderlintürme**, 2007 Collage, oilstick en houtskool op papier, 142 x 155 cm

144 **Icoon (Mao)**, 2007 Collage, acryl, pastel, inkt, pigment, houtskool en ijzerdraad op papier, 146 x 130 cm

145 **Icoon (Van Gogh)**, 2007 Collage, acryl, pastel, inkt, pigment, houtskool en ijzerdraad op papier, 102 x 90 cm

146 **Icoon (Huilende vrouw)**, 2007 Collage, acryl, olieverf, houtskool, pigment en ijzerdraad op papier, 86 x 74,5 cm

1956, geboren in Kerkrade
1975-1979, opleiding TeHaTex, Tilburg
1980-1982, Ateliers '63, Haarlem
Woont en werkt in Starnmeer

ABN AMRO, Amsterdam
AEGON NV, Den Haag
Museum van Bommel van Dam, Venlo
Bonnefantenmuseum, Maastricht
Delta-Lloyd, Rotterdam
DSM, Heerlen
Eneco, Rotterdam
Frans Halsmuseum, Haarlem
Gasunie, Groningen
Gemeentemuseum, Helmond
Gemeente Heerenveen
Haags Gemeentemuseum, Den Haag
Indofin Groep
KLM, Schiphol
NOG, Amsterdam
Noordbrabantsmuseum, Den Bosch
Hannema-de Stuers Fundatie, Heino
Moret, Ernst en Young, Rotterdam
Nederlandse Bank, Amsterdam
Museum Het Valkhof, Nijmegen
P.R.C. Bouwcentrum
Provincie Noord-Holland, Haarlem
Van Reekum Museum, Apeldoorn
Instituut Collectie Nederland
Rijksdienst Beeldende Kunst, Den Haag
Rijksmuseum Twenthe, Enschede
Shell, Rotterdam
Sparkasse, Siegen
Stadsgalerij, Heerlen
Stedelijk Museum, Amsterdam
Teylers Museum, Haarlem
Le Frac Franche-Comté, Dole
Nederlandse Ambassade, Parijs
Nederlandse Ambassade, Hongkong
Glaspalast Museum Wolfsburg
•
Amsterdam
Berlijn
Boston
Bonn
Hongkong
Keulen
Londen
Lanaken
New York
Miami
Oberhausen
Parijs
Siegen
Tokio
Zürich

Eenmanstentoonstellingen (een keuze)
Einzelausstellungen (eine Auswahl)

Groepstentoonstellingen
Gruppenausstellungen

1987 • Galerie Terzijde, Bussum
1990 • Von Leipzig bis Amsterdam, 4.Biennale an der Ruhr
• Frank van Hemert, Städtische Galerie Schloß Oberhausen
• Re-Constructie, Haags Gemeentemuseum, Den Haag
1992 • Galerie Apicella, Keulen
1993 • Frank van Hemert, Initiatie, schilderijen en tekeningen
Rijksmuseum Twenthe, Enschede
1991/1995 • Jaarlijkse exposities in Galerie Nouvelles Images, Den Haag
1994 • DSM, Heerlen
1996 • Frank van Hemert, 124 werken, Haags Gemeentemuseum, Den Haag
• Kunstverein, Siegen
• Gasunie Galerij, Groningen
1998 • You/Me, Galerie van Laethem, Lanaken
• Frank van Hemert, Galerie Apicella, Keulen
• Frank van Hemert, Haags Gemeentemuseum, Den Haag
• Hannema-de Stuers Fundatie, Heino
1999 • Frank van Hemert, 3, Rijksmuseum Twenthe, Enschede
• Frank van Hemert, Galerie Latal, Zürich
• Frank van Hemert, Haags Gemeentemuseum, Den Haag
• Galerie Apicella, Keulen
2000 • Frank van Hemert, Ruimschoots, drawings en paintings, Galerie Willy Schoots, Eindhoven
• Frank van Hemert, Tekeningen, Haags Gemeentemuseum, Den Haag
• Frank van Hemert, Schilderijen, Museum Het Valkhof, Nijmegen
2002 • Galerie Michael Schultz, Berlijn
• KunstRAI, Galerie Willy Schoots, Eindhoven
• Stedelijk Museum, Amsterdam
2003 • Frank van Hemert, Tekeningen, Museum Het Valkhof, Nijmegen
• Und die Frauen warten..., Schilderijen en tekeningen, Galerie Willy Schoots, Eindhoven
2005 • Galerie Weilinger, Salzburg
2006 • Kunstverein Siegen
2007 • Art Amsterdam, Galerie Borzo
• Birth Copulation Death, Museum van Bommel van Dam, Venlo
2008 • Birth Copulation Death, Siegerland Museum, Oranienstrasse Siegen
• Birth Copulation Death, Teylers Museum, Haarlem
• Birth Copulation Death, Borzo Modern & Contemporary Art, Amsterdam
• Birth Copulation Death, Galerie Dom'Arte, Rucphen
2009 • Birth Copulation Death, Gustav-Lübcke-Museum, Hamm
• Birth Copulation Death, Espace Enny, Laag Keppel

1982 • Documenta 7, Kassel
1983 • Museum Fodor, Amsterdam
• De Vleeshal, Middelburg
1984 • Collectie Agnes en Frits Becht, Stedelijk Museum, Amsterdam
• 7 in de Campagne, Den Helder
1985 • 15 Internationale Kunstenaars, Van Abbemuseum, Eindhoven
• 5-jaarlijkse Keuze Ateliers '63, Museum Fodor, Amsterdam
• 1e Noord-Nederlandse Biënnale, Ceres Gebouw, Amsterdam
1986 • Rijksaankopen, Den Haag
1987 • Collectie Agnes en Frits Becht, Musée d'Art Moderne, Villeneuve d'Asq
1988 • Collectie Agnes en Frits Becht, Centre Régional d'Art Contemporain, Midi-Pyrénées
• 10 jaar Stedelijke Kunstcollectie, Gemeentemuseum Helmond
• 36 Standpunten van de Nederlandse Schilderkunst, Haags Centrum voor de Aktuele Kunst, HCAK, Den Haag
1989 • Tekeningen, Galerie Nouvelles Images, Den Haag
• KunstRAI '89, Amsterdam
1990 • Rijksaankopen, Noordbrabants Museum, Den Bosch
• Tekeningen, Galerie Tanya Rumpff, Haarlem
1991 • Frank van Hemert, Arjanne van der Spek, Haags Gemeentemuseum, Den Haag
• Kunst Landschaft Europa, Kunstverein für die Rheinlande und Westfalen, Düsseldorf
1992 • Art Cologne, Keulen
• The bed-springs Twang in our House, Collectie Becht, Arnolfini Gallery, Bristol
1993 • Brussels Artfair, Brussel
1994 • Nijmeegs Museum Commanderie van Sint Jan, Nijmegen
• Große Kunstausstellung, Haus der Kunst, München
• Art Frankfurt
• Art Madrid
• Tekenend, tekeningen van Nederlandse kunstenaars uit de collectie Becht, Van Reekum Museum, Apeldoorn
1995 • Bonnefantenmuseum, Maastricht
• ABN AMRO tekeningencollectie, Stedelijk Museum, Amsterdam
• Een zomerlied in 30 coupletten, Van Reekum Museum, Apeldoorn
1996 • NOG maar net, collectie NOG Verzekeringen, Amsterdam, Van Reekum Museum, Apeldoorn
• Luchtspiegels, Noordbrabants Museum, Den Bosch
• Proud flesh, De Vishal, Haarlem
• Magie der Zahl, Staatsgalerie, Stuttgart
1997 • Dutch Tide, Eight Floor, New York
• Dutch Tide, Herman Molendijk Stichting, Amersfoort
1998 • Breeduit, Van Reekum Museum, Apeldoorn
1999 • Art Frankfurt, Galerie Apicella
• Art Cologne, Keulen
• Kunst im Willy Brandt Haus, Berlin
• NL in Nordrhein Westfalen, Siegen, Wittgenstein
2000 • Art Cologne, Keulen
• Bloemen van de nieuwe tijd in de hedendaagse kunst, Noordbrabants Museum, Den Bosch
• Le Frac Franche-Comté, Dole
• Choices, Galerie Willy Schoots, Eindhoven
2001 • Al Vlees, Vleeshal, Haarlem
• 87,5 % verf, Stadsgalerie, Heerlen
• Art Cologne, Keulen
• Art Brussels
2002 • Noorderbreedte Collectie, Centrum voor Beeldende Kunst, Groningen en Heerenveen
• Art Cologne, Galerie Willy Schoots, Eindhoven
• Art Cologne, Galerie Michael Schultz, Berlijn
• Collectie Uitwaterende Sluizen, Edam
• Verweijhal, Haarlem
• Museum Waterland, Purmerend
2003 • Le Frac Franche-Comté, Dole
• Galerie Michael Schultz, Berlijn
• Art Cologne, Keulen
• 10 jaar Art Cologne, Galerie Willy Schoots, Eindhoven
• KunstRAI Amsterdam
• 1e Noordhollandse Biënale
2004 • Kunst in de Mondriaantoren, Amsterdam
• Art Rotterdam
• KunstRAI Amsterdam
• Art Cologne, Keulen
2005 • Aan de Hand van [1], Museum Bommel van Dam, Venlo
• Moderne Kunst, Museum Het Valkhof, Nijmegen
2006 • Bloemen, Fleurs and Flowers, Streekmuseum Land van Valkenburg
• Delta Lloyd Collectie, Mondriaantoren, Amsterdam
• Galerie Willy Schoots, Eindhoven
• Himmelschöre und Höllenkrach, Gustav Lübcke Museum, Hamm
2007 • Aan de Hand van [3], Museum van Bommel van Dam, Venlo

Bibliografie (een keuze uit boeken/
tentoonstellingscatalogi/tijdschriften/kranten)
Bibliographie (eine Auswahl aus Monografien/
Ausstellungskatalogen/Zeitschriften/Zeitungen)

Frank van Hemert,
Birth Copulation Death,
werk op papier
Oeuvrecat. tent., Robbert
Roos en Hans Locher,
Museum van Bommel van
Dam Venlo, Siegerland
Museum Siegen,
Teylers Museum Haarlem,
Gustav-Lübcke-Museum
Hamm, 2007

Beelden die de kijker bij
de strot pakken
Cees Straus, Trouw,
21-03-2007, p. 12

Frank van Hemert,
Und die Frauen warten...
Cat. tent., Saskia
Monshouwer, Galerie
Willy Schoots, 2003

De mens schiet tekort
bij Van Hemert
Cees Straus, Trouw,
04-02-2003, p. 13

Frank van Hemert,
Mind of Tibet,
Malerei auf Leinwand
Cat. tent., Franz-W Kaiser,
Galerie Michael Schultz,
2002

Frank van Hemert 3,
Tien drieluiken
geboorte leven dood
Cat. tent., Jan Hein
Sassen, Rijksmuseum
Twenthe, 1999

Frank van Hemert
Cat. tent., Lisette Pelsers,
Galerie Willy Schoots,
1999

Artistieke expeditie van
Van Hemert
Wim van der Beek,
Zwolsche Courant,
Dagblad Flevoland,
30-01-1999

Leven en dood in
Rijksmuseum
Twentsche Courant,
11-02-1999

Thema 'immer wieder
in Reihen variiert'
Westfälische Nachrichten,
06-03-1999

Al het goede komt in drieën
Flora Stiemer, Algemeen
Dagblad, 09-03-1999

Getuige van waanzin
en dood
Cees Straus, Trouw,
17-03-1999, p. 15

Frank van Hemert
David Henebury,
Gasunie, 1996

Frank van Hemert
Existentiële expressie
Walter Barten, Financieel
Dagblad, 27-01-1996

Frank van Hemert,
124 werken = 124 works
Oeuvrecat. tent.,
Hans Locher, Jonieke van
Es en Franz-W Kaiser,
Haags Gemeentemuseum,
1996

Groot overzicht
Frank van Hemert;
Het schilderij als optelsom
Kunstbeeld, maart 1996,
p. 43/44

De bezweringen
van het penseel
Flora Stiemer,
Algemeen Dagblad,
07-03-1996, p. 26

Goede kunst is in
essentie religieus
Bas Donker van Heel,
Haarlems Dagblad,
08-03-1996

Universele thema's voor
directiekamer of salon
Het Parool, 02-04-1996,
p. 13

Frank van Hemerts bezeten
schilderijen en tekeningen;
Rode striemen over het wit
Janneke Wesseling,
NRC Handelsblad,
03-04-1996, p. 9

Agressieve schaduwdieren
uit een nachtmerrie
Wilma Suto,
De Volkskrant,
03-04-1996, p. 15

Verbeten jacht van
Frank van Hemert
Wim van der Beek,
Telegraaf, 30-04-1996

Frank van Hemert
grift de nagels diep in
de kalken muur
Cees Straus, Trouw,
18-05-1996

Geheim
Erick Kila, Haagsche
Courant, 20-10-1996

Frank van Hemert;
Twee series
Jonieke van Es, Jaarboek
Haags Gemeentemuseum
1994, Den Haag 1995,
p. 60-67

Tekenend, tekeningen van
Nederlandse kunstenaars
uit de Collectie Becht
Cat. tent., Van Reekum
Museum, Apeldoorn, 1994

Frank van Hemert, Initiatie,
schilderijen en tekeningen
Tent. vouwblad, Hans
Ebbink, Rijksmuseum
Twenthe, 1993

Het leven op z'n hevigst
bij Frank van Hemert
Wim van der Beek,
Zwolsche Courant,
07-08-1993

Frank van Hemerts
'Initiatie' noopt tot eigen
creativiteit
Karel Levisson, Twentsche
Courant, 11-08-1993

Schilderijen van
Frank van Hemert;
Een matras als tragisch
vergezicht
Rutger Pontzen,
Vrij Nederland,
14-08-1993, p. 48

Frank van Hemert.
Ruud Schenk, Nederlandse
Kunst; Rijksaankopen
1992, Rijksdienst
Beeldende Kunst,
Den Haag/Zwolle, 1993,
p. 80 en 93

Frank van Hemert
Cat. tent., Erik Bos,
Nouvelles Images, 1991

Frank van Hemert,
Re-constructie
Cat. tent., Franz-W Kaiser,
Haags Gemeentemuseum,
1991

Frank van Hemert,
Arjanne van der Spek
Tent. vouwblad, Haags
Gemeentemuseum, 1991

Frank van Hemert
Hans Ebbink, Metropolis
M, nr. 6, jrg. 12, 1991,
p. 48

"Ik communiceer via mijn
schilderijen"
Paul Lips, IJmuider
Courant, 28-09-1991

Inhoud en vorm vallen
naadloos samen bij
Frank van Hemert
Hans Oerlemans,
Binnenhof, 17-10-1991

'Gemetselde' schilderijen
van Frank van Hemert
Jan Zumbrink, Haarlems
Dagblad, 07-11-1991

Frank van Hemert,
Von Leipzig bis
Amsterdam; 4. Biennale
an der Ruhr
Cat. tent., Bernard Mensch
en Franz-W Kaiser,
Städtische Galerie Schloss
Oberhausen, 1990

Frank van Hemert.
Ruud Schenk, Nederlandse
Kunst; Rijksaankopen
1989, Rijksdienst
Beeldende Kunst,
Den Haag/Zwolle, 1990,
p. 84/85

Frank van Hemert
Cat. t.g.v. KunstRAI,
Galerie Nouvelles Images,
1989

Frank van Hemert in:
Jaarlijkse Uitgaven
Rijksacademie, thema
Tekenen, Amsterdam 1989

Frank van Hemert
Hans Ebbink, Metropolis
M, nr. 1, jrg. 9, 1988,
p. 47/48

Frank van Hemert
Henk Pijnenburg,
losbladige uitgave bij tent.
in Helmond, 1988

Stabat Mater. Het eeuwige
nu: doen en niet-doen
Philip Peters, HCAK-
bulletin, 03-03-1988

Frank van Hemert
Tent. vouwblad, Galerie
Terzijde, Bussum, 1987

Een tentoonstelling in
het Van Abbemuseum
Ruud Schenk, Metropolis
M, nr. 3, 1985, p. 58

Frank van Hemert;
Ateliers '63 1980-1982
Marja Bosma, Metropolis
M, nr. 4, 1985, p. 23

Vijftien kunstenaars;
Zo zijn onze manieren
Anna van der Burgt,
Eindhovens Dagblad,
19-06-1985

Jonge kunst varieert
van zware romantiek
tot zuiver in de leer
Anna Tilroe, Volkskrant,
26-06-1985

De verzamelaars Frits
en Agnes Becht
Catherina van Houts en
Jan Bart Klaster,
Het Parool, 10-03-1984

FODOR, Maandblad voor
beeldende kunst in
Amsterdam, nr. 8, 1983

Waagstuk
Willem Enzink, De Stem,
29-06-1983

Documenta 7
Cat. tent., Kassel 1982,
dl. 1, p. 426; dl. 2, p. 146

AV-Media AV-Medien
• Kunstmest (NOS) 1996
• Museum TV (AVRO)-
Weeldekwartier; over
schetsen van Michelangelo;
Teylers Museum, Haarlem
2006

Mijn werk doe ik alleen
Arbeiten tue ich alleine

In voorbereiding naar een tentoonstelling van mijn werk word ik geholpen door anderen, vaak zeer enthousiaste en creatieve mensen.

Mijn bijzondere dank voor het in mij en in mijn werk gestelde vertrouwen gaat uit naar

mevrouw Prof. Dr. U. Blanchebarbe, directeur Siegerland Museum,
mevrouw Drs. M. Scharloo, directeur Teylers Museum,
mevrouw Dr. E. Schwinzer, directeur Gustav-Lübcke-Museum,
en de heer Drs. R. Vercauteren, directeur Museum van Bommel Van Dam,

Ingrid Kentgens voor haar enthousiasme, planning en vastberadenheid om dit project succesvol te laten verlopen. Miracles do happen!
Hans Locher, reus en hartstochtelijk liefhebber van kunst. Bedankt voor al je goede suggesties en je heldere visie.
Jan Hein Sassen, samen met jou voor iets knokken maakt het vechten zelfs leuk en dragelijk. Dank voor je humor en je kwaadheid.
Franz Kaiser, wat een prachtige combinatie: briljante intelligentie en sensitiviteit.
Michiel Plomp, een ware duizendpoot en een groot liefhebber van tekeningen.
Frank van der Velde, kleine intieme gebaren boven grote tekeningen.
Gerritjan Deunk, met het grootste gemak tekst omzetten in beeld en beeld in tekst.
Bert van Schaick, die weet wat recht plakken is.

De schrijvers Robbert Roos en Hans Locher voor hun eigen visie op mijn werk, hoewel mijn medewerking aan teksten maar mondjesmaat is.
Peter Cox, Thijs Quispel, Tom Haartsen, Schimmel en Van Son Fotografie, R.M. Edelbroek en Zebra Studio's voor de fotografie.
Marc Koppen, singer songwriter van dit boek.

Dank aan alle sponsoren: Museum van Bommel van Dam, Siegerland Museum, Teylers Museum, Gustav-Lübcke-Museum, Frans en Enny Verhey, Henk en Victoria de Heus-Zomer, Barbara Bontje, Paul en Jory van Rosmalen en Guus en Gerry Broos.
En aan alle bruikleengevers.
Dank voor jullie vaak jarenlange support en enthousiasme.

Ook dank aan de eigenaren van mijn werk, wiens werk ik niet heb kunnen opnemen in dit boek en in deze tentoonstelling.
De werken die in jullie bezit zijn gekomen, hebben allemaal een plek in mijn hart en zijn een deel van mijn leven.

Het is voor mij een eer om met jullie allemaal te mogen werken.

Frank van Hemert

Bei der Vorbereitung einer Ausstellung meiner Werke sind mir andere, häufig sehr begeisterungsfähige und kreative Menschen behilflich.

Mein besonderer Dank für das Vertrauen, das sie mir und meinem Werk erwiesen haben, gilt

Frau Prof. Dr. U. Blanchebarbe, der Direktorin des Siegerland Museums,
Frau Drs. M. Scharloo, der Direktorin von Teylers Museum,
Frau Dr. E. Schwinzer, der Direktorin des Gustav-Lübcke-Museums,
und Herrn Drs. Rick Vercauteren, dem Direktor des Museums van Bommel van Dam sowie

Ingrid Kentgens für ihr Vertrauen, ihre Begeisterungsfähigkeit, Planung und Entschlossenheit, um dieses Projekt zu einem glücklichen Ende zu bringen. Wunder gibt es immer wieder!
Hans Locher, Riese und leidenschaftlicher Kunstliebhaber. Vielen Dank deine guten Vorschläge und deine Auffassungsgabe.
Jan Hein Sassen, sich zusammen mit dir für etwas einzusetzen macht sogar den Kampf nett und erträglich. Vielen Dank für deinen Humor und deine Wut.
Franz Kaiser, was für eine wunderbare Kombination: brillante Intelligenz und Sensibilität.
Michiel Plomp, ein wahrer Tausendsassa und ein großer Liebhaber von Zeichnungen.
Frank van der Velde, kleine intime Gesten über großen Zeichnungen.
Gerritjan Deunk, der mit spielender Leichtigkeit Text in Bild umsetzt und Bild in Text.

Bert van Schaik, der weiß, was es heißt, gerade zu kleben!
den Autoren Robbert Roos und Hans Locher für ihre Interpretation meiner Werke, ungeachtet der Tatsache, dass meine Mitarbeit an Texten sehr gering bemessen ist.
Peter Cox, Thijs Quispel, Tom Haartsen, Schimmel en Van Son Fotografie, R.M. Edelbroek und Zebra Studio's für die Fotografie.
Marc Koppen, Singer/Songwriter dieses Buches.

Mein Dank gilt außerdem allen Sponsoren wie Teylers Museum, dem Siegerland Museum, dem Gustav-Lübcke-Museum, dem Museum van Bommel van Dam, Frans und Enny Verhey, Henk und Victoria de Heus-Zomer, Barbara Bontje, Paul und Jory van Rosmalen und Guus und Gerry Broos. Sowie allen Leihgebern denen ich für ihre oft jahrelange Unterstützung und Begeisterungsfähigkeit danken möchte.

Mein Dank gilt auch den Besitzern jener meiner Werke, ich im Rahmen des vorliegenden Buches und dieser Ausstellung nicht berücksichtigen konnte. Die Werke, die sich in Ihrem Besitz befinden, haben alle einen Platz in meinem Herzen und sind ein Teil meines Lebens.

Es ist mir eine Ehre, mit Ihnen/euch allen zusammenarbeiten zu dürfen.

Frank van Hemert

Colofon
Impressum

**Frank van Hemert
Birth Copulation Death
- werk op papier
Arbeit auf Papier**

Museale tentoonstellingen
Museale Ausstellungen
2007-2009:
Museum van Bommel van Dam, Venlo (NL)
Siegerland Museum, Siegen (D)
Teylers Museum, Haarlem (NL)
Gustav-Lübke-Museum, Hamm (D)

Samenstelling en concept
Konzept und Zusammenstellung:
Frank van Hemert en Ineke Brinkmann
Ingrid Kentgens, Museum van Bommel van Dam

Teksten Texte:
Robbert Roos
Hans Locher,
(Hölderlintürme)

Met bijdragen van
Mit Beiträgen von:
Drs. Ingrid Kentgens, conservator collectie Museum van Bommel van Dam, Venlo
Drs. Rick Vercauteren, directeur Museum van Bommel van Dam, Venlo
Drs. M. Scharloo, directeur Teylers Museum, Haarlem
Prof. Dr. Ursula Blanchebarbe, directeur Siegerland Museum, Siegen
Dr. Ellen Schwinzer, directeur Gustav-Lübcke-Museum, Hamm

Vertaling Übersetzung:
Th. Hauth, Maasbree (N-D)
G.P. Hauth-Grubben, Maasbree (D-N)

Redactie Redaktion:
Frank van Hemert en Ineke Brinkmann
Ingrid Kentgens

Fotografie
Abbildungsnachweis:
Peter Cox, Eindhoven
Thijs Quispel, Oosthuizen
Tom Haartsen, Haarlem
Zebra Fotostudio's BV, Venlo
Schimmel en Van Son Fotografie, Voorburg
Scherpontwerp, Eindhoven
Museum Het Valkhof, Nijmegen
Werner Latal, Zürich
R.M. Edelbroek, Alkmaar
Frank van Hemert, Starnmeer
Haags Gemeentemuseum, Den Haag

Grafisch ontwerp
Gestaltung:
Scherpontwerp, Eindhoven

Lithografie en druk
Lithographie und Druck:
508 Grafische producties

Copyright:
Museum van Bommel van Dam, Venlo en Frank van Hemert, Starnmeer

Oplage/Auflage:
1000

ISBN 978-90-78290-07-0

De publicatie kwam mede tot stand door
Mit Ünterstützung von:
Frank van Hemert, Starnmeer
Teylers Museum, Haarlem
Siegerland Museum, Siegen
Gustav-Lübcke-Museum, Hamm
Museum van Bommel van Dam, Venlo
Espace Enny, Laag Keppel
Tally-Ho, Heiloo
Collectie De Heus-Zomer
Borzo Modern & Contemporary Art, Amsterdam
Galerie Dom'Arte, Rucphen

Met dank aan
Besonderer Dank gilt:
Koninkrijk der Nederlanden
Gemeente Venlo

De bruikleengevers
Die Leihgeber:
Collectie De Heus-Zomer
Collectie De Bruin-Heyn
NOG Collectie van het SNS REAAL Fonds
Collectie Rijksmuseum Twenthe
Collectie Teylers Museum
Galerie Willy Schoots
Collectie Armando
Particuliere collecties

Alle rechten voorbehouden. Niets uit deze uitgave mag worden verveelvoudigd, opgeslagen in een geautomatiseerd gegevensbestand of openbaar gemaakt, in enige vorm of op enige wijze, zonder voorafgaande schriftelijke toestemming van de uitgever. De uitgever heeft ernaar gestreefd de rechten van de illustraties volgens wettelijke bepalingen te regelen. Degenen die desondanks menen zekere rechten te kunnen doen gelden, kunnen zich alsnog tot de uitgever wenden.

Alle Rechte, insbesondere die der Reproduktion, der Speicherung in einer automatisierten Datenbank oder der Veröffentlichung, sind vorbehalten. Der Verlag hat sich bemüht, die Ansprüche der Rechtsinhaber der Abbildungen urheberrechtlich zu regeln. Berechtigte Ansprüche werden nach Geltendmachung vom Verlag abgegolten.

Museum van Bommel van Dam
Deken van Oppensingel 6
5911 AD Venlo
T +31 77 3513457
F +31 77 3546860
info@vanbommelvandam.nl
www.vanbommelvandam.nl

144

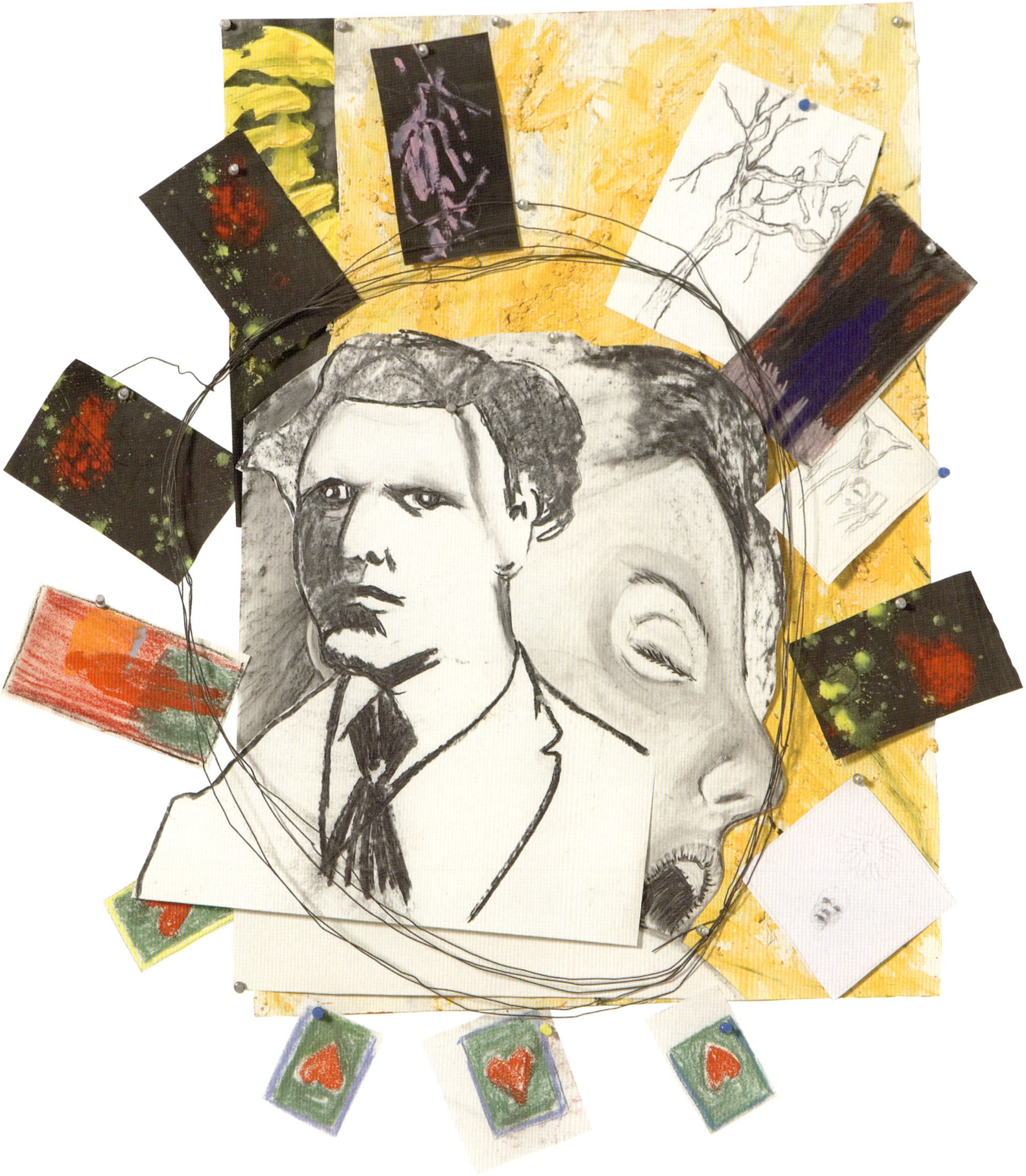

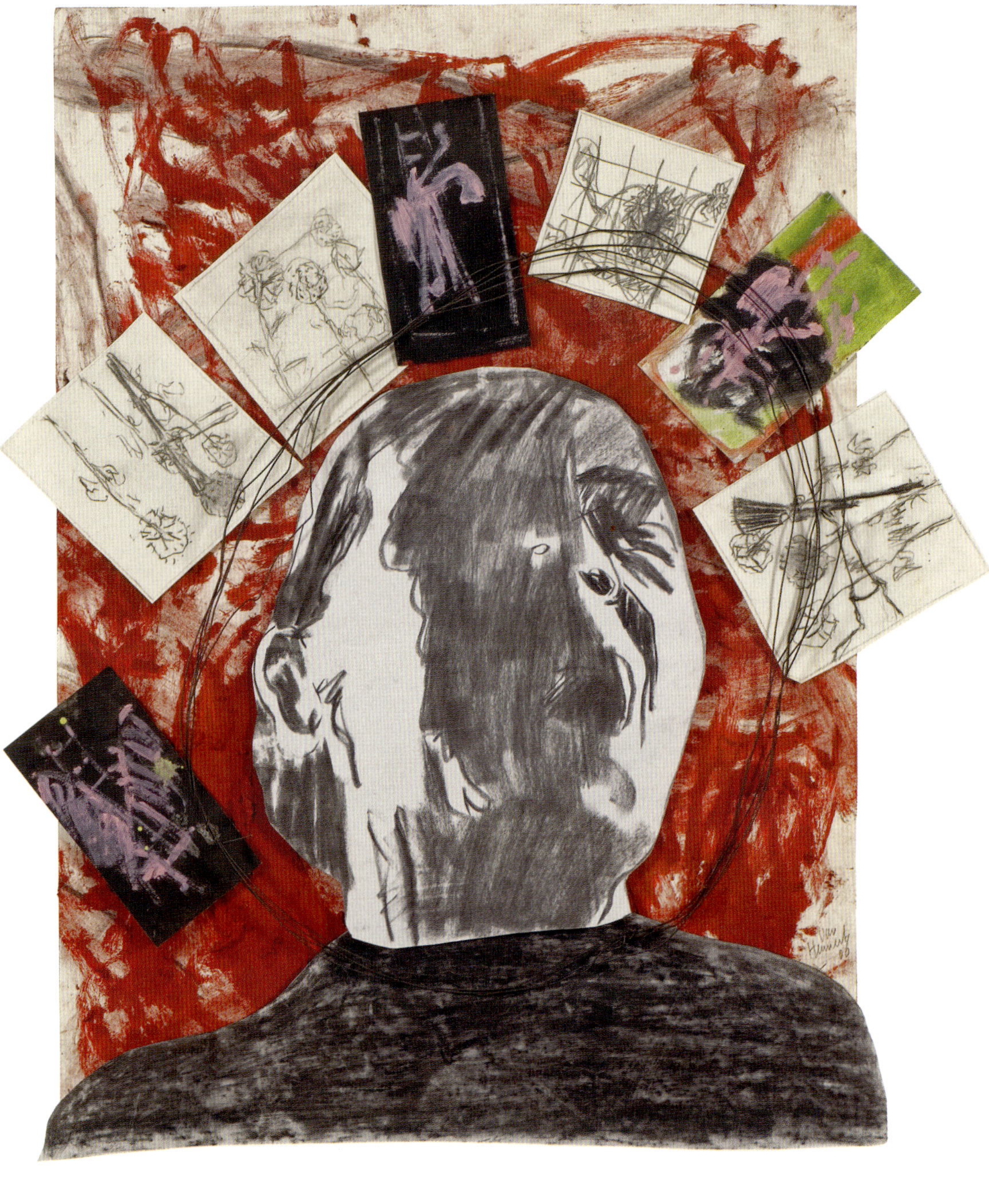

wordt vervolgd **fortsetzung folgt**